Lou Conradi

Baby Butch

Roman

Die Deutsche Bibliothek verzeichnet diese Publikation in der Deutschen Nationalbibliografie; detaillierte bibliografische Daten sind im Internet über http://dnb.ddb.de abrufbar

Lou Conradi

Baby Butch

1. Auflage 2019

ISBN 978-396042-070-5

Postfach 27 46 | D- 48041 Münster

info@edition-assemblage.de | www. edition-assemblage.de

Umschlag: Carina Büker, nach einer Idee von Lou Conradi

Satz: Carina Büker | edition assemblage

Lektorat: Carina Büker | edition assemblage

Sensitivity Reading: Darling-Lafayette Edamwen Osakwe

Druck: CPI Clausen & Bosse, Leck | Printed in Germany 2019

Lou Conradi

Baby Butch

Roman

You fasten your triggers for the others to fire
You sit back and watch as the death count gets higher
You hide in your mansion as young peoples' blood
Flows out of their bodies and is buried in the mud.
You've thrown the worst fear that can ever be hurled
Fear to bring children into this world.

Bob Dylan, Masters of War

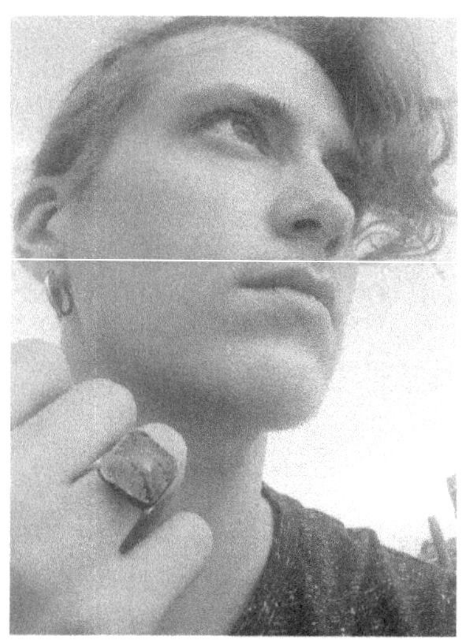

Lou Conradi ist queerer Autor und Aktivist.

Er lebt in Berlin, wo er als Tunterich und Drag King Ruco laPesto bekannt ist. In Texten, Performances und Politik verbreitet er antifaschistische Ideologie, die trans Agenda, Liebe und existenzielle Verzweiflung über die bestehenden Verhältnisse. Auf verschiedenen Bühnen bringt er queere Menschen zum Lachen und Weinen.

Lou Conradi ist ein *weißer* trans Mann. Er studierte Human Factors an der TU Berlin.

Wenn dir *Baby Butch* gefallen hat, kannst du Lou Conradi bei der Realisierung weiterer Projekte finanziell unterstützen: patreon.com/louconradi

Anfragen für Workshops, Lesungen und Auftritte an: lou.conradi@gmx.de

Inhalt

Das Einhorn

Meine Vulva fühlt sich an wie zermatscht. Es ist ein pochender Schmerz, der nicht nachlässt. Noch vor wenigen Sekunden habe ich einen fußballgroßen Tintenfisch an meinen Genitalien lutschen sehen, jetzt sind meine Augen offen und er ist weg. Der Schmerz ist noch da. Oh Scheiße.

Langsam verliert der Traum seinen Schrecken. Ich spüre das Sonnenlicht, das zum Fester reinfällt, auf meiner Haut. Ich strecke meine Hand aus und drehe mich um. „Link?", frage ich verschlafen. Neben mir im Bett nur zerwühlte Decke und eine kleine Kuhle von Links dickem Schädel. „Link?", frage ich etwas lauter … Muss in der Küche oder im Bad sein. Scheiße. Es tut weh.

Um mich zu beruhigen starre ich auf die Falten der hellblauen Bettwäsche, die abstrakte Muster bilden – Wellen, auf denen das Sonnenlicht spielt. Meine Umgebung verschiebt sich langsam zurück in bekannte Formen, meine Gedanken nehmen vertrautere Bahnen ein. Ich bin nicht in Gefahr, sage ich mir. Alles ist okay. Link ist in der Küche und macht Frühstück, niemand lutscht meine Genitalien weg, Tintenfische essen ganz andere Sachen und der Schmerz geht vorbei. Meine Finger tasten zwischen meinen Beinen. Krisselige Haare, die irgendwie stören, aber dranbleiben wegen Feminismus – Check. Klitoris – Check. Äußere Schamlippen – Check. Kleine, labbrige, klebrige innere Schamlippen – ja doch. Der komische Hautkrams um den Vaginaleingang rum – Check. Vaginaleingang – Check. Es ist alles wie immer, nur in schmerzintensiv.

Langsam schlage ich die Decke zurück und setze mich auf dem dunkelblau bezogenen Futon auf. Der Raum ist kahl, eingerichtet mit wenigen schlichten Möbeln, sauber. Link hasst Möbel und Krams und putzt jede Woche. An der Wand hängt ein einziges Bild – ein Einhorn, eine simple, fast düstere Kohlezeichnung. Link hat das selbst gemalt. Keine Spur von Pink oder Glitzer hier, auch kein Nagellack steht im Regal, nur eine Playstation in der Ecke, aber doch ein queeres Zimmer, wenigstens das Einhorn sollte nicht fehlen. Ein Alibi-Einhorn also. Falls jemand zum ersten Mal hier aufwachen sollte und die Person sich fragt, wo sie hier gelandet ist, weiß sie Bescheid.

„Was hat es mit dem Einhorn ständig auf unseren Fahnen auf sich?", hab ich Link gefragt, als ich zum ersten Mal hier war.

„Was soll das? Warum sind Einhörner queer?"

„Weiß nicht", hat Link gesagt. „Weil es sie nicht gibt, genau wie es uns nicht gibt und sie halt nur ausgedacht sind, wie unsere Namen und Pronomen wahrscheinlich."

Da hat Link grade angefangen, das Pronomen ‚x' zu verwenden, statt ‚er' oder ‚sie'.

„Gibt aber viele Fantasietiere", hab ich gesagt.

Wir haben dann nachgelesen und es nicht rausbekommen. Haben aber gelernt: Das Einhorn ist ein in vielen Kulturen bekanntes Fabelwesen, häufig verwendet in der christlichen Mythologie. Typische Darstellung: das Einhorn liegt im Schoß der Maria, das Horn auf der Höhe ihres Bauchnabels. Die unbefleckte Empfängnis.

Ich lasse mich wieder zurück aufs Bett fallen und strecke alle Viere von mir. Ich rekapituliere meine Situation: Mein Name ist Steph und als ich vor fünf Jahren nach Berlin gekommen bin, war ich ein junges, naives, perverses Wesen, das in die queere Szene eingetaucht ist wie ein Frosch ins Wasser. Als ich vor 5 Jahren nach Berlin gekommen bin, hätte ich nie über die unbefleckte Empfängnis nachgedacht. Da kannte ich Maria noch nicht. Es könnte sein, dass ich den Test jetzt machen kann, denke ich. Der Gedanke erfüllt mich mit einem Kribbeln, Aufregung, die leise immer stärker wird. Kann aber nicht sein, dass es geklappt hat, denke ich. Wär zu absurd. Wo sind meine Sachen? Ich rolle mich vom Futon. Daneben liegen total unordentlich meine ganzen Klamotten. Halb sitzend, halb liegend wühle in den Taschen nach einem kleinen Gegenstand. In meinen Hosentaschen ist er nicht. Ich wühle im schwarzen Stoffbeutel. Da ist er. Ich muss es jetzt wissen, denke ich.

Langsam, vorsichtig schleiche ich mich ins Bad. Ich bin noch in Boxershorts und Tanktop und der Boden fühlt sich kalt an. Hier ist es eh immer kalt. Das Bad ist frei. Link muss also in der Küche sein, oder im Wohnzimmer. Ich schließe die Tür ab. Mache die Packung auf, lese die Anleitung. Pinkeln und dann schauen. Alles klar.

Zwei Minuten später lehne ich an der Badezimmerwand, als hätte ich eine Vision. Als stünde das Regenbogeneinhorn vor mir, das es gar nicht gibt, genau wie Links Pronomen. „Fürchte dich nicht“, sagt es immer wieder, mit beruhigender Intonation, und es wiehert liebevoll. „Fürchte dich nicht.“ Aber ich fürchte mich. Ich rekapituliere meine Situation. Mein Name ist Steph, ich mag Quittengelee, meine Lieblingstiere sind Sepien, und meinen Schulfreundinnen bin ich zu radikal geworden. Mein Name ist Steph, das heimliche Idol meiner Teeniezeit ist die Ensslin, mit ihrem perfekten Kajalstrich und der großen Sonnenbrille – ich hing schon immer in der Vergangenheit. Mein Name ist Steph, und das Drama meines Lebens, dass ich 68 noch nicht auf der Welt war, mein Name ist Steph, ich bin Anarchistin, seit ich an der TU Maschinenbau studiere und mir ein hübscher Junge ein paar Heftchen in die Hand gedrückt hat über Herrschaftskritik, mein Name ist Steph und normalerweise steck ich Polizeigewalt problemlos weg, mein Name ist Steph, meine Muschi brennt wie Hölle. Ich bin Atheistin seit ich vierzehn bin, mein Name ist Steph und ich halte einen Streifen in der Hand, ich glaube an die unbefleckte Empfängnis, mein Name ist Steph. Ich bin schwanger.

Als ich aus dem Bad komme, sehe ich Ahmad im Wohnzimmer sitzen. Mit angewinkelten Beinen sitzt er auf einem Klappstuhl am Tisch, schaut Youtube und raucht. Seine nackten Füße schauen unter seiner verblichenen Jeans hervor. Ich winke.

„Hey“, sage ich.

„Hey, Steph!“, ruft er und klappt den Laptop zu.

„Wie gehts?“, frag ich.

Er zuckt mit den Schultern. „Gut“, sagt er. „Gut.“

Ich setze mich zu ihm.

„Und du?“, fragt er.

Bei Ahmad fühle ich mich wohl. Wenn ich hier bin, sitzen wir oft im Wohnzimmer und unterhalten uns. Ich habe das Gefühl, ich könnte ihm alles erzählen und es wäre okay. Er versteht es. Was auch immer das Leben an miesem Scheiß abziehen kann, er hat es schon gesehen und irgendwie überstanden. Aber grade weiß ich ganz ehrlich nicht, was ich sagen soll. Mein ganzer Körper fühlt sich erschüttert an, zerrissen, gestrandet, in dem Sessel, in dem ich versinke, aber ich weiß, das ist erst der Anfang dieser Reise.

„Alles okay“, sage ich.

Er bietet mir Orangensaft an. Er presst ihn immer frisch.

„Nee danke“, sage ich.

Ich weiß nicht, was ich sagen soll. Ahmad und ich haben uns letzten Sommer bei der Gerhard-Hauptmann-Schule kennengelernt, die von Geflüchteten besetzt war und geräumt werden sollte. Wir kannten uns schon länger vom Sehen, vom OPlatz und so. Nachdem die Räumung verhindert wurde, haben wir uns auf der Straße getroffen. Wir gingen spazieren und wurden Freunde. Über ihn hab ich Link kennen gelernt. Ich werfe einen Blick über die Schulter.

„Link ist in der Küche“, sagt Ahmad. „Ich glaube, Link möchte mit dir sprechen.“

Ich nicke. „Ich glaub ich geh mal rein. Wir reden später mal wieder länger, okay? In Ruhe.“

Er grinst. „Klar, Steph.“

❋ ❋ ❋

Link sitzt am Küchentisch. Es gibt Toast und es gibt Quittengelee – wie romantisch. Setz dich, sagt x, und sieht irgendwie blass aus. Ich setze mich. Ich beobachte Link, wie x da sitzt und xes wunderschönen Kopf dreht, mit den kurzgeschorenen Haaren, diese Körperpräsenz, die mich jedes Mal umhaut. Wir sitzen am Tisch und schauen uns an. Ich frage mich, ob ich etwas sagen soll, aber x will reden. Link macht – stockend und langsam, als wär x mir irgendwas schuldig – mit mir Schluss. X sei einfach nicht verliebt. Honey, ich lieb deine Pussy und den ganzen Rest, denke ich, aber musst du so ein Drama machen aus der Sache? Ich brauche Luft, Luft zum Atmen und jemanden zum Reden. Mit Link kann ich nicht reden, denn Link hat grade mit mir Schluss gemacht und wird jetzt in den eigenen Schuldgefühlen versinken. Sag was du willst, aber führst du grade ernsthaft die Tatsache, dass ich gestern Nacht nicht ficken wollte, wegen meiner Schmerzen, als Beweis an, dass unsere Liebe gescheitert ist? Link entschuldigt sich nochmal, weil ich jetzt weine. Honey, denk ich, mir läuft nur Wasser aus den Augen. Bilde dir nichts drauf ein. Ich brauche Stille, ich brauche Ruhe, ich will raus aus dieser Stadt, aber ich werde mit irgendwem reden müssen, über alles was passiert ist. Link sagt, x hätte Angst, dass wir uns verlieren, und hätte gerne, dass wir Freunde bleiben. Honey, ich lieb dich, denk ich, aber unsere Beziehung ist nie kumpelig gewesen. Ich werd mich nicht weiter mit dir treffen wie ein hungriges Kätzchen, auf der Suche nach letzten Resten Körperlichkeit und Intimität, es ist vorbei. Ich denke an die Nächte, wie wir wach lagen und voreinander Angst hatten, ich denke an die Morgen, wie wir uns küssten, wie verzweifelt, ich denke an die Nachmittage, in denen wir uns Geschichten aus unserem Leben erzählten, wie ein Versuch, das Ende hinauszuzögern, indem wir die Einsätze immer weiter erhöhten.

„Honey“, sag ich und küsse Link auf die Stirn, „meine Muschi brennt wie Hölle und ich bin schwanger. Ich werd jetzt gehen. Wenn du Schuldgefühle hast, mal ein Bild, ich kann dir jetzt nicht weiterhelfen.“

Ich verlasse die Küche, ohne mich umzudrehen, krame meine Sachen zusammen und gehe. Die Tür fällt schwer ins Schloss, in dieser kalten WG in Moabit, und die Luft draußen ist angenehm kühl. U Turmstraße ist ganz nah, aber ich laufe den ganzen Weg bis Westhafen zu Fuß. Ich atme. Ich wähle ein, zwei Nummern, aber niemand geht ran.

❁ ❁ ❁

Zu Hause verkrieche ich mich unter meine Bettdecke und suche, mit leicht zittrigen Fingern, das Video von der Welle. Es ist ein Video, das ich mir in kritischen Momenten anschaue, um mich von meiner Situation abzulenken, durch das alles umschließende, anderen Menschen unverständliche Grauen. Ich hatte aus verschiedenen Surfvideos Wellen ohne Surfer*innen zusammengeschnitten und mit Radiorauschen sowie einem einzigen, tiefen Ton hinterlegt. Ich starre in das Zentrum der Welle, dahin, wo sie gleich zusammenschlägt, und warte darauf, dass das Entsetzen mich packt. Ich denke an Solaris, den Roman von Lem, und die unheimliche Szene, in der der fühlende Ozean ein riesiges Baby verkörpert. Es bewegt die Gliedmaßen und imitiert eine menschliche Mimik, ohne jedes Verständnis. Ich warte ab, bis das Entsetzen meinen Körper durchfließt, mit allen Assoziationen und Ängsten. Aber nichts passiert. Ich starre ins bodenlose, verschlingende Wasser, glaube den Sog des Meeres zu spüren, aber ich bin ganz ruhig. Ich bin ganz mein Körper. Ich bin da, alles ist in Ordnung. Ich schnappe mir mein Handy und tippe eine SMS: „Es hat geklappt." Meine Finger suchen Marias Nummer. Puhh … Nein. Ich schicke sie nicht ab.

Ob ich irgendwas unternehmen sollte bezüglich Mösenschmerzen? Es wird schon wieder, denke ich, es war ja nur ein banaler Tritt zwischen die Beine. Ich lasse die Situation nochmal in meinem Kopf vorbeiziehen. Gestern Nachmittag, BERGIDA-Blockade: Wir rennen, ich laufe auf die Polizeikette zu, es sind nur fünf Bullen für die ganze Straße, ich laufe auf die Lücke zu, die sich auftut, als sie immer mehr Menschen abhalten müssen. Eine knallblonde Polizistin schubst mich von der Seite, ich taumele kaum … weiter … und ich bin durch. Dann alles verschwommen: ein Bulle packt mich von hinten, wirft mich zurück, ich schreie auf, immer mehr Menschen laufen auf die Kette zu, der Bulle packt mich an den Schultern und rammt mir sein Knie in die Weichteile. Ich jaule auf vor Schmerzen. Maria ist neben mir, schreit die Bullen an, hält mich, ich krümme mich, alles verschwimmt, ich sehe mich vor meinem inneren Auge schon wieder rennen, etwas brüllen … Das ist doch alles nur ein Spiel. Soll ich mich heulend in irgendeine Ecke verkriechen? Später werd ich im Gras liegen, mit Maria, im Görli, und reden wollen, unbedingt reden wollen, aber keine Sprache finden. Maria würde sagen, wenn mich Polizeigewalt noch so empört, hätte ich nur den Kapitalismus nicht ausreichend reflektiert. „Mal gewinnt man, mal verliert man", sagt Maria immer, „und das ist jetzt eben Pech gehabt". Maria findet mich bürgerlich, weil meine Eltern studiert haben und ihre eigenen Hartz IV kriegen und sieht in meinem plötzlichen Leid an Gewalt, die zur Ausnahme nun halt auch mal mich trifft, meine Klassenprivilegien. Wer wills ihr verübeln? Aber mich macht es fertig. Ich könnte mich bei Leuten melden, die empathischer wären, aber die haben nicht so viele Erfahrungen mit Gewalt und vielleicht gar kein Verständnis dafür, dass ich mich überhaupt in so eine Situation begebe. Mit Chris könnte ich sprechen, aber ich weiß nicht, ob er in der Stadt ist. Ich setze mich auf in meinem Bett und wähle seine Nummer. Besetzt.

Es gibt keine systemimmanente Lösung. Es gibt kein richtiges Leben im Falschen – ein Satz, mit dem Adorno eigentlich irgendwas über Inneneinrichtung sagen wollte; der eine Generation prägte, aber nicht tiefgreifend, nicht ausreichend, denke ich verbissen, denn jetzt versuchen wir es zu leben, das richtige Leben im Falschen, Tag für Tag, jede gegen jede. Was sollen wir auch sonst tun?

Auf wen werde ich mich verlassen können, in den nächsten Monaten? Diese Sache wird nicht einfach werden, denke ich. Ich ziehe mich aus und setze mich auf den Stuhl vor dem Schrank. Jetzt hätte ich so richtig Lust zu rauchen … so ein Scheiß. Im Spiegel betrachte ich meine Muschi. Ich bin immer wieder fasziniert davon, wie groß dieses Ding ist, wenn man aus der richtigen Perspektive schaut. Wie ein großer, behaarter Schlund. Jetzt ist es irgendwie blau angelaufen, oder bilde ich mir das nur ein? Fies sieht die Sache aus. Ich sollte wohl besser zum Arzt gehen. Ich mag keine Ärzt*innen, sowas schiebe ich immer monatelang raus. Das werde ich jetzt wohl ändern müssen. Gedankenverloren schaue ich meinen Körper an. Nach all den Jahren Feminismus bin ich immer noch fasziniert, in was für einer dreieckigen Form meine Brüste hängen. Wie erschreckend wichtig Blickwinkel sind! Aus der einen Perspektive runde Sexsymbole, aus der anderen dreieckig nach unten hängende Schwabbelsäcke. Diese Perspektive wechseln, die haarigen Beine und die dreieckigen Säcke in Kameras halten, das ist Befreiung, deswegen liebe ich diesen ganzen Szenekram, Fotos, queere Pinup-Kalender. Das ist nicht hässlich, das sind eben keine Bilder, die wir kennen. Wir sind schön, wir sind fremd, wir sind uns selbst fremd, verstörend, faszinierend, wir sind Monstren, wenn wir uns entdecken. Wie das Fleisch sich verformt, wenn ich meinen Oberkörper drehe. Mein Körper: das Monster. Dieses Monster wird sich jetzt verändern, denke ich, ohne Angst. Alles wird sich verändern, und das wird dann eben so sein, es wird ein Teil meines Lebens sein. Ich rufe Maria an. Sie geht ran. Ich sage nichts. Sie sagt nichts. „Ich bin schwanger“, bricht es schließlich aus mir heraus, „Es hat geklappt, es hat wirklich geklappt, ich bin schwanger!“ Während ich das sage, löst sich etwas in mir. Ich starre das nackte Wesen im Spiegel an und muss weinen. „Ich komme vorbei“, sagt sie, „In einer Stunde bin ich bei dir“.

Seit Wochen fühle ich mich nicht mehr wohl in meiner WG. Das äußert sich vor allem darin, dass ich jede Woche eine Kiste Bücher packe und zum Verschenken unten auf die Straße stelle, damit ich, wenn ich ausziehe, nicht so viel schleppen muss. Mein Blick fällt auf eine Stelle im Bücherregal, ich ziehe ein selbst gedrucktes Heft heraus, schlage es auf:

„Ich hörte einen Schrei in der Nacht. Ein einzelner Schrei eines fremden Menschen, eine Stimme, die ich niemals wieder hören würde. Ein Schrei, der mir die Zerbrechlichkeit meines Lebens in dieser Zeit und dieser Stadt zeigte. Der Boden, auf dem ich stehe, ist nicht stabil. Ein Moment, ein falscher Satz, ein Fußtritt zur Seite, werden Ereignisse in Gang setzen, die mich allein, verzweifelt und schreiend zurücklassen werden, schreiend, so laut ich kann, bevor meine Stimme wieder in der Dunkelheit verklingt.“

Mit dem Finger fahre ich über die Seite, verfolge die Buchstaben wie meine Erinnerungen. Das Papier fühlt sich glatt an. Er hat das geschrieben. Vor meinem inneren Auge sehe ich sein Bild; das Bild eines kleinen, schmalen Menschen mit lockigen Haaren, in den ich mal verliebt war, letztes Jahr. Er schien immer ein bisschen zu zittern. Er war so nah an seinen Gefühlen und hatte diese Ausstrahlung, die ich so sehr liebte – Unsicherheit, Angst und ein unstillbarer Hunger nach Leben, dem ich nicht widerstehen konnte.

Das Heft fällt mir aus der Hand, Fotos auf jeder Seite. Papierfetzen, schreibmaschinenbeschrieben, ausgeschnitten und auf die Fotos geklebt. Ich weiß noch genau, wie er alle diese Zeilen tippte und ich die Bilder machte. Wir blieben nächtelang auf und klebten alles zusammen. Ich war schlimm in ihn verliebt, und vielleicht er auch ein bisschen in mich, aber nicht sehr ernsthaft.

Ich verbrachte die Tage mit meiner frisch zusammengebauten Drohne, in Parks, auf Häuserdächern, für diese Bilder. Überwachungstechnologien widerten mich an und faszinierten mich gleichzeitig. Ich verbrachte viel Zeit damit, sie nachzuahmen, so gut es ging. Das Ergebnis war simpel: Ein fliegendes, ferngesteuertes Objekt, das ungehört, ungesehen über die Köpfe von Passant*innen schwebte. Die Bilder, die es schoss, machten mir Gänsehaut. Unser Projekt thematisierte Überwachung, Einsamkeit und Isolation in Städten, in Fotos und Poesie. Von meinem letzten Familienbesuch hatte ich noch Geld über, also ging ich in den Copyshop und ließ es fünfzig mal drucken. Wir wollten es auf Zinefesten verkaufen und alternativen Buchläden anbieten, aber das Leben ist fragil und unser Kontakt zerbrach, bevor wir damit anfangen konnten. Also liegen sie herum, ungelesen, unbemerkt. Im Nachhinein kommt mir die ganze Geschichte vor wie eine Illustration meiner Einsamkeit. Ich schließe die Augen und denke für einen Moment an seinen Kuss.

Maria ist beim Ohlala im Friedrichshain gewesen und hat Kuchen geholt, den hält sie vor sich wie einen Schutzschild, als sie reinkommt. Sie hat sich schick gemacht, trägt klimpernde, blinkende Ohrringe und ein rotes Band im Haar. Wir schauen uns an, dann nehm ich ihr das Päckchen aus der Hand. Wir umarmen uns, lange. In der Küche mache ich alle Lampen an. Wir sitzen zusammen, unsere Hände berühren sich, eine Wärme, die ich mir immer gewünscht hab. Ich lehne meinen Kopf an ihre Schulter, sie streicht mir übers Haar.

Sie strahlt. Wir schauen immer wieder auf den Tisch und finden keine Worte. Wir schütteln den Kopf. Wir kichern. Wir reden noch nicht über Details. Wir werden so viel bereden müssen in nächster Zeit.

„Ich glaubs nicht“, sagt sie.

„Stimmt aber.“ Ich muss schlucken. „Ich krieg dein Kind. Wenn alles gut geht, wirst du Mutter nächstes Jahr.“

Vater, denken wir beide, wird in den Dokumenten stehen, aber darüber sprechen wir jetzt nicht. Ich spüre einen unglaublichen Druck auf meine Augen.

„Kannst du mich in den Arm nehmen?“, frage ich. Sie tuts.

So viel Wärme. Ich muss heulen. Es packt mich, schüttelt mich, ich muss reden.

„Meine Vulva tut weh“, sage ich. Maria erstarrt.

„Nicht wegen, also …“, sage ich schnell. „Wegen gestern. Wegen den Bullen, weißt du?“

Sie entspannt sich. „Meinst du, das ist okay?“

„Ja, das …“

„Gehst du bald zum Arzt?“

„Ja …“

„Versprochen?“

„Ja Maria, aber …“ Ich stocke. „Meine Vulva tut so weh und … Link hat mit mir Schluss gemacht, heute morgen.“

Maria weiß nicht, was sie sagen soll, aber sie hält mich fest und ich kann mich loslassen. Ich sehe die Bullen auf mich zu rennen. Ich spüre den Tritt … Ich spüre, ich spüre … ich sehe Link am Tisch sitzen und sagen: „weißt du, ich bin einfach nicht verliebt“. Nach allem was ich durchgemacht habe mit x, die letzten Monate. Besser jetzt diese Trennung als später, denke ich, besser jetzt. Mein Körper krümmt sich, ich heule, ich bin schwanger, meine Muschi, die jetzt noch weh tut, wird später aber richtig weh tun, darauf kannste Gift nehmen. Maria hält mich. Ich bin ein kleiner Körper in der Welt, denke ich, so zerbrechlich, so fähig, alles zu spüren. Ein Körper in der Welt, ein Instrument, zu lieben, zu hassen, zu verändern, zu wachsen. Ich drücke Maria so fest ich kann.

Maria legt den Arm um mich, hält mich fest, drückt mich. Plötzlich klingelt es.

„Oh Scheiße", fällt mir ein. „Vanessa wollte heute her kommen und bei mir übernachten."

„Vanessa?", fragt Maria.

„Ich hab dir von ihr erzählt. Meine Schulfreundin. Meine einzige Freundin damals? Jahrelang keinen Kontakt? Will jetzt nach Berlin kommen, hat hier wohl Arbeit."

„Schläft die heute Nacht bei dir?"

„Jo. Ab morgen hat sie was anderes."

„Oh", sagt Maria, „Dann geh ich wohl besser …"

„Bleib noch ein bisschen", sage ich. „Bitte. Ich möchte, dass ihr euch kennen lernt."

Sie verzieht das Gesicht. „Okay", sagt sie.

Ich gehe zur Tür, öffne und da steht Vanessa – und sieht genauso aus wie früher, bunte lockige Haare, ein strahlendes Lächeln.

„Stephiiiiie", ruft sie. „Vanny", sage ich leise und nehme sie in den Arm, fühle ihren Körper.

„Komm rein!" Wir gehen in die Küche.

„Und du bist …" Vanessa bleibt stehen und beäugt Maria skeptisch.

„Maria", sage ich.

Vanessa reißt die Augen auf. Kurz sieht es so aus, als wollte sie etwas fragen. Maria wirft mir einen Blick zu, dann stellt Vanessa ihre Tasche ab und streckt Maria die Hand hin.

„Hab schon viel von dir gehört", sagt sie.

Wir sitzen am Tisch, reden.

„Stephie und ich haben uns auf dem Gymnasium kennen gelernt", erzählt sie Maria. „Ich hab sie in die Robotik-AG mitgeschleppt."

„Ich bin in die Robotik-AG, weil ich Vanessa so cool fand", sag ich.

„Oha", sagt Maria. „Und jetzt studierst du sogar Maschinenbau und Informatik. Das ist ja dann quasi dir zu verdanken, Vanessa."

„Ach was", wiegelt sie ab.

„Dochdoch", betone ich. „Sie hat mir Programmieren beigebracht."

„Tja, wir Nerdfrauen müssen eben zusammenhalten, was?“, sagt Vanessa und lächelt.

Maria wirft mir einen vielsagenden Blick zu.

„Willst du Kuchen?“, fragt sie Vanessa. „Ist auch vegan.“

„Ohhh, vegan“, sagt Vanessa ironisch und lacht. „Das freut mich natürlich.“

„Und du, Vanessa“, fragt Maria, „was verschlägt dich jetzt nach Berlin?“

„Ich hab mein Studium abgeschlossen und fang jetzt nen Job bei einem Softwareunternehmen hier an“, erzählt Vanessa.

„Was für Software?“, fragt Maria.

„Ach ne Firma, die Aufträge von anderen Unternehmen annimmt. Für bestimmte Fahrzeuge und so weiter …“

„Fahrzeuge?“, fragt Maria.

„Jetzt löcher sie mal nicht so“, sage ich.

„Tschuldigung“, sagt Maria, „ich versuch nur Smalltalk zu machen! Wenn das nicht erwünscht ist …“

„Schon gut“, sag ich.

„Irgendwann würde ich ja gerne ein Software-Unternehmen nur für Frauen gründen. Dann stell ich Stephie auch an. Wenn sie bis dahin mit ihrem Studium fertig ist!“

Ich zucke ein wenig zusammen. Ich fühl mich echt unwohl, wenn mich wer Stephie nennt oder Stephanie. Es macht ein Gefühl wie Nägel, die eine Tafel entlangkratzen, aber tief in einem drin. Oder wie ein ekelhafter Ton, von dem man nicht ganz sicher ist, dass er da ist. Eigentlich sollte so was keinen Unterschied machen. Es ist doch nur ein Name. Aber es macht einen Unterschied, so einen großen, und irgendwie hat Vanessa das noch nicht so richtig gecheckt. Ich muss das später nochmal ansprechen. Und ob ich jetzt ne Frau bin, weiß kein Mensch, aber das würde vielleicht zu weit führen.

„Du kannst natürlich auch bei uns arbeiten“, sagt Vanessa dann zu Maria, als würde sie einen Witz machen. „Wenn du programmieren lernst!“

Maria ignoriert den ironischen Unterton. „Ich weiß nicht", sagt sie, „ich hab mir vorgenommen, nicht für irgendwelche Kapitalist*innen zu arbeiten, auch nicht für feministische Kapitalist*innen."

„Und wovon lebst du bitte?"

„Früher Stipendium, jetzt Hartz IV", sagt Maria. „Dies, das …"

„Stephie hat mir deine YouTube Poop Videos gezeigt", sagt Vanessa. „Die sind echt geil."

„Das hast du ihr gezeigt?!"

„Vanessa wollte die gerne sehen, ich dachte …"

„Die sind doch nicht so lustig …"

„Also ich find die genial", sagt Vanessa. „Du zockst auch, oder?"

Die beiden fangen an, über Call of Duty zu reden, nach fünf Minuten sind sie zum zocken verabredet für nächste Woche.

„Das ist schön", sagt Vanessa. „Ich kenn ja noch nicht viele Leute in Berlin."

„Dann können wir ja dafür sorgen, dass du die richtigen kennen lernst, was Steph?"

Ich muss lachen.

Meine Mitbewohnerinnen Sarah und Donna kommen in die Küche, tuscheln miteinander, nehmen sich etwas vom Herd und gehen wieder, ohne ein Wort zu uns zu sagen.

„Hier ist ja Bombenstimmung", stellt Vanessa fest.

„Weiß auch nicht was deren Problem wieder ist", sag ich.

Nachdem Maria gegangen ist, schiebe ich Vanessas Koffer in mein Zimmer.

Wir setzen uns aufs Bett.

„Ich hab Marshmallows gekauft für dich", sage ich.

„Oooooh", lacht Vanessa, „ich hab dir Instantnudeln mitgebracht!"

„Meine Lieblingsinstantnudeln", rufe ich, „Yumyum Ente!"

Wir reißen die Packungen auf und knuspern die rohen Nudeln. Es fällt mir schwer, es anzusprechen, aber irgendwie muss ich es sagen.

„Kannst du mich bitte nicht mehr Stephie nennen?“, frage ich.

„Was?“

„Ich hab dir doch erzählt, neulich, als wir telefoniert haben. Leute nennen mich jetzt Steph.“

„Ach so“, sagt sie. „Stimmt.“

„Würdest du das auch machen?“

„Hm, ich auch? Meinst du echt?“

„Ja, klar.“

„Aber das klingt gar nicht so … nicht so liebevoll!“

„Ich fänds liebevoll, bei nem Namen genannt zu werden, den ich noch mag!“

„Hm“, sagt Vanessa, „ich weiß nicht, ob ich das schaffe.“

„Bitte Vanny. Probier es doch wenigstens?“

„Ich probiers …“

Ich atme auf und werfe die leere Yumyum Packung auf den Boden.

„Lass uns bald schlafen gehen“, sagt Vanessa und gähnt. „Ich bin so müde von der Fahrt.“

„Ist gut“, sage ich.

Ritter und Hexe

Maria und ich sind Kinder dieser beschissenen Jahre, über die sich die Radiosendungen nie einig wurden, wie man sie nun nennen sollte, nachdem sie nicht mehr „das Beste von heute" waren. Maria mag ihren Sex wie ein Album von System Of A Down, sagt sie. Laut, unverständlich, mitreißend, durchzogen von leisen, zarten Stellen, die man umso mehr genießt, weil man weiß, dass es gleich hart wird und jemand schreit.

Im Winter, kurz vor Beginn des Jahres 2000, als man den Absturz sämtlicher Infrastruktur befürchtete, weil niemand wusste, welche Auswirkungen die Änderungen der ersten zwei Stellen des Datums auf die Funktion der vollkommen veralteten Großrechner der Banken haben würde. In diesen Tagen, in denen Menschen in ihrer Midlifecrisis, die ihres Lebens müde waren, für ihre Kinder nichts übrig hatten und nach dem Zusammenbruch des Ostblocks die Weltgeschichte für ein gelöstes Spiel hielten, heimlich seligen Träumen vom Weltuntergang nachgingen, hatte ich unter dem Blick der Medusen meinen ersten Orgasmus.

Ich sitze im Keller des Hauses meiner Mutter in der Nähe von Bremen mit gespreizten Beinen auf der Ruderbank und presse mein kleines rundes Becken gegen den Sitz. Im Wandregal hat meine Mutter ihre Sammlung von Medusen-Statuen aufgestellt;

ich sehe der großen aus bemaltem Holz in die Augen, meine Muskeln ziehen sich zusammen und ein warmes Gefühl breitet sich in meinem ganzen Körper aus, in meinem geliebten, kleinen, dicken Körper, der sich auf der Bank zusammenkrümmt und eine Weile in dieser Stellung verharrt. Nach einigen Minuten strecke ich mich vorsichtig, schiebe einen Finger in meine Hose und schnüffele daran. Es riecht gut. So, wie die Freundin meines Vaters riecht, wenn ich morgens zu den beiden ins Bett krieche. Ein Geruch von Wärme und Liebe, entstanden unter dem kalten Blick der Gorgonen. Ich bin acht Jahre – alt genug, um in etwa eine Vorstellung von dem zu haben, was grade passiert ist.

In diesem Moment, der relativ genau zwischen den Erscheinungsdaten des ersten und des zweiten Albums von System Of A Down lag, bekam ich eine leise Ahnung von einigen Dingen, ein erstes, kaum in Worte zu fassendes Gefühl, dass sich später zu den konkreten Erkenntnissen verfestigen würde: Entgegen aller Erwartungen war tatsächlich auch ich ein sexuelles Wesen. Darüber hinaus war ich vermutlich pervers. Und vor allem: Sex war etwas Mysteriöses, das man unmöglich fassen konnte, und man konnte froh sein, davonzukommen ohne in Stein verwandelt zu werden. Die Funktionsweise meines Körpers war mir unverständlich und es gab kaum Anhaltspunkte, wie er zu bedienen sein würde. Sex lauerte einem auf, überall dort, wo der Körper sich wohlfühlte und anderswo, aber Sex zu lernen, würde in etwa so schwer und überwältigend werden, wie zum Beispiel ohne ein Lehrbuch Chinesisch zu lernen. Da ich es noch nicht in Worte fassen konnte, war es kein Gefühl, das mich einschüchterte. Ich warf den Medusen ein Grinsen zu und lief die Treppe nach oben, nach draußen, um im Schnee zu spielen, mit der Vorahnung im Bauch, dass da etwas war, das größer war als ich.

2002, in etwa zwischen den Anschlägen vom 11. September und dem Beginn des Irakkriegs, schnitt sich Maria in den kleinen Finger. Es war nachts, es war heiß und am Himmel schien ein halber Mond. Ihr Blut war frisch und rot und es tropfte langsam auf ihren Schreibtischstuhl aus Holz. Sie wischte es liebevoll weg. Am kleinen Finger ihrer linken Hand kann man es nicht mehr sehen, aber ich weiß davon und habe die Stelle manchmal geküsst. Ich verstehe nicht, wie dein Leben gewesen ist, wollte ich damit sagen, aber ich will es lernen, so gut es geht. Ich weiß nicht, ob sie meinen Kuss verstanden hat, vor ein, zwei Jahren, als der Mond zum Fenster reinschien, bevor oder nachdem wir gefickt haben wie ein Song von System Of A Down.

Ich liege wach, während Vanessa neben mir schläft. Die Umrisse ihres Gesichts heben sich ab vom Dunkel des Raumes. Die Jugendlichen auf dem Spielplatz unten hören immer noch Rap-Songs. Mir schwirrt der Kopf. Immer wieder muss ich grinsen, weil ich an Maria denke, an Maria und dass ich ein Kind für sie kriege, für sie und ihren Freund. Wie soll ich da einschlafen? Normalerweise hilft es mir immer, zu masturbieren, aber jetzt ist Vanessa da. Wenn sie mich dabei erwischen würde, wär das ziemlich unangenehm, nach allem, was zwischen uns passiert ist, früher.

Ich war immer abgewiesen, immer voller Scham. Ein Creep, ein Ekel, dass ich überhaupt mehr gefühlt hab für meine beste Freundin. Und auch sonst war ich nicht normal, von Anfang an ein perverses Kind mit masochistischen Phantasien.

Ich weiß noch: Puma, mein Vater, wollte wissen, warum ich immer Hexen male. Ich hab sie immer überall gemalt, sie hatten wirres Haar und sahen bedrohlich aus. Doro, meine Mutter, hat Wert darauf gelegt, dass ihr einziges Kind viele Bücher hat und früh lesen lernt, und ich verschlang die Märchenbücher wie ein hungriger Welpe riesige Mengen Pansen. Puma hätte es lieber gesehen, wenn ich nicht so viele autoritäre, gewaltverherrlichende Geschichten lesen würde, aber wirklich: haben Märchen irgendwem geschadet?

Er sitzt vor mir und fragt, warum ich Hexen male und ich kann ihm nicht erklären, warum. Er fragt mich, was die Hexen so machen, in seiner Art, lieb und einfühlsam und ich erkläre ihm:

„Die Hexe lebt in einem Haus, alleine im Wald. Du kannst versuchen, dich ranzuschleichen und dann …“

„Und dann?“, fragt er.

„Und dann: Zack!“, sage ich.

„Was heißt das – Zack?“

„Zack!“, wiederhole ich.

Er sieht mich erwartungsvoll an, aber das Gespräch ist beendet.

Zack, das heißt sie packt dich und lässt dich nicht mehr los. Zack, das heißt sie schleift dich in ihre Höhle, zieht dich aus und wirft dich in einen Topf mit kochendem Wasser und du schreist und schreist, aber niemand rettet dich und du siehst ihre gelben Augen, die dich nicht loslassen …

Als ich klein war haben wir in Berlin gelebt, aber 2003 zog Doro mit ihrem neuen Freund und mir nach Bremen. Wir hatten Familie dort und sie fand einen Job. Sie war, genau wie ihr Freund, zum Studieren nach Berlin gekommen und sah jetzt, wo sie Familie hatte, keinen Grund mehr zu bleiben.

Da kam ich aufs Gymnasium. Ich denke ungern daran zurück, weil wenn ich in den Erinnerungen erstmal drin stecke, ist es schwer, da wieder raus zu kommen.

Ich lernte, den Kopf hoch zu halten, den Nacken grade, nicht zu weinen und nicht auf Leute zu hören, die sagten, ich solle irgendwas, das mir nicht passt, ignorieren. Ich war was ich war. ein unnormales, perverses Kind und die anderen spürten das. Ich lernte, zu kämpfen und überall anzuecken, mit dem Ergebnis, dass alle mich hassten, aber in Ruhe ließen.

Manchmal, immer seltener, sehe ich die Szenen vor mir, sie tauchen plötzlich auf vor meinem inneren Auge, sorgen dafür, dass sich mein Körper ein wenig zusammenkrümmt.

Ich bin im Scheinwerferlicht vieler Blicke und mir ist schlecht. Schwere Schritte umrunden mich. Ich bin in einer Falle.

„Nimm ihr die Brille weg, bevor sie kaputt geht“, sagt eine Stimme. Zack, alles verschwimmt. Ich brauche einen Moment, um mich zu orientieren: Lara hält meine Brille in der Hand, Janina hält die Kamera auf mein Gesicht gerichtet und Swenja ohrfeigt mich, lasch, fast zärtlich.

Alle drei spucken mir ins Gesicht.

„Fette Lesbe“, sagt Janina, „Orang-Utan, siehst aus wien Kerl, ist dir das nicht peinlich.

„Stinken tut se auch“, sagt Lara.

„Kannst du nix machen“, sagt Swenja.

*Lange Fingernägel, rot oder beige oder ganz Natur, aber gut gepflegt. Subtile Femininität. Sie haben alles auf Video und schicken es sich herum auf ihren Handys, aber niemand von den Lehrer*innen wird das zu sehen kriegen.*

Nachts nach der Schule hab ich wachgelegen und masturbiert dazu, wie Swenja mich schlägt und bespuckt. Ich hab mich geschämt, aber bin jedes mal gekommen.

„Willst du mich küssen?“, stichelt Swenja, sie lehnt sich zu mir und ihr roter Mund ist an meinem. Für eine Sekunde setzt mein Gehirn aus und ich öffne die Lippen – zack – eine Ohrfeige, natürlich war es ein Trick.

„Wetten das macht sie geil“, sagt Lara.

„Lass mal checken“, sagt Janina.

Swenja greift an meine Hose. „Nein“, flüstere ich, „neineinein“. Ich schlage um mich.

„Fuck“, schreit Janina. „Die wehrt sich“, kreischt Lara. Ich nehme Swenja in den Schwitzkasten.

„Lass mich los du Schlampe“, zische ich. „Fass mich nie wieder an.“

Ich schubse sie weg. Von da an Ohrfeigen sie mich nicht mehr. Lara versucht nochmal mich zu filmen, ich schlage ihr das Handy aus der Hand, sodass es auf den Boden fällt. Zack. Spinnennetz-App.

„Fuck“, schreit sie, „dafür wirst du!“

„Nix werd ich“, schrei ich sie an, „dir ist dein Scheiß Handy runtergefallen, zum Geburtstag gibts ein neues, Ende der Geschichte.“

Sie lassen mich in Ruhe, was bleibt, ist das Lästern, die angeekelten Blicke, wie die Mädchen mit ihrem Stuhl nur ein bisschen wegrücken, wenn ich irgendwo sitzen will.

Was bleibt? Ich kann nicht schlafen und masturbiere, denk an Swenjas Gesicht und ihre langen Fingernägel, sie schlägt mich, spuckt mich an, greift mir an die Hose, und sagt, du kannst nichts machen. Nichts.

Ich starre an die Decke, wo meine Flugobjekte, die ich aufgehängt hab, Schatten werfen. Die Mobberinnen in der Schule, das ist immer noch eine meiner liebsten Masturbationsfantasien, auch wenn ich das nie jemandem erzählen würde. Außer Maria, ihr hab ich alles erzählt. Aber Vanessa, das könnte ich nicht. Ich schäme mich eh vor ihr. Sie war immer irgendwie was Reines, Unbeflecktes, was ich mit meiner Perversität nur besudeln würde. Ich weiß, das sind scheiß patriarchale Vorstellungen, aber so war es halt. Ich schaue sie an, wie sie im Schlaf atmet. Schon wieder ist sie in eine neue Stadt gezogen, denke ich, und schon wieder ist sie allein. Ob sie noch Freundinnen hat, aus ihrem Studium? Sie hat nie so viel von anderen Leuten erzählt. Sie ist gerne alleine. Wie in der Schule schon, da wars genau so, niemand redete mit Vanessa. „Guck sie doch mal an“, sagte jemand, „Streber“, sagte jemand, „Verbringt ihre ganze Zeit damit, Roboter zu bauen“.

Sie sprach wenig und malte Maschinendesigns in ihren karierten Block. Die Lehrer nahmen sie nicht mehr dran, weil sie auf alles eine Antwort wusste.

Es war klar, dass wir Freundinnen wurden, weil wir uns brauchten. Wir wollten beide überleben.

Wegen ihr bin ich in die Robotik-AG und hab mir alles angeeignet und reingefressen. Vanessa brachte zuerst sich selbst und dann mir Programmieren bei, und wir saßen stundenlang zusammen und bauten Lego-Roboter zusammen, schrieben Code. Vanessa war die treibende Kraft dahinter, ihr Ehrgeiz zog mich mit. Wenn wir etwas geschafft hatten, sah sie sich zur Belohnung mit mir ein paar Folgen meines aktuellen Lieblingsanimes an, den ich ihr unbedingt zeigen wollte.

Jeden Nachmittag schaute ich Detektiv Conan. Mein Lieblingsintro war „Mein Geheimnis“. „Du bist wie du bist, und du lebst in deiner eigenen

Welt“, sang ich Vanessa ins Ohr. „Total kitschig“, hat Vanessa immer gesagt und ich musste mir ihre Lieblingsgothikbands mit anhören, die sie vor ihren Eltern verheimlichte, wegen der brutalen Texte. Als wir 15 waren, war der RoboCup in unserer Stadt. Da hab ich erst richtig angefangen mich für Robotik zu interessieren. Es war ne krasse Stimmung einfach.

Klack- klackklackklack.

Runde Roboter, die aussehen wie riesige Türstopper, schieben eine Art Tischtennisball über ein Miniaturfußballfeld.

Vanessa tippt mich an. „Geil, oder?“

„Geht so“, murmele ich und gähne.

Dann gibt es die Humanoiden. Gelenke, die sich beugen. Balance, die gehalten wird, während ein Ball zwischen Füßen hin und her dribbelt, ein krasses Zusammenspiel von Maschinenteilen. Wie konnten Menschen so was erfinden, denk ich nur …

„Wow“, sage ich, und drücke Vanessas Hand.

„Schau mal Vanessa“, sag ich, „es gibt ein thailändisches Team, das sind scheinbar die Besten!“

„Okay“, sagt Vanessa. Wir gehen sie anfeuern.

„Die sind krass“, sage ich. „Die gewinnen immer. Der dribbelt den Ball richtig schnell hin und her und dann … Whoah.“

Vanessa lächelt.

„Du bist so schön, Vanessa“, sage ich und stelle mir vor, sie zu küssen.

Ich steh auf, um mir ein Glas Wasser zu holen.Wie es wohl sein wird, wenn sie wieder in Berlin ist? Wie es wird, zwischen uns? Ich sollte vielleicht aufhören, mir Gedanken darüber zu machen. Aber jetzt, wo ich angefangen habe, ist es schwer, nicht immer an früher zu denken, an die Schule, die ganze Scheiße … Ich hab mir irgendwie einen harten Kern zugelegt, aber zu welchem Preis? Mein Zimmer war voll mit Büchern. Am liebsten mochte ich immer Rittergeschichten.

Schule war stressig, aber alles, was es an stressigen Sachen gab, Hausaufgaben, Lehrer, Streits, stelle ich mir als kleine Käfer vor, die mich umschwirren. Keine Ahnung, woher ich dieses Bild hatte. Ich trage meine Rüstung, stellte ich mir vor, da kommen nicht mal Steine durch, die auf mich geworfen werden, und Käfer schon gar nicht.

Wenn sie mich fette Lesbe genannt haben, in der Schule, hab ich die Hände in die Taschen gesteckt und auf Durchzug geschaltet. Ich hab meine Rüstung getragen. Mir wurde ein bisschen kalt ums Herz, aber sonst spürte ich nichts. Aber komisch war es schon, dass alle anderen vor mir Bescheid wussten. Ein bisschen hab ich diese Rüstung geöffnet mit meinem Coming Out.

Wir sitzen bei mir und spielen mit dem Lego-Roboter-Set, das meine Mutter mir zum Geburtstag geschenkt hat. Es gibt einen Kern, den man programmieren kann. Daran werden Gliedmaßen angeschlossen und Sensoren. Vanessa sitzt an ihrem Laptop und schreibt den Programmcode, ich habe mir die Legosteine geschnappt und baue dem Roboter einen Körper, sodass er aufrecht gehen kann.

„Vergiss nicht, für den Lichtsensor Platz zu lassen vorne!“, sagt Vanessa.

Ich nicke.

„Bist du wirklich lesbisch?“, fragt Vanessa.

Ich erschrecke kurz. Dann lache ich. Ein freudloses Kichern habe ich mir schon angewöhnt in den 15 Jahren.

„Wieso fragst du nicht, ob ich wirklich fett bin?“

„Du … du bist nicht fett“, stammelt sie, „du bist grade noch normalgewichtig!“

„Dann bin ich wohl auch keine Lesbe, sondern … grade noch normalsexuell?“

Sie sieht mich entgeistert an. Sie hat damit gerechnet, dass ich alles abstreiten würde. Auch ich hätte damit gerechnet und jetzt sitze ich hier und reiße Sprüche. Ich höre mein Blut in den Ohren pochen, mein eigener Mut macht mir Angst, meine Angst macht mir Mut.

Vanessa ringt nach Worten.

„Bist du wirklich lesbisch, ich meine … Woher sollen die anderen das denn wissen? Die wissen das nicht, oder? Es stimmt nicht, oder?“

Mir wird in dem Moment klar, dass ich keine Ahnung habe, woher sie es wissen, aber dass ich keinen Moment lang Zweifel daran hatte, dass es stimmt.

„Ich bin … ich bin lesbisch“, sage ich. Ich schlucke. „Ich bin ne fette Lesbe, das sieht man wohl einfach.“

Es ist ein scharfer Schmerz, der meine Brust durchfährt, der meinen Körper durchzieht, als ich diese Worte annehme, sie mir überziehe, sie mir zu eigen mache, und ein Ziehen in meiner Kehle. Eine tiefe Scham, die sich an mich heftet, die bei mir bleiben wird, die zu mir gehört. Vanessa sieht aus, als hätte ich ihr nasse Socken ins Gesicht geschlagen. Ich bekomme eine leise, unheimliche Ahnung davon, wie mächtig diese Worte sind. Ich fühle mich, als hätte ich einen neuen Planeten entdeckt.

Wir schweigen, bis Vanessa die Stille unterbricht.

„Also stehst du nicht auf Männer?“

Ich denke zum ersten Mal real darüber nach, nachdem ich jahrelang darauf gewartet habe, mich zu Jungen hingezogen zu fühlen und es einfach nicht passierte. Stehe ich wirklich nicht auf Männer? Vor meinen Augen lasse ich eine Schnelldurchlauf-Präsentation von Jungs aus der Klasse vorbei ziehen und alle Filmschauspieler, die mir einfallen.

„Nicht so richtig, glaub ich.“

Es fühlt sich an, als würde eine schmutzige, beschlagene Scheibe zu meinem Inneren gewischt während wir sprechen, sodass ich langsam einen Blick nach innen bekomme. „Gibt schon süße“, sage ich, „aber stehen tu ich nicht auf die.“

„Auf Frauen aber?“

Sie sieht mich neugierig an. Ich schäme mich, ich habe Angst, aber ja, genauso ist das, ganz deutlich zu sehen, dort, hinter der Scheibe. Ich nicke.

„Stehst du auf mich?“

Ich werde rot und schüttele den Kopf, ich denke daran, wie oft ich von ihr geträumt hab. Wie sie sich bewegt, wie sie riecht, wie ich mir wünsche, sie würde nicht mehr weggehen, wie ich sie neben mir spüre, wenn wir zusammen übernachten.

„Nee“, sag ich. „Quatsch.“

„Okay“, sagt sie. „Dann ist ja gut.“

Komisch, wie oft ich neben ihr wachgelegen und sie angeschaut hab, wie der Creep, der ich halt bin. Aber jetzt ist es anders. Natürlich ist es jetzt anders. Es sind Jahre vergangen. Ich hab mich verändert. Sie hat sich von mir distanziert, weil ich ihr zu radikal geworden bin. Bei queer ist sie eigentlich schon ausgestiegen und ich denke, sie glaubt, dass ich in meiner Freizeit arme, alte Omas bedrohe, weil sie falsche Ausdrücke verwenden. Sie weiß nicht genau, was Antifa ist. Hat mich mal gefragt, ob es für das Nazis verprügeln eigentlich viel Geld gibt. Und wenn ich ehrlich bin, kann ich auch nicht abstreiten, dass mich ihr unpolitisches Leben irgendwie ankotzt. Früher haben wir uns über Politik kaum unterhalten. Ich war nicht organisiert, als Jugendliche, hatte keine Freunde, die links waren. Logisch, weil Vanessa meine einzige Freundin war. Eine Art hippie-esken Weltschmerz hatte ich immer, auch wenn ich ihn nicht kanalisieren konnte.

„Vanessa“, sage ich, „die Welt ist nicht okay.“

„Gehts dir schlecht?“

„Das mein ich nicht.“

„Was meinst du denn?“

„Naja, die Welt ist beschissen! Da wird der Regenwald abgeholzt und Leute fahren mit Autos, die die Atmosphäre verpesten und Kinder verhungern in … in Ländern! Und es gibt Krieg.“

„Hm“, sagt Vanessa.

„Vanessa“, sage ich, „wenn wir Roboter bauen, meinst du, wir bauen Roboter auch für den Krieg?“

„Ach Quatsch“, sagt Vanessa. „Und wenn schon. Am wichtigs-

ten ist immer noch, dass wir überleben und unsere Familien ernähren können."

„Und uns Autos kaufen", sage ich, „und sinnlosen Scheiß, den wir nicht brauchen."

„Du brauchst kein Auto?", sagt Vanessa. „Soll dich deine Mama in zehn Jahren von der Arbeit abholen oder was?"

„Ich geh nach Berlin", sage ich, wo mein Papa wohnt. „Da braucht kein Mensch Autos."

Zwei Jahre später hatte ich dann doch meinen Motorradführerschein gemacht und war unglaublich stolz. Ein Ritter auf einem Feuerpferd, denke ich, und stelle mir vor, wie ich Vanessa auf dem Motorrad von der Schule abhole.

Sie lässt sich tatsächlich von mir nach Hause fahren, obwohl sie protestiert. Vor ihrem Haus steigen wir ab.

„Komm noch mit rein", sagt Vanessa, „Papa hat Rhabarberkuchen gebacken."

Ich kann Rhabarber nicht ausstehen. „Oh, voll lecker", sage ich und wir steigen die Treppen rauf. Oben gibt es Kuchen und Limo. Ich nehme kleine Bisse und große Schlucke und genieße Vanessas Nähe.

„Willst du eigentlich keine Kinder?", fragt Vanessa.

„Hm", sage ich. „Klar will ich Kinder."

„Aber du bist doch lesbisch, da kannst du keine Kinder kriegen."

„Ich habe Bücher dazu gelesen", sage ich stolz. „Ich adoptiere dann ein Kind mit meiner Freundin wenn ich eine habe. Oder wir holen uns Sperma von einem Freund, und dann füllt eine von uns es sich ein."

„Mit einem Löffel?", fragt Vanessa und sieht angewidert aus.

„Ist doch egal", sage ich verlegen.

Es ist spät in der Nacht, Vanessa und ich liegen in ihrem Bett.

„Ich hab Angst im Dunkeln", sagt Vanessa. „Als ich klein war, dachte ich immer, der Teufel versteckt sich in den Ecken. Ich hab gebetet wie verrückt."

„Ich hab immer gebetet, dass mir vergeben wird, dass ich mein Schulbrot heimlich weggeworfen hab", sage ich.

„Glaubst du an Gott?", fragt Vanessa.

„Nein", sage ich, „ich glaub nicht mehr an Gott."

Die Macht der Wörter, die plötzlich im Raum standen, entfaltete sich in der Dunkelheit.

„Und du?"

Vanessa schüttelt den Kopf. „Ich weiß es nicht. Ich kann mir nicht vorstellen, dass da … gar nichts ist."

„Doch, ich denke schon", sag ich. „Es gibt halt viel Kram, und der verändert sich. Aber –"

„Diese ganzen Wunder in der Bibel. Die Jungfrauengeburt –"

„Totaler Quatsch", sage ich.

Schon lustig, was man alles hätte vorher wissen können, denke ich, während Vanessa so ruhig und gleichmäßig atmet dass mir die Augen zufallen und die Szenen von früher vor meinem inneren Auge verschwimmen. Aber vor dem Moment, an dem es eskaliert ist, zwischen uns, hätte mich nichts warnen können. Es passierte, einfach so, wie ein Zug der mich überrollte.

Die Drohne fliegt durch mein Zimmer. Ich raste aus.

„Ja", schreie ich. „Geschafft!"

Vanessa umarmt mich. Mein Laptop fällt mir aus der Hand, ich falle nach hinten auf mein Bett, sie landet auf mir und wir lachen. Ihr Mund ist so nah an meinem. Wir sehen uns in die Augen … ich küsse sie. Für einen Moment bewegt sie sich nicht, dann reißt sie ihren Kopf zurück, rappelt sich auf und gibt mir eine Ohrfeige. Bäm. Es hallt in meinen Ohren und ich halte mir den Kiefer.

Alles fiel auseinander in dem Moment. Ich dachte an meine Rüstung und mir wurde klar, dass eine Blechrüstung vor Steinwürfen schützt, aber nicht vor Kanonenkugeln und auch nicht vor den kleinen Käfern, die zwischen den Ritzen hindurch krabbeln und sich auf die Haut setzen. Zack, denke ich und sehe die gelben Augen der Hexe vor mir, als ich einschlafe.

Niagarafälle

Als ich aufwache, ist Vanessa schon gefahren. Sie hat mir einen Zettel geschrieben.

„Danke für alles“, steht da, „ich hoffe, wir sehen uns die nächsten Tage wieder =)“.

Ich stelle meinen Körper wieder her, wie jeden Morgen. Verwandele mich von einem Häufchen verschwitztem Fleisch mit Haut und Haaren, Brüsten und Arsch in etwas, dass ich den Tag über dem Rest der Welt zeige. Im Bett mache ich Sit-Ups. Dann stehe ich auf. Ich mag meinen Körper. Er ist schnell, langsam, fest, schwabbelig, knochig, je nachdem, wie man schaut und welche Stelle man berührt. Ich trete in die Luft, bis ich ins Schwitzen komme. Das geht schnell. Ich schau auf mein Handy. Link hat mich angerufen. Whatever. Ich hab echt Wichtigeres im Kopf grade als Link. Ich will keinen Gedanken mehr an x verschwenden.

Ich dusche im Hocken. Ich wasche mir das Arschloch mit der Brause, kleine Klümpchen kommen raus und werden in den Abfluss gespült. Ich habe Männershampoo, 2 in 1, das billige, seit ich 15 bin. Früher haben die Leute in meiner Klasse gefragt: „Was willst du, schwule Männer anmachen oder was?“ Ich denke daran und muss kichern.

Ich zieh mir einen Sport-BH an, wie jeden Morgen. Er ist zu eng, deshalb hab ich immer ein wenig Schmerzen in Brust und Rücken, aber meine Brust sieht so relativ flach aus. Ich hab Glück, denk ich, dass ich so verhältnismäßig kleine Brüste hab, als Butch. Was, wenn sie größer werden, wenn das Kind kommt? Ich hab schon öfter drüber nachgedacht, ob ich ne Mastektomie will. Eigentlich bekommen das nur trans Männer bezahlt und ich bin kein Mann – ne richtige Frau aber auch nicht. Oder anders gesagt, ich weiß nicht was ne Frau ist. Zu sagen, Frauen, das sind alle die ne Vulva haben, ist Quatsch. Aber ich weiß auch nicht, was es sonst genau sein soll.

Deshalb sag ich, ich bin Butch. Viele denken, alle Butches sind Frauen, die sich männlich geben und Frauen lieben, aber so einfach ist das nicht. Butch steht für nen bestimmten Haarschnitt und war früher ein Schimpfwort. Das haben sich maskuline Lesben und Bi-Frauen angeeignet, und auch Leute, die transitioniert sind und dann als Männer gelebt haben. Und nichtbinäre Menschen. Und ich weiß nicht, was ich bin – Frau oder Mann oder nicht-binär. Vielleicht werd ich es irgendwann wissen, aber noch weiß ich es nicht und das ist vielleicht auch okay. Aber ich weiß, dass ich weiblich zugewiesen wurde und nicht feminin sein mag. Dass ich es brauche, dass meine Friends mich Steph nennen. Ob ich trans bin oder nur gender-nonconforming … ich komm nicht weiter, wenn ich mir den Kopf drüber zerbreche, also lass ich es. Also sag ich, ich bin Butch, und vielleicht will ich irgendwann die Brust-OP.

Tempelhof. Ich steige aus der Bahn, strecke die Arme aus, ich kann atmen, und Ruhe spüren. Georgia wohnt in einer Altbauwohnung voller Licht und in ihrem Gesicht, in das ich schaue, als sie mir die Tür aufmacht, kann ich die ganze Freiheit lesen, die sie mir bei jedem meiner Besuche gibt: die Luft zum atmen, die ich so dringend brauche.

Ich lasse mich in einen ihrer abgewetzten Sessel fallen und greife instinktiv nach der Tageszeitung auf ihrem Tisch.

„Hast du das in Heidenau verfolgt“, frage ich. Georgia nickt. Ein Bild in der Zeitung zeigt eine Mutter mit kleinem Mädchen, die bei den Nazis mitlaufen, ein dreistes Lächeln im Gesicht, Sonnenbrille, schwarzweißrote Fahne.

In Heidenau hat der deutsche Spätsommer des Rassismus seinen bisherigen Höhepunkt erreicht. Dort gibt es einen alten Baumarkt, der zu einer Geflüchtetenunterkunft umfunktioniert wurde. Was ja schon absurd genug ist. In Heidenau bilden sich jetzt rassistische Mobs, die verhindern wollen, dass Refugees in ihr Kaff kommen. Nazis greifen die Busse an, in denen die Geflüchteten sitzen, um zur Unterkunft zu fahren. Sie haben die Refugees angegriffen, als sie in den Baumarkt eingezogen sind, jetzt treffen sie sich jeden Abend, werfen Böller und Steine und prügeln sich mit den Bullen. Ein Haufen Antifas werden von der Polizei schikaniert, während sie Gegenkundgebungen machen. Ich hing die letzten Tage immer wieder an den Nachrichten, hab mit den Augen die Artikel ausgesaugt, mit den Fingern auf meine Oberschenkel geklopft und mir die Lippen aufgebissen.

„Ich wollte sofort hinfahren“, sage ich zu Georgia, „hab aber Termine in Berlin, morgen einen Arzttermin.“ Überhaupt, schwanger und so, das sag ich aber nicht laut.

„Ich bin so wütend“, sag ich. „Ich habe nicht damit gerechnet … nach all den Jahren, die ich Refugee-Politik mache, hab ich nicht damit gerechnet, dass sich die Neunziger wiederholen. So stumpf, so dumm … einfach so.“

„Wie lange ist das her“, sagt Georgia, „dass Merkel gesagt hat, dass Multikulti tot ist?“

Sie ist ein bisschen blass geworden, und ballt die Fäuste ein wenig, aber sie ist müde, schon wieder darüber zu sprechen.

„Es war eindeutig“, sagt sie, „schon lange davor: Dass uns niemand schützen wird, wenn der Mob wieder auf die Straßen geht.“

„Ja … Sicher waren deutsche Politiker schon immer rassistisch“, sage ich, „aber …“

„Aber es hat dich nicht betroffen“, sagt Georgia.

„Ja, naja“, sage ich. „Ja. Nicht tief genug. Weißt du … ich hab Rostock-Lichtenhagen nicht erlebt und alles in den Neunzigern. Hoyerswerda, Mölln … Ich wusste, dass es da war, aber es war wie eine Legende irgendwie, und ich hab geglaubt, warum auch immer, dass es ein warnendes Bild bleiben würde, veraltet.“

„Was hat sich denn seit den frühen Neunzigern verändert“, fragt sie, „dass du dachtest, die Situation sei zwischendurch irgendwie besser geworden? Das Grundrecht auf Asyl wurde praktisch abgeschafft, als Reaktion auf die Gewalt. Das ist alles.“

„Ich weiß nicht … Weißt du …“, sag ich, und schau sie an, als würd ich in ihrem Blick Halt suchen, Halt, den mir die Situation nicht geben kann. „Diese Verbitterung, die ich jetzt spüre, diese Wut gegenüber diesem Land, diese Hilflosigkeit, das ist neu. Ich bin so wütend, Georgia“, sag ich.

„Und die NSU-Morde“, sagt Georgia, „da haben alle ‚Dönermorde‘ gesagt und niemand war wütend. Und jetzt tun alle überrascht. Jetzt bist du wütend. ‚Oh, rassistische Übergriffe! Was ganz neues!‘“

Georgia kenne ich schon mein Leben lang. Sie kam in den Achtzigern mit ihren Eltern – iranischen Kommunisten – nach Berlin. Als Teenie traf sie meinen Vater im Marx-Lesekreis, den mein Vater nur zweimal besuchte. Er war Mitte zwanzig und schon dabei, sich zu entpolitisieren. Die beiden schlossen sich ins Herz und trafen sich zum Backgammon spielen und redeten über Philosophie, so hat mein Vater mir das mal erzählt. Georgia ging in die Hausbesetzer-Szene, trat bei Tuntenshows auf, hatte einen Freund nach dem anderen und lieferte sich Straßenschlachten mit den Bullen. Während mein Vater sein Referendariat machte und eine jahrelange On-Off-Beziehung mit meiner Mutter anfing, wurde sie AIDS-Aktivistin, weil sie nicht sterben wollte. So hat Georgia mir das mal erzählt.

Ich schau ihr ins Gesicht: Bartschatten, Lidschatten, Sorgenfalten. Für sie ist diese Wut wahrscheinlich nicht neu, fällt mir zum ersten Mal auf. Sie muss damit ja leben, denke ich, mit einer ganz anderen Form der Wut, länger als ich es mir vorstellen kann. Sie steht auf.

„Kaffee?“, fragt sie.

„Ja, bitte“, sag ich.

„Kippe?“

„Hab aufgehört“, sag ich mühsam. Sie zieht eine Augenbraue hoch und zündet sich elegant eine an.

„Weißt du“, sag ich, „ich hab meinen Eltern immer vorgeworfen, dass sie die Gesellschaft nicht wirklich verändert haben.“

Ich fixiere Georgia, als könnte sie mir eine Lösung für dieses Problem anbieten. Sie zuckt nur die Schultern.

„Tja, die Achtziger waren eine Zeit der Entpolitisierung“, sagt sie, „was mich nur noch wütender gemacht hat. Deine Eltern dann wiederum waren damals schon irgendwie froh, vom ganzen linken Dogmatismus ein bisschen Ruhe zu haben.“

Sie lacht zynisch und ich sage nichts.

„Weißte“, sagt Georgia, „als die Mauer gefallen ist, das war für deine Eltern eine Befreiung. Da haben sie angestoßen mit Rotwein. Ab jetzt würde alles immer besser werden, davon waren sie überzeugt. Aber für mich … für mich ist da etwas gestorben. Nicht nur das alte Westberlin, auch die DDR. Eine schlechte Alternative für dieses dreckige Land. Und klar, die DDR war auch nicht ohne Rassismus und voller Homophobie. Und trotzdem haben sie mit den Nazis aufgeräumt und Möglichkeiten zur Gleichberechtigung geschaffen, die danach einfach eingestampft wurden … Jetzt gibts hier nur noch Alternative für Deutschland. Jetzt gehen die Leute bei Dresden auf Geflüchtete los.“

„Wie konnte das passieren? Vor allem“, sage ich, „wie kann es nach den Neunzigern wieder passieren? Genau so?“

Georgia schüttelt den Kopf. „Was für eine Frage … Weil es niemanden gestört hat, was in den Neunzigern passiert ist!“, sagt Georgia. „Weil Hoyerswerda keinen gejuckt hat. Weil die Asylrechtsverschärfung der Mehrheitsgesellschaft zugute kam.“

„Manchmal denk ich, ich werd die Welt nicht verändern, wenn ihr es nicht konntet“, sage ich. „Ich hab so viel Wut auf dieses Land. So viel Hilflosigkeit ist in mir drin. Diese Sinnlosigkeit, die immer dem anhaftete, dass ich wusste, dass die Welt schlecht war, aber die stärksten Menschen, die ich kannte, nicht in der Lage waren, sie zu verändern.“

Georgia rollt mit den Augen.

„Ey Georgia, schau mich doch an“, rede ich weiter. „Meine Fresse, was hab ich denn verändert? Was werd ich meinem Kind erzählen, wenn es mir diese Fragen stellt? Das frag ich mich schon mein halbes Leben, Georgia, ernsthaft."

„Steph …"

„Was?"

„Baby Butch. Dir wird vielleicht grade zum ersten Mal so richtig bewusst, was Deutschland für ein drecksrassistisches Land ist."

„Nein, aber …"

Sie atmet tief ein. „Und jetzt bist du wütend. Und ich soll dich trösten."

Blut schießt mir in den Kopf. „Nein, Georgia, das will ich doch gar nicht …"

Sie bläst Rauch in die Luft. „Doch, das willst du. Ich soll deinen weißen Babyarsch trösten, dass es Rassismus gibt."

Sie gießt sich Kaffee ein und stellt die Kanne abrupt auf den Tisch. Ich starre auf meine Knie und beiße mir auf die Lippe. Sie hat recht, denke ich. Scheiße.

Ich gehe zum Schrank, nehme mir selbst eine Tasse und gieße mir Kaffee ein. Meine Hand zittert und ich schütte was daneben. Ich wisch es mit dem Handrücken weg und lecke meine Hand sauber. Sie schaut mir mit undurchdringlichem Gesicht zu.

„Tut mir leid Georgia."

Sie zieht eine Augenbraue hoch. „Was denn?"

„Dass ich dich so vollheule. Mit dem Thema … was dich betrifft. Und mich nicht."

Sie breitet die Hände aus, verzieht leicht das Gesicht, verdreht die Augen und formt ein „Thank you" mit den Lippen. Schweigend trinken wir Kaffee. Meine Finger verfolgen das Muster ihres Holztisches, ihr Blick verfolgt die Rauchwölkchen in der Luft.

Nach ein paar Minuten nehme meinen Mut zusammen.

„Ich bin schwanger", sag ich. Georgia guckt mich an.

„Darauf trink ich erstmal einen", sagt sie, greift ins Regal und gießt sich Whiskey in den Kaffee. Ich schaue durch das Fenster auf die große Kastanie im Hinterhof.

„Maria wünscht sich ein Kind“, sag ich. „Ich kriegs für sie.“

Wir sehen uns an, ihr Gesicht bleibt unergründlich. Verkneift sie sich böse Kommentare? Freut sie sich?

„Dann ist es Marias Kind“, sagt sie, in ihrer müden, rauen Stimme. „Nicht deins.“

Als würde das das ganze Gespräch unsinnig machen.

„Ich will nicht Mutter sein“, sag ich.

„Wer will das schon“, sagt Georgia.

Ich zögere. „Aber mein Kind wirds schon sein.“

„Ihr seid ja ganz mutig“, stellt Georgia fest. „Wissen deine Eltern schon Bescheid?“

Ich schüttele den Kopf.

„Na, die werden sich freuen“, sagt Georgia und grinst.

Meine Eltern sind gutherzige Menschen, das muss man ihnen lassen. Linke Christen. Sie haben sich getrennt, als ich fünf war, ohne Krieg oder Streit. Puma, zog ein paar Blocks weiter in eine andere Wohnung. Doro, arbeitete viel und hatte einen neuen Lover, den ich nicht besonders mochte. Also verbrachte ich viel Zeit in Papas Wohnung, wo er von zu Hause arbeitete, Schach spielte und Pfeife rauchte. Ich lernte, schlecht Gitarre zu spielen. Ein-, zweimal passte Georgia auf mich auf. Einmal schaute ich ihr und ihren Tuntenfreundinnen zu, wie sie sich auffummelten. Ich durfte dazu einen schicken Hut tragen, auf einem Stuhl sitzen und die Szene kommentieren. Es gibt ein Foto von mir, von diesem Abend, wie ich Audrey Hepburn spiele und statt der Zigarette in diesem langen Ding ein Räucherstäbchen zwischen den Fingern halte. Das war, glaube ich, eins der letzten Male, dass ich ein Kleid getragen habe. Wir hatten jahrelang keinen Kontakt mehr, Georgia und ich, bis wir uns im Schwuz wieder trafen, als ich zum Studieren nach Berlin kam. Ich schlich auf dem Dancefloor neben ihr rum und starrte sie an, bestimmt 5 Minuten lang, bis ich mich traute, zu fragen.

„Georgia?“

„Stephanie?“, kreischte sie. „Ich fass es nicht!“

„Steph“, sagte ich schüchtern.

„Natürlich, haha. Steph! Du bist ja ne richtige Baby Butch geworden. Schön, dass du hier bist."

„Wie habt ihr euch das denn genau vorgestellt", reißt mich Georgia aus der Erinnerung, „Maria und du?"

„Naja", sag ich, und komm mir blöd vor. „Ich werd schwanger und krieg ein Kind. Maria lässt sich die, äh, Vaterschaft anerkennen und übernimmt die Hauptverantwortung mit Jannis zusammen. Ich unterstütz sie, so gut ich kann." Ich fühle mich plötzlich verhört, irgendwie.

„Doro und Puma waren schon immer etwas naiv", murmelt Georgia, „die sind bestimmt voll dabei."

Ich schaue sie an und frage mich, ob sie weiß, was sie grade sagt. Dann atme ich tief durch.

„Hast du noch Kontakt zu Puma?"

„Ein-, zweimal im Jahr. Früher hat er mir irgendwie Stabilität gegeben. Jetzt gebe ich mir die selbst."

Ich nicke. An dem Punkt wär ich gerne irgendwann, denk ich.

„Bald ist wieder Perversia", sage ich dann. „Hast du schon eine Nummer?"

„Eine Vision …", verkündigt mir Georgia und beugt sich verschwörerisch über den Tisch nach vorne. „Ich singe Arbeiterlieder, mit Elektro hinterlegt, dazu tanze ich wie ein Roboter, dann wird alles still und ich lasse ein Sektglas fallen. Ein Sinnbild für die Sinnlosigkeit der Revolutionsromantik, die wir die ganze Zeit machen. Sinnlos, weil sie nur zur Unterhaltung dient."

„Gibt es nicht schon genug Sinnbilder für Sinnlosigkeit in Berlin", frage ich. „Das überzeugt mich überhaupt nicht."

„Ich hab dir einfach das Erste erzählt, was mir eingefallen ist", sagt Georgia kühl. „Ich weiß noch nicht, was ich mache." Jetzt sind wir beide ein kleines bisschen beleidigt.

Ich trinke den letzten Schluck Kaffee und werfe noch einen Blick auf das Foto in der Zeitung, das grinsende Sonnenbrillenhassgesicht, die schwarzweißrote Fahne, daneben das kleine Mädchen in Rot. Dann stehe ich auf. Ich streichle Georgia im Vorbeigehen sanft unterm Kinn, dann gehe ich rüber ins andere Zimmer. Auf der dunklen Holzkommode neben dem Bett steht der Plattenspieler, darüber im Regal fällt mein Blick auf die Schallplatte mit den Arbeiterliedern. Ich ziehe sie behutsam aus der Hülle und lege sie auf.

Zu den ersten Klängen der ‚Arbeiter von Wien' nehme ich ihren Hut aus dem Schrank, den ich schon früher getragen hab, und die tiefrote, abgewetzte Federboa und stelle mich vor den Spiegel. Georgia ist mir gefolgt und wirft sich einen schwarzen Schleier über, mit Spitze. Wir wippen auf und ab im kleinen Schlafzimmer. Sie sieht mir in die Augen. „So flieg du flammende, du rote Fahne", singen wir beide leise, „voran dem Wege, den wir ziehn." Ich greife Georgia um die Taille, sie lässt sich führen. Wir sehen uns in die Augen und bewegen die Lippen, ganz bewusst, ganz im Moment. „Wir sind die Zukunft. Wir werden kämpfen, wir sind die Tunten aus Berlin."

Wir drehen uns, als wäre es ein Abschiedstanz. Dann ist das Lied zu Ende, wir kichern, ziehen uns um, probieren dies und das an. Aber ich hab gespürt, dass etwas anders ist, als wir uns in die Augen gesehen haben. Dass etwas zu Ende geht. Oder hab ich es mir nur eingebildet?

Als ich aus ihrer Wohnung auf die Straße trete, denke ich über das Gefühl nach, etwas nicht greifen zu können. Beinahe-Berührung: Unsere Finger haben sich nicht berührt. Ich habe mich nicht an das Lied erinnert.

Mein Traum entschwindet meinem Bewusstsein; ein leerer Raum, ein wehender Stoff. Eine Nadel, die in einen Topf fällt. Ein leichtes Kribbeln über den Rücken; eine beunruhigende Ahnung beim Blick ins Gesicht einer fremden Person. Der Versuch, im Halbschlaf rational Probleme zu lösen; der schlaftrunkene Glaube, die Lösung beinahe zu haben, wäre es nur möglich, noch eine Minute länger zu schlafen. Das Gefühl des Vorhangstoffes an meiner Haut. Ein Hauch einer Melodie, aber kein Wort des Textes, und dann ist auch die Melodie verschwunden.

Ungreifbar, das, was ich morgens schreien möchte, wenn ich den blauen Himmel sehe. Unfassbarkeit.

„Wann ist dein Jobcenter-Termin?“, schreibe ich Maria.

„Heute Nachmittag“, schreibt sie zurück.

„Darf ich mitkommen?“

„Tu was du nicht lassen kannst. 14:30 up the Niagara falls.“

Die Niagarafälle sind die doppelt nach unten führenden Rolltreppen in der Rollberg-Passage, einer charmant-abgeranzten Entschuldigung für ein Shopping-Center an der Hermannstraße. Vorne ist ein KiK und ein Woolworth, drinnen ein Reisebüro, eine Post, ein Kaisers, ein Herrenfriseur mit vielen Bildern von kunstvoll musterrasierten Schädeln im Schaufenster, ein Asia-Imbiss und hinten noch ein überteuerter Copyshop. Ganz hinten ist auch noch ein Kino versteckt. Keine Ahnung, wer da eigentlich reingeht. Wenn es regnet, stellt irgendwer ganz viele Eimer auf, weil der Fensterbogen über der Passage undicht ist. Wundert mich eigentlich, dass die Eimer noch keiner geklaut hat. Wenn alle Shopping-Center der Welt so aussähen wie dieses, wäre die Welt ein besserer Ort. Daran kann noch nicht einmal die Anwesenheit des Jobcenters Neukölln im ersten Stock etwas ändern, das als das berüchtigtste Jobcenter der Stadt und möglicherweise sogar Deutschlands gilt.

Die Niagarafälle raufschwimmen bedeutet: Die doppelte Rolltreppe führt runter vom Jobcenter Neukölln, sodass man nach hinten gehen und die Treppe nehmen muss, wenn man dort einen Termin hat.

Am Eingang der Passage treffe ich Maria. Wir kommen langsam aufeinander zu und nicken kurz. Ohne uns zu umarmen oder ein Wort zu sagen, gehen wir langsam den vom Reisebüro- und Friseur-gesäumten Gang entlang, bis wir vor der Rolltreppe stehen.

„Drei …“, sagt Maria.

„Zwei …“, sage ich.

„Eins!“, rufen wir zusammen und rennen los, ich rechts, sie links, jeweils eine der Rolltreppen hoch.

Wir rennen … ich glaube den Boden unter den Füßen zu verlieren, ich renne, ich renne, ich glaube ich falle, ich schnaufe, ich schaffe es, in der Schwangerschaft wird das Herz doppelt so schnell schlagen, ich nehme die letzte Stufe, ich bin da. Maria ist längst oben. Sie gewinnt dieses Spiel jedes Mal.

Wir waren Kinder, als Hartz IV eingeführt wurde. Was haben wir gesehen? Was konnten wir einordnen? Zwang statt Visionen. Du wirst kooperieren, weil du musst.

Die Deklassierung der Intellektuellen in einem Gesellschaftssystem und die Stigmatisierung und Festigung einer neuen Unterschicht: Hartz IV, Assi, Penner.

Ich weiß nicht, wie andere so einem Druck standhalten. Ich wollte immer was Stabiles, von dem ich Leben kann, und hab mich für Maschinenbau eingeschrieben. Und ich erwarte ein gutes Einkommen, solange ich mich füge und irgendeine Arbeit annehme. Manchmal, wenn ich mir zu bürgerlich damit vorkomme, fantasiere ich von kollektiven Bauernhöfen, wo ich Maschinen konstruiere und nebenbei antikapitalistische Kampfroboter zusammenschraube.

„Bitte haben Sie Verständnis, dass wir aus hygienischen Gründen auf das Händeschütteln verzichten“, steht auf einem Schild.

„Sie werden sich deutschlandweit bewerben müssen“, sagt die Sachbearbeiterin. „So wird das nichts. Wenn Sie sich nicht endlich mal bemühen, muss ich Sie zum Bewerbungstraining schicken. Dann haben Sie zwei Wochen Zeit, sich damit intensiv zu beschäftigen. Ich druck Ihnen hier jetzt noch zwei Call-Center-Angebote aus. Sie haben dann drei Tage Zeit, sich zu bewerben. Die Bewerbungsschreiben bringen Sie mir dann nächstes Mal mit, dann gehen wir die durch.“

Maria schluckt, sagt aber nichts.

„Da müssen Sie jetzt gar so nicht gucken, Sie haben eine Eingliederungsvereinbarung unterschrieben. Sie wollen etwas von uns, jetzt müssen Sie sich auch bewerben.“

„Aber, hm, Call-Center …“, bringt Maria dann doch hervor.

Die Sachbearbeiterin würgt Sie mit ihrem Blick ab. „Das ist mir egal, wo Sie arbeiten, solange es ein sozialversicherungspflichtiger Job ist. Wenn Sie erst einmal Arbeit haben, dann können Sie auch leichter in einen Job wechseln, der Ihnen gefällt. Ich hab auch schon alles Mögliche gemacht, bevor ich diesen Job hier bekommen habe … Jetzt zeigen Sie mir doch mal ihre Bewerbungsliste.“

Nach weiteren 15 Minuten und dem Abklappern der einzelnen Stellen, auf die sich Maria beworben hat, ist alles vorbei.

Wir fahren die Rolltreppe nach unten, stehen nebeneinander ohne ein Wort zu sagen. Maria weint. Es ist nicht die finanzielle Situation, es ist nicht die Angst vor der Kürzung. Es ist die Demütigung. Ich würde sie gerne in den Arm nehmen. Dir läuft Wasser aus den Augen, möchte ich sagen, das bedeutet nichts, du bist stark. Ich lege die Hände aufs Geländer der Rolltreppe, blicke zurück zum Jobcenter und sage nichts.

❋ ❋ ❋

Die Luft ist warm und der Himmel sieht aus, als würde er brennen.

Maria und ich schlendern herum, auf dem Feld, zwischen selbstgebauten Windanlagen und Gartenbeeten. Hier spielen ein paar Hipster Utopie, während andere Hipster windskaten. Dahinter erstreckt sich das Feld, bis die Sonne untergeht.

Was glauben die Leute, was sie hier tun? Dass sie hier ein kleines Stück bessere Welt schaffen mit selbstangebautem Gemüse, Bio-Eis und Skateboards? Hier kann man den Prenzlauer Berg schon erahnen, bevor er da ist.

Maria hasst die Windsurfer und erzählt mir, was sie nach der Revolution mit ihnen machen wird. Ich atme die Luft ein, schaue über das Feld und denke, wie gut es ist, Platz zu haben. Wie gut, diesen Raum zu haben – trotzdem. Wie gut, atmen zu können.

Ein Stück weiter spielen Typen oben ohne Frisbee.

„Ich geh jetzt zu ihnen und zieh mein T-Shirt aus“, sag ich zu Maria.

„Oh Mann“, sagt Maria, „Immer bringst du uns in Schwierigkeiten.“

„Komm mit!“

Wir gehen in die Richtung der Typen.

Ich ziehe mir T-Shirt und Sport-BH aus und achte darauf, breitbeinig zu gehen.

„Können wir mitspielen“, frag ich.

Die Typen schauen sich verwirrt an.

„Oh … für sexy Ladies haben wir immer Platz“, sagt er.

„Das sind keine Ladies“, sagt ein anderer, mit Blick auf Maria und will den Cissexismus seines Kumpels mit noch mehr Transfeindlichkeit kontern.

„Die beiden sind sich unter sich nicht ganz einig, welches Gender uns am ehesten beleidigt“, sage ich zu Maria. „Mal schauen, ob sie das jetzt auskämpfen.“

Zwei von den anderen werfen uns verstohlene Blicke zu. Vielleicht schämen sie sich für ihre Freunde.

„Also was ist nun“, sage ich, „dürfen wir mitspielen?“

„Klar“, sagt einer der Dudes. Wir spielen Frisbee. Ihre Blicke kleben an meinen Brüsten, wenn sie wackeln. Die Frisbee fliegt weg, und während einer der Typen, der sich für seine Kumpels schämt, sie holen geht, nutzt der Typ, der uns ‚sexy Ladys‘ genannt hat, den Moment, um mich auszufragen.

„Sag mal, bist du Exhibitionistin?“, fragt er.

„Nee“, sag ich, „Ich dachte hier wär der Oben-Ohne-Club.“

„Du bist ne Frau“, sagt er, wie zur Erklärung.

„Ach“, sag ich, „woher weißte das?“

„Du hast Brüste.“

„Ja und?“

„Wohl in Bio nicht aufgepasst, haha!“, ruft der andere. Ich ignoriere ihn.

Der erste Typ macht weiter mit seiner Fragestunde. „Deine Freundin ist auch keine richtige Frau oder? Ich hab mir das schon gedacht. Ich …“

„Halt die Klappe“, sag ich, „sie ist ne Frau.“

„Aber nicht von Geburt an oder? Sie hat doch nen Schwanz? Hast du auch nen Schwanz? Was seid ihr?“

„Wir sind nun einmal anders als die Andern“, rezitiere ich, „die nur im Gleichschritt der Moral geliebt, neugierig erst durch tausend Wunder wandern und für die’s doch nur das Banale gibt. Wir aber wissen nicht, wie das Gefühl ist, denn wir sind alle anderer Welten Kind! Wir lieben nur die lila Nacht, die schwül ist, weil wir ja anders als die andern sind.“

Er lacht hilflos.

„Wir sind die junge Garde des Proletariats“, sagt Maria laut in die Stille hinein.

Die Typen glotzen. Wir fassen uns an den Händen und rennen weg.

„Bist du okay?“, frag ich Maria. „Geht so“, sagt sie. „Das war etwas unangenehm. Warum musst du immer so was anfangen?“

„Ich wills denen einfach zeigen … Sie lernen doch sonst nix!“

Maria schaut nachdenklich in den Himmel.

„Was machen wir“, frag ich, „Wenn unser Kind so wird, später? So ein Macker?“

„Das passiert nicht“, sagt Maria. „Nicht mit mir und Jannis als Eltern und mit dir.“

„Wenn es uns provozieren will?“

„Ach“, sagt Maria. „Dann hat es eben mal so eine Phase. Das wird schon.“

„Und wenn es ein Nazi wird? Was dann?“

„Hör auf“, sagt sie, „Das ist doch Quatsch, warum sollte unser Kind Nazi werden?“

„Meinst du Antifaschismus ist genetisch oder was? Es wurde so geborn?“

„Halt die Klappe jetzt“, sagt Maria. „Machen wir noch was Schönes?“

„Ähm, das ist mir peinlich“, sag ich, „aber können wir durch so Läden gehen und Baby-Sachen anschauen?“

Maria lacht. „Klar.“

Wir laufen durch die Kinderabteilung, alles streng sortiert nach rosa und blau, Prinzessin und Pirat.

„War das auch schon so, als wir klein waren?“, frage ich. „Das ist ja schrecklich.“

„Der Kapitalismus schafft es, wirklich alles noch schlimmer zu machen.“

Vanessas Haare wehen leicht im Wind, unsere Beine baumeln über dem Wasser beim Kanal, wir haben Erdbeeren vom Maybachufermarkt und die Sonne scheint uns direkt ins Gesicht. Vanessa und ich erzählen uns Geschichten von früher. Was für Musik wir gehört haben! Wir singen leise Gothic-Songs vor uns hin, in denen es um Blut, Schuld und zerrissene Herzen geht. Inzwischen romantisieren wir unsere Einsamkeit nicht mehr, wir sind erwachsen, aber die Nostalgie tut gut. Ich fange an, Vanessa stimmt leise ein. Ich sehe Vanessa von der Seite an und bin glücklich, sie in meiner Nähe zu haben. Vanessa ist schon echt tough. Beißt sich durch, und weil sie sich immer durchbeißen musste, ist es jetzt auch okay, für irgendwelche Industrieunternehmen zu arbeiten oder für Airbus oder was auch immer. Wenn sie es nicht tut, wer würde es sonst tun? Von dem Geld, was sie verdient, spendet sie dreißig Euro im Monat an Brot für die Welt, erzählt sie mir, als wolle sie, dass ich sie dafür lobe. Vanessa und ich sind Heimat füreinander, Familie, obwohl wir in verschiedenen Städten leben und lange überhaupt keinen Kontakt hatten. Erst in den letzten Monaten haben wir wieder angefangen zu telefonieren. Wir sind Familie. Familie, die einen nicht immer versteht. Familie, die man kaum sieht, Familie, deren Entscheidungen man nicht teilt und die man trotzdem liebt. Familie, der man versucht, sich zu erklären, vor der man wichtige Entscheidungen trotzdem verheimlicht. Das läuft so seit der Schule, wo wir sonst niemand hatten. Wir haben echt nicht immer die gleichen Meinungen, aber das ist ja bei Familie selten so. Familie sucht man sich nicht aus. Familie ist man eben plötzlich, weil man in die Welt geworfen wurde und irgendwie überleben musste.

Wir reden über viel, was uns passiert ist, in den letzten Monaten.

Ich erzähle ihr von unseren Plänen. Ich erzähle, dass ich schwanger bin.

Sie starrt mich entsetzt an.

„Stephhh …“, sagt sie und unterdrückt mühevoll das ‚phiiie‘. „Aber du hast doch dein Studium noch nicht mal abgeschlossen! Was sagen denn dann potentielle Arbeitgeber, wenn du schon ein Kind hast, aber noch keinerlei Berufserfahrung?“

„Ist mir doch scheißegal“, sage ich, als würde mir sowas überhaupt keine Sorgen machen. Arbeitsmarkt? Da stehe ich drüber oder tue zumindest so als ob.

„Und wie ist das jetzt mit deiner Beziehung?“, fragt Vanessa.

„Hab keine“, sage ich.

„Aber bist du nicht mit Maria zusammen?“

„Nee, wir haben uns vor über nem halben Jahr getrennt. Ich war mit Link zusammen, aber Link hat letzte Woche Schluss gemacht.“

„Oha.“ Vanessa sieht mich skeptisch an. „Ich weiß nicht, wie ihr das macht“, sagt sie. „Mit der Eifersucht.“

„Naja“, sage ich. „Man ist halt eifersüchtig oder auch nicht. So wie du auch!“

„Tobias hat mich betrogen“, sagt Vanessa. „Das hat sich einfach nur schlimm angefühlt. So will ich mich nie wieder fühlen.“

„Das versteh ich“, sag ich und wir schweigen einen Moment.

„Also, wie war das mit deinen ganzen Leuten? Nochmal von Anfang an, zum Mitschreiben bitte.“

„Zuerst war da Maria“, sage ich. „Und Link und Riker. Wobei mit Riker, das war auch nicht wirklich ne Beziehung … Dann war mit Riker Schluss und dann mit Maria.“

„Wieso?“

„Riker wollte nicht poly sein“

„Aha!“

„… und Maria …“ Ich schaue auf den Boden. „Ich hab mich scheiße verhalten.“

„Scheiße?“

„Übergriffig.“

Sie schaut mich verwirrt an.

„Sie wollte schlafen und ich hab sie immer wieder gefragt ob wir nicht noch Sex haben können. Obwohl sie schon nein gesagt hat!“

„Ist doch normal?“

„Nein, ist es nicht!“

„Hm.“

„Naja, sie hat es nicht angesprochen, aber sich immer mehr zurückgezogen in den Wochen drauf. Sexuell. Und ich hab es nicht gecheckt und war weiterhin aufdringlich. Ich wollte Sex von ihr einfordern. Das hat sie nicht mehr ausgehalten. Sie hat Schluss gemacht.“

„Scheiße“, sagt Vanessa. „Hat sie dir erklärt, wie es für sie war dann?“

Ich nicke. „Später dann.“

Das unerträgliche Gefühl, sich mies und übergriffig verhalten zu haben, überflutet mich. Ein Schwein bin ich.

„Scheiße“, sagt sie, „aber so ist das eben, man macht Fehler und man macht weiter.“

„Weiß nicht“, sag ich. „Und Maria ist immer noch mit dem Typen zusammen, mit Jannis.“

Sie fragt, ob ich denn wirklich nicht eifersüchtig bin, auf den Jannis.

„Ja, sicher, bin ich. Das war wohl der andere Grund, warum wir uns getrennt haben. Das hing ja alles zusammen.“

Ob die anderen nicht eifersüchtig sind, will sie wissen. „Link, war Link nicht eifersüchtig?“

„Doch klar“, sage ich.

„Und?“, fragt Vanessa. „Warum macht ihr das dann?“

„Naja, ich glaub, egal, wie man lebt, kann man eben eifersüchtig sein“, sag ich. „Durch irgendeine Lebensweise hören wir halt nicht auf, Gefühle zu haben.“

Ich liebe Vanessa, so viel an ihr, ihre weiche Haut, ihre riesige Nase, ihre impulsive Art, ihre schlechten Witze, ihre Kühle und Arroganz, ihre bunten Haare, ihren scharfen Verstand. Vanessa wusste immer, dass sie Karriere machen wollte. Sie wollte es ihren Eltern zeigen, die mehr Geld und Liebe in ihre Brüder investierten, und sie wollte das beste Leben für sich, das sie haben konnte.

Ich wollte arbeiten, einen guten, stabilen Job, aber ich wollte nach Feierabend auch meine Ruhe haben. Ich war erschüttert von der Welt, die ich sah, und wollte dafür kämpfen, dass sich die Verhältnisse ändern. Ich fing an, Nachrichten zu lesen, und sah, dass die Drohnen, die ich im Fernsehen sah, sich nicht groß von den Flugobjekten unterschieden, die Vanessa und ich bauten. Ich bekam Gänsehaut und ich hab mir geschworen, keine Kriegsforschung zu machen. Aber Roboter konnte ich nicht aufgeben. Vanessa hat in Hamburg ihre Bachelorarbeit geschrieben, in Kooperation mit Airbus. Jetzt ist sie hier und besucht mich. Wenn wir reden, merke ich, wie sie mittendrin in ihrer Karriereplanung ist. Und ich weiß noch nicht mal, ob ich nächstes Semester zurück soll an die Uni. Ob ich es da weiterhin aushalte, ohne durchzudrehen. Wir driften auseinander, sie und ich. Nicht nur in unseren Interessen, auch politisch. Sie war immer schon unpolitischer als ich. Aber inzwischen bin ich halt einfach politischer geworden. Statt nur so ein grobes Gefühl zu haben, was irgendwie falsch ist in der Welt, hab ich jetzt dazu gelesen, mit Menschen darüber diskutiert und bin mir relativ sicher, was alles falsch läuft – und es ist eine lange Liste. Ihr ist Rationalität sehr wichtig, und manchmal scheint sie zu denken, Rationalität hieße, sich nicht näher mit einem Thema auseinanderzusetzen, sondern es abzutun, weil es einem absurd, überzogen und unwichtig vorkommt. Sie ist dann leicht genervt und es entstehen Gespräche wie das, was wir jetzt grade führen, als ich sage:

„Später heute geh ich noch auf das Fest zur Umbenennung der M*Straße. Die heißt immer noch so. Krass oder?“

„Aber … wenn das rassistisch sein soll …“ Vanessa denkt nach. „Dann wäre ja alles rassistisch.“

„Ne ganze Menge“, sag ich. „Deswegen reden Menschen von strukturellem Rassismus, oder von White Supremacy, um zu sagen, dass es ein gesellschaftliches Problem ist, kein Problem eines individuellen Charakters.“

„Also …“, sagt Vanessa, „rational betrachtet macht es keinen Sinn, einer Person Rassismus zu unterstellen, nur weil sie ein Verhalten zeigt, das gesellschaftlich normal ist. Meine Oma hat früher auch immer N****küsse gesagt!“

„Sag das Wort nicht“, sag ich zu Vanessa.

„Was hast du mir zu sagen, was für ein Wort ich wann sagen darf?“ Vanessa ist jetzt langsam genervt.

„Mach was du willst“, sage ich, „aber ich ich finds nicht gut. Und überhaupt muss ich jetzt los.“

Ich küsse sie auf die Stirn, sie schmollt ein bisschen.

Und jetzt steh ich hier, auf dem M*Straße-Umbenennungsfest. Eine politische Aktion, von Leuten, die finden, dass es echt nicht sein kann, dass die immer noch so heißt, wo es doch so coole Leute gibt, nach denen man Straßen benennen könnte.

Viele Leute sind da und jemand hält grade einen Redebeitrag. Ich sehe Gözde und Leela in der Ecke stehen, aus meiner alten Antifa-Gruppe. Ich gehe auf sie zu, aber die beiden zeigen mir die kalte Schulter. Sie sagen „Hi“ und dann antworten sie knapp und einsilbig, als ich sie frage, wie es ihnen geht und was sie so machen. „Ich würd jetzt gerne weiter zuhören“, sagt Leela. Kein Wunder. Ich hab mich nie entschuldigt.

Ich geh ein Stück von ihnen weg und setz mich auf die Mauer. Eine Gruppe Schwarzer Leute halten alternative Straßenschilder vor das M.Straßenschild und lassen sich damit fotografieren. Einige Gesichter kenn ich vom OPlatz aber ich trau mich nicht, hallo zu sagen. So gut kennen wir uns nicht. Immer mehr Leuten kommen dazu und wollen das Schild auch mal halten. Einige haben Schokoküsse mit und essen die. Die sind ja schon erfolgreich umbenannt worden, trotz der Oma von Vanessa. Es gibt verschiedene Schilder mit verschiedenen Namen. Anton-W.-Ammo-Straße, Nelson-Mandela-Straße.

Ich schaue mich um und sehe Aza. Aza steht da in schwarzem Fakeledermantel mit langen, lockigen Haaren in einer kleinen Gruppe von Leuten und unterhält sich. Ich gehe zu ihnen.

„Hi“, sage ich.

„Oh, hey“, sagt Aza.

„Lange nicht gesehen, cool, dass wir uns hier treffen!“

Aza hab ich mal im Club kennen gelernt, als ich mit Azas Freundin knutschte und Aza dann überraschenderweise dazu kam. Wir haben dann zu dritt rumgemacht. Irgendwann ging die Freundin dann nach Hause, sie war müde. Aza blieb und wir redeten dann die ganze Nacht im Flur vom Schwuz über Marx, Butler, Federici und queerfeministischen Materialismus. Vor allem redete sie.

„Echt schön, dich zu sehen“, sage ich und wir aktualisieren unsere Handynummern. „Wie gehts dir?“

„Ach, geht so“, sagt Aza. „Ich war ein paar Tage zu Hause bei meinen Eltern und jetzt fühl ich mich Scheiße, weil mein Vater so ein Hundesohn ist.“

„Scheiße.“

„Hey, Steph“, sagt eine Stimme, bekannt, aber auch irgendwie unbekannt. Ich schaue hoch … das ist … schulterlange, curly, dunkle Haare, die Stimme etwas tiefer, erste Bartstoppeln –

„Hey … Steph“, sagt die Person, und streckt mir die Hand entgegen.

Riker! Das ist Riker!

„Oh wow“, sag ich, und ein Lächeln breitet sich auf meinem Gesicht aus.

„Kennt ihr euch?“, fragt Aza.

„Aus einem früheren Leben“, sagt Riker. Wie ungewohnt seine Stimme klingt!

„Das kann man wohl so sagen“, kichere ich. „Aber eigentlich war es doch erst letztes Jahr.“

„Wir, äh“, sagt Riker.

„Genau“, sag ich. „Und ihr, woher kennt ihr euch?“

„Grade erst lange unterhalten eigentlich“, sagt Aza.

„Voll toll.“

„Wieso?“

„Weil ihr so toll seid, ihr beide.“

„Stimmt“, sagt Aza.

Ich muss früh aufstehen, am nächsten Morgen, um zur Ärztin zu kommen. Maria hat den Telefonkram für mich erledigt, weil ich keine Lust hatte, und mir so schnell wie möglich einen Termin besorgt, bei einer Gynäkologin in Mitte. Die Welt fühlt sich verhangen an, und ich versuche, schwarze Schleier vor meinen Augen aus meinem Sichtfeld zu wischen. Dusche, dann zieh ich meine Antifa-Macker-Hose an, die mit den vielen großen Taschen, schwarzes T-Shirt, schwarzen Pulli. Ich schau auf mein Handy und sehe genervt, dass Link versucht hat, mich anzurufen. Mit der Bahn fahr ich Richtung Mitte, wie immer überrascht von den ganzen Menschen, die um kurz vor sieben in der Bahn sitzen, und irgendwie beschämt, davon sonst nichts mitzubekommen.

Als ich aus der Bahn steige, flutet warmes Sonnenlicht mein Gesicht. Wieder löst sich etwas Kleines in mir, etwas, das hart geworden ist, irgendwann in den letzten Jahren, weicht auf und ich muss lächeln. Geht ne Butch zum Frauenarzt, denke ich, als ich die schwere Tür aufdrücke. Wie der Witz wohl weitergeht? Ich kenne Besuche bei Frauenärzt*innen als eine Aneinanderreihung von Kontrollverlusten, vom Sitzen im Wartezimmer, über den Moment, wo die Ärztin dir ein kaltes Gerät in die Vagina rammt, und irgendetwas von „Kontaktblutungen" faselt, wenn sie dich dabei verletzt hat. Während du nach Luft schnappst, hat sie dir schon die Brüste abgetastet, ganz nebenbei, und dir ein Kompliment für deine „besonders hübschen" Eierstöcke gemacht, was dich auflockern und zum Lachen bringen sollte. Ich ziehe meine Mütze noch ein bisschen tiefer in die Stirn und meinen Pulli ein bisschen übers Kinn, als ich mich ins Wartezimmer neben eine hochschwangere Person setze, mit Stupsnase und roten Strähnen in den Haaren. Normal sieht sie aus. Ihren Freund hat sie dabei. Er hält ihre Hand, sie sieht erschöpft aus, er ein bisschen genervt, aber beide im Großen und Ganzen zufrieden. Normal sehen sie aus.

Wie wird die Gesellschaft meinen Körper betrachten? Ist das jetzt der Moment, in dem ich aufhöre ein Mensch zu sein, und in erster Linie Gefäß werde? Was sind schwangere Menschen? Gibt es schwangere Menschen in Darstellungen, abseits von selig lächelnden werdenden Müttern in rosa Stramplern? Existieren sie, außerhalb einer heldenhaften, opferbereiten, aber leider dummen Frau, die ihren deutlich sichtbaren Bauch streichelt? Was ist mit queeren Antifa-Kiddies wie mir –

geschlechtslos, rebellisch, dreist? Der Bulle, der vor drei Tagen einer schwarzgekleideten Person zwischen die Beine getreten hat – er hätte nicht wissen können, dass sie schwanger war. Ich hab es ja selbst nicht geglaubt.

Was bin ich für das Happy Couple da drüben in ein paar Monaten, wenn mein Bauch deutlich sichtbar ist? Werde ich ihr Bild einer Mutter in Frage stellen? Oder bin ich nur ein schlechtes Gefäß, ein kaputtes, eine verkrüppelte Mutter, ein abtrünniges Wesen, dem der Weg in den heiligen Tempel der Fortpflanzung versperrt gehört? Was ist mit jeder schwangeren Frau, die kein opferbereiter Engel ist – darf sie existieren?

Die Schwester ruft mich auf: „Frau Waslowski?“

Ich bin noch mehr Frau geworden, denke ich und hasse diesen Gedanken. Nie wieder sollte jemand dieses Wort mit meinem Namen aussprechen. Ich ziehe die Schultern hoch, balle die Fäuste und betrete den Raum.

Die Ärztin begrüßt mich relativ nett und wir unterhalten uns. Sie fragt nach dem Empfängniszeitpunkt. Ich sage, dass nur ein Tag in Frage kommen kann und nenne ihr das Datum.

„Das kommt eher selten vor“, sagt sie und beäugt mich interessiert. Was sie wohl denkt? „Aber das macht natürlich alles einfacher.“ Sie lacht.

„War das geplant?“, fragt sie.

„Ja.“

Als ich ihr von dem Tritt zwischen die Beine erzähle, schaut sie mich besorgt an. Ich habe Angst, dass sie denkt, ich hab einen Freund, der mich tritt, und sage schnell: „Das war ein Polizist.“

Sie zieht die Augenbrauen hoch, aber sagt nichts dazu.

„Ziehen Sie sich bitte einmal aus untenrum.“

Ich ziehe meine Stiefel aus, streife meine Mackerhose und meine Boxershorts ab und schmeiße alles auf den Boden.

Sie schaut meine Vulva an. „Das ist ein Bluterguss“, sagt sie. „Das wird wieder. Aber wir behalten das im Auge. … Also wenn das Datum stimmt, das sie mir gesagt hatten, ist das jetzt Ende der 5. Schwangerschaftswoche. Dann können wir einen Ultraschall machen, um die Schwangerschaft eindeutig festzustellen. Okay?“

„Okay.“

Ich muss mich auf den fiesen Stuhl setzen und dann schiebt sie mir vorsichtig den Ultraschallstab rein. Ich starre auf den Bildschirm, als würde er geheime Botschaften enthalten.

„Sie können gerne hingucken wenn sie wollen“, sagt sie. „Müssen sie aber nicht, wenn sie wollen, kann ich das auch wegdrehen.“

Wow, denke ich. Sie ist cool. „Ich möchte gerne alles sehen“, sag ich.

„Man kann schon erkennen, dass sie schwanger sind“, sagt sie und deutet auf eine Stelle. „Viel mehr aber auch noch nicht.“

„Hmmm“, murmele ich. „Sieht aus wie ne Avocado?“

Sie lacht.

„Soll ich noch mehr dazu erklären?“

„Ja, bitte.“

„Das Schwarze hier ist die Bauchhöhle. Das Kleine da drin ist der Embryo.“

„Hm. Kann ich nicht erkennen.“

„Der Embryo ist jetzt etwa so groß wie ein Gummibärchen.“

„Ein sehr dickköpfiges Gummibärchen?“

„Sozusagen. Vom Timing her sollte es so sein, dass alle lebenswichtigen Organe und Körperteile des Embryos jetzt Anlagen gebildet haben und das Herz schlägt. Die Verbindung mit der Nabelschnur sollte entstanden sein.“

Sie drückt mir einen Informationszettel in die Hand.

„Sie bekommen auch einen Mutterpass ausgestellt“, sagt sie. „In der neunten Schwangerschaftswoche können sie einen neuen Termin bekommen, für eine größere Ultraschalluntersuchung. Da kann man dann schon mehr sehen.“

Ich nicke.

Sie schaut mich besorgt an. „Passen Sie auf sich auf“, sagt sie.

***

Der M29, die legendäre Buslinie, die aus dem tiefsten Westen über Mitte, Kreuzberg bis zum Hermannplatz fährt, alle Schichten und die gegensätzlichsten Bezirke verbindet. Ich habe den besten Platz im Bus bekommen: oben im Doppeldecker, ganz vorne links. Ich lege die Füße auf die Stange und lehne mich zurück. Rechts neben mir sitzt ein Typ mit seinem kleinen Sohn. Ich befühle das Stück Papier in meiner Tasche. Einen Mutterpass habe ich gekriegt, in einer rosa Werbehülle, und immer dabei haben soll ich ihn. Mir ist irgendwie schlecht. Ich schreibe Link eine SMS, was denn los ist. Link schreibt, Link will mich treffen und reden. Reden! Hat mir grade noch gefehlt.

„Ja wenns sein muss", schreibe ich zurück. „Morgen Nachmittag?" Ich kann ja schlecht so tun jetzt, als wär Link kein Teil von meinem Leben gewesen.

Link antwortet erstaunlich schnell. „Ja, es muss sein."

Wir fahren am Oplatz vorbei. Vor etwas mehr als einem Jahr im April wurde das Camp geräumt. Das Haus der 28 Türen, das als Erinnerung, Symbol und Plenumshaus der Bewegung auf dem Oplatz bleiben sollte, wurde ein Jahr später angezündet und nicht wieder aufgebaut. Ich saß bei Link, am Frühstückstisch in der WG in Moabit, am Morgen danach, und jemand aus der WG sagte irgendwas von Feuer am Oplatz. Link, Ahmad und ich standen auf und fuhren hin. Da stand, im frischen Schnee, das Gerippe des Hauses, dem letzten Anker der Bewegung auf dem Oranienplatz. K. stand davor, wir gingen zu ihm.

„Wir wissen nicht, wer das getan hat", sagte er.

Einige Tage später wurde das Gerippe fortgeschafft. Heute ist der Oranienplatz leer. Ich war nicht da, damals, als der Oplatz geräumt wurde. Auch vorher war ich kaum dort gewesen. Meist fuhr ich mit dem Bus daran vorbei, sah bewundernd die Zelte, Transparente, die Menschen, die herumstanden. Vielleicht zwei-, dreimal stieg ich aus und fragte, ob ich etwas helfen könne, sah in übermüdete Gesichter, jemand deutete auf eine Liste von Gegenständen, die benötigt wurden, eine Liste von Sprachen, die ich nicht sprach, die sie suchten. Einmal ging ich hin und brachte Wärmflaschen vorbei, die ich vorher im DM besorgt hatte, da sah ich Ahmad zum ersten Mal, aber wir haben nie geredet.

Jetzt hält der Bus Ohlauer Straße. Letztes Jahr war der ganze Kiez abgesperrt, als die von Refugees besetzte Gerhardt-Hauptmann-Schule geräumt werden sollte. Eine Gruppe Refugees verbrachte die Woche auf dem Dach der Schule. Sie drohten, sich im Falle einer Räumung herunter zu stürzen. Linke Kids verbrachten die Woche auf der Straße hockend, herumgezerrt, gewürgt, geschlagen von den Bullen, aber niemals wirklich in Gefahr. Einige von uns erlebten zum ersten Mal Polizeigewalt.

Ich kann nicht ruhig sitzen. Ich muss an die Geflüchteten in Heidenau denken, an die Nazis. Ich will hinfahren, denke ich. Jetzt, so lange ich noch kann, solange ich noch fit bin.

„Fahren wir nach Heidenau?“, schreibe ich Maria. „Morgen?“

Eine Minute später ruft sie mich an. „Ich kann nicht“, sagt sie. „Ich muss arbeiten.“

Mit arbeiten meint sie, dass sie sich zu Hause einschließt, mit niemandem redet, stundenlang Call of Duty spielt um dann nachts um eins anzufangen, an ihrem Buch zu schreiben, von dem sie meint, es wäre nötig für den Zusammenbruch des Kapitalismus. Immerhin, 250 Seiten hat sie schon.

„Du fährst nach Heidenau?“, fragt Maria, „bist du sicher?“

„Es wäre dumm, oder?“, sage ich.

„Es wäre richtig bescheuert“, sagt Maria.

„Okay“, sage ich, „ich fahre nicht.“

Die M29 hält am Hermannplatz. Ich steige aus, mit weichen Knien.

Zwei Stunden später rufe ich Maria an. „In Heidenau ist ein Willkommensfest geplant, am Freitag“, sage ich. „Da fahr ich hin mit Leuten. Und dann noch am Samstag auf die große Demo in Dresden.“

„Klingt ja ungefährlich“, sagt Maria.

„Kommst du mit?“

„Nee“, sagt Maria. Natürlich nicht. Sie muss arbeiten, und ein Willkommensfest ist nicht ihr Stil. Maria geht nur noch auf Demos mit höherem Erlebnisfaktor.

„Du“, sage ich, „wir sollten uns bald zu dritt mit Jannis treffen und Pläne machen.“

„Ja“, sagt Maria und klingt irgendwie angespannt.

„Frag ihn, wann er Zeit hat, nächste Woche dann.“

„Mach ich“, sagt sie.

Ich schreibe SMS an ein paar Leute, ob sie mitkommen. An Chris, an Riker, an Aza und Ahmad, sogar Leela und Gözde. Leela und Gözde antworten nicht, natürlich, und Ahmad muss arbeiten, aber Riker, Aza und Chris sind dabei. Ich lächele.

Link und ich haben uns im K-Fetisch verabredet, ein relativ manierliches queeres Café in Neukölln. Es gibt hier guten Kuchen, antideutsche Plakate und einen kleinen Kamin.

Früher saßen wir immer im Raucherzimmer, jetzt habe ich Mühe, im Nichtraucherbereich noch etwas zu finden. An einem der langen Tische sitzen zwei Personen die sich romantisch anschauen und leise miteinander sprechen. Beide sehen ziemlich feminin aus, die eine im Kleid, ganz in rot und schwarz, die andere trägt Blumen im Haar. Ich will sie nicht stören, aber sonst ist nichts frei.

„Ist hier noch Platz?“, frage ich.

„Klar“, sagt die mit den Blumen. Die in rot und schwarz nimmt ihre Handtasche vom Tisch.

Während ich auf Link warte, mache ich mir Notizen in mein schmuddeliges, kariertes Heft. Mein Gehirn scheint langsam zu funktionieren heute. Ich weiß kaum richtig, was ich will, wie ich mich fühle, was ich mir wünsche, außer: nicht hier sein und dieses Gespräch führen müssen.

Link kommt zur Tür rein, und sieht verdammt gut aus. Den Kopf frisch rasiert, das übliche schwarze T-Shirt. X geht Richtung Raucherraum, sieht mich nicht, findet mich schließlich am Tisch mit den beiden Femmes. Wirft mir einen fragenden Blick zu, kommt dann zu mir und setzt sich.

Links Blick aus dunklen Augen trifft mich in die Magengrube. Für einen Moment ist alles wieder da. Wie ich Link im Arm gehalten habe und gesagt habe, dass alles gut wird, dass wir nur noch etwas Zeit brauchen, dass dann alles einfacher wird. Die Diskussionen bis spät in die Nacht über irgendeine Formulierung. An Links Eifersucht und mein Klammern. Ich wollte so sehr, dass es funktioniert, so sehr … Ihr beide verdient einander, hat Maria manchmal gesagt, um mir eins reinzuwürgen.

Ich werfe wieder einen Blick zurück in Links Gesicht, das mich erwartungsvoll ansieht. Mein Kloß im Hals wird stärker und ich fokussiere mich auf das, was ich fühle. Was ich körperlich fühle. Meine Kuchengabel fühlt sich kalt an. Ich streiche leicht über meine Zitronenlimoflasche und betupfe meine Lippen mit der Feuchtigkeit, die sich an meinem Finger sammelt. Ich atme ein. Es gibt nichts mehr, denke ich, was uns wirklich verbindet. Ich halte Links Blick stand.

Link dreht eine Kippe, während x mich fixiert. Ich probiere so etwas wie ein Lächeln. Es funktioniert nicht.

„Was hast du so gemacht?“, fragt Link.

„Nicht viel“, sage ich. „Du?“

Link bewegt den Kopf zur Seite, als wollte x eine Fliege verscheuchen.

„Stress“, sagt Link. „Ich war jetzt viel beim Lageso und … Weißt du, du musst dich nicht mit mir unterhalten, wenn du …“

„Was willst du“, sage ich und zwinge ein Lächeln auf meine Lippen.

„Ich wollte dich einfach nur treffen! Ich hab kein Bock mehr auf solche Leute – man trifft sich und liebt sich und dann kennt man sich nicht mehr. Ist wohl typisch Berlin.“

Ich schaue aus dem Fenster. Ein Typ mit Fahrrad hält draußen und schaut in die Luft.

Typisch Berlin ist, dass alle dahergelaufenen Dorfhanseln ihre Beziehungsproblemchen auf die Stadt schieben in der sie leben, denke ich und lasse mir den Kirschkuchen auf der Zunge zergehen.

„Ich bin halt einfach nicht der Typ zum Freunde bleiben“, sage ich nach einer Weile.

„Ja, das versteh ich“, sagt Link. „Wie gehts Maria?“

„Gut“, sage ich kalt.

„Ich hatte sehr viel zu tun in letzter Zeit“, sagt Link.

„Beim Lageso?“, frage ich.

Link nickt. „Nicht nur, auch noch in der WG. Mein Mitbewohner …“

Link macht eine kurze Sprechpause.

„Ahmad?“, frage ich, Link nickt.

„… sein Asylantrag ist abgelehnt worden. Als offensichtlich unbegründet.“

„Scheiße“, sage ich. „Scheiße, Scheiße.“

„Ich wollte dich was fragen“, sagt Link. X wirft einen Blick auf die beiden neben uns, aber sie scheinen sehr vertieft ineinander. „Akkus raus“, sagt x und beginnt an xes Handy herumzufummeln. Ich nehme den Akku aus meinem Handy und stecke es zurück in meine Tasche.

„Du weißt, worum es geht? Ich suche jemanden zum Heiraten.“

Fuck … Das Herz rutscht mir in die Hose. Vor ein paar Monaten habe ich Link und Ahmad gesagt, dass ich jederzeit heiraten würde.

„Mist“, sage ich. „Es tut mir leid.“

„Schon klar“, sagt Link, „er ist mein Mitbewohner, du willst nichts mehr mit mir zu tun haben. Das ist okay, du musst mich nicht treffen, wir werden eine Unterstützer*innengruppe haben, die kümmert sich um alles. Ihr müsst euch nicht treffen, ihr könnt euch in nem Hausprojekt melden, da wären dann eure Sachen und …“

„Ich kann nicht“, sage ich. „Ich bekomme ein Kind.“

Link stockt.

„Du bekommst was?“

„Ich bekomme ein Kind … Wenn ich jetzt heirate …“

Link schaut mich mit großen Augen an.

„Du bist … Du bist wirklich schwanger? Das war kein Scherz neulich?“

Ich nicke.

„Seit wann?“, fragt Link tonlos.

„Am Morgen, als du mit mir Schluss gemacht hast hab, ich den Test gemacht. In deinem Bad. Ich habs dir sogar gesagt, als ich gegangen bin, weißt du nicht mehr?“

Link schüttelt den Kopf. „Ich … ich dachte du machst Witze“, sagt Link. „Oder wärst …“

„Schwanger mit ner Idee oder so?“, frage ich.

Link schüttelt den Kopf. „Ich glaub das nicht“, sagt x.

Links klobige Hände und der starke Nacken, den ich küsste und sagte, dass mich Link an einen Mönch erinnert, der mit Drachen kämpft, all das scheint kaum eine Spur bei mir hinterlassen zu haben. Ich bin hier, auf der anderen Seite des Tisches. Wir haben nichts mehr gemeinsam, sage ich mir.

„Ich habe dir doch erzählt, dass ich gerne Marias Kind kriegen würde“, sage ich, als wäre nichts dabei.

Link sagt nichts. Das hast du wohl nicht ernst genommen, denke ich.

„Und jetzt … mit Maria?“, fragt Link.

Ich nicke.

„Und jetzt heiratest du Maria oder was?!“

Ich schüttele den Kopf. „Denke nicht. Die … Elternschaft anerkennen müsste reichen, damit Maria alle Rechte bekommt. Aber wenn ich verheiratet wäre, dann wär doch mein Ehemann automatisch der Vater.“

X fummelt in der Zigarettendose herum, sucht etwas, öffnet mehrmals den Mund, sucht nach Worten, schaut mich schließlich vernichtend an.

„Wann hättest du es mir gesagt?“

„Was? Dass ich nicht mehr heiraten will?“

„Dass du schwanger bist!“

„Ich hab es dir doch gesagt!!“, schreie ich fast. Ich versuche mich zu beruhigen. „Ich wollte mit dir darüber reden. Aber dann hast du mit mir Schluss gemacht, und naja, es hat sich dann erübrigt, sozusagen.“

„Das ist …“, sagt Link. „Das ist … Wow.“

„Was?“

„Ach“, sagt Link.

„Was?“

„Schon gut“, zischt Link.

„Was ist dein Problem?“, frage ich.

Link zieht die Mundwinkel auseinander, und redet durch die Zähne.

„Das ist … das ist ein heftiger Vertrauensbruch, das ist ja wohl klar. Wir waren zusammen, und du hast dich entschieden, Mutter zu werden, ohne mir einen Ton zu sagen?“

Meine Gabel durchtrennt den Kuchenteig, ein paar Krümel verteilen sich auf dem Teller. Ich schiebe mir ein Stückchen in den Mund. Lecker, denke ich. Richtig guten Kuchen machen sie hier.

„Mein Körper“, sage ich. „Meine Entscheidung. Es wird Marias Kind, und ich werde nicht seine Mutter sein.“

„Du wirst nicht …“ Link schüttelt den Kopf. Dann holt x Luft, atmet tief ein und wieder aus. „Du wirst nicht Mutter sein … Wie will Maria das überhaupt …“

Ich warte ab.

„Weißt du was Steph, ich sag dir jetzt mal, was ich denke. Ich habe keine Ahnung, was zwischen dir und Maria vor sich geht und ich will es auch gar nicht wissen. Du machst Pläne ohne mich? Von mir aus! Ich hab kein Recht auf dein Leben oder Anspruch darauf, irgendetwas zu erfahren, das machst du mir schon deutlich genug. Und du brauchst auch gar keine feministischen Slogans rausholen, um zu rechtfertigen, dass ich kein Teil deines Lebens bin. Aber weißt du was, du hast mir erzählt, Maria und du, ihr hättet euch getrennt. Und ich weiß nicht, ob du dich erinnerst, aber es hat gewisse Absprachen zwischen uns gegeben!“

„Und?“ Meine Stimme ist gleichgültig. Ich bemerke, dass das Femme-Pärchen neben uns zu uns herüberschaut. Sie bemerken meinen Blick und versuchen ernst zu bleiben. Wie lange sie wohl schon so schauen? Wir müssen ja sehr unterhaltsam sein.

„Und?“ wiederholt Link. „UND?!“

„Ja“, sage ich. „Und?“

„Ich fass es nicht“, sagt Link. „Wie kannst du nur so … Weißt du was? Ich gehe.“

„Jetzt sag schon was dein Scheiß Problem ist“, sage ich genervt.

„Muss ich es dir ausbuchstabieren?“ Link schreit fast. „Du hattest Sex mit Maria, und du hast mir nichts davon gesagt!“

„Ach so“, sage ich. „Neee.“

„Wie ‚nee‘?“

„Ja nee. Wir hatten keinen Sex.“

Link starrt mich an. „Unbefleckte Empfängnis oder was?!“

Das Femme-Paar neben uns kann sein Kichern nicht mehr unterdrücken. Ich überlege kurz, ihnen Popcorn zu sponsern.

„Becher-Methode?“, sage ich. „Schon mal von gehört?“

Link starrt.

„In. Eine. Tasse. Wichsen“, sage ich betont langsam. „Mit. Einem. Löffel. Rein. Schaufeln. Mein Gott, ich dachte du wärst queer oder so.“

Link atmet.

Ich schiebe mir noch ein Stück Kirschkuchen in den Mund.

„Der Kuchen ist sehr gut“, sage ich.

Die Femme in rot und schwarz prustet in ihren Frappucino. Die mit den Blumen sieht eher peinlich berührt aus und macht ein besorgtes Gesicht – nicht zu Unrecht. Link sieht aus, als wollte x mich schlagen. Mich oder die beiden.

Dann fängt sich Link. „Meine Fresse“, murmelt x. „Ich bin so froh.“

„Hm?“

„Ich bin so froh, dass ich mir das erspart hab. Dass ich nicht mehr mit dir zusammen bin. Diese ganze Scheiße muss ich mir jetzt zumindest nicht mehr geben. Du warst schon immer distanziert und unehrlich … und schlecht mit Worten … aber das toppt einfach wirklich alles …“

„Ich treffe Entscheidungen über meinen Körper selbst“, wiederhole ich langsam und deutlich. „Ich habe dich geliebt, aber ich entscheide selbst, welche Verantwortung ich übernehme im Leben. Ich hab dir gesagt, dass ich mir das mit Maria wünsche. Dann ist es wirklich passiert. Mehr musst du nicht wissen.“

„Natürlich nicht“, sagt Link eisig. „Ich muss überhaupt nichts wissen. Ich streiche dich also von der Heiratsliste.“

„Genau“, sage ich.

„Und von der Liste von Leuten, die einem nicht bei jeder Gelegenheit das Gefühl geben, ein ungebildetes, wertloses Stück Scheiße zu sein, für das sich zu Recht kein Schwein interessiert. Ich weiß eh nicht, was ich mir dabei gedacht habe, dich drauf zu setzen.“

Ich sage nichts.

Link nimmt den ganzen Zigarettenkram vom Tisch, schiebt sich die Kippe zwischen die Lippen und geht.

„Eins zu eins“, sagt die Femme mit den Blumen. Ich werfe ihr einen bösen Blick zu. „Versprich mir, dass wir nie so werden“, sagt die Femme in rot und schwarz.

Ich drehe mich noch ein mal um. Link steht noch draußen und raucht. Scheiße, denke ich, x sieht so verdammt gut aus, besonders von hinten.

Ich brauche eine Pause. Eine Pause von allem und jedem.

Das Wasser im Landwehrkanal hat diese moosige Farbe und schwappt träge herum. Ich habe mein Motorrad am Straßenrand abgestellt, laufe das steile Ufer hinunter und lege mich unten auf das Ding, das den Kanal eingrenzt. Der Stein ist angenehm warm. Ich schließe die Augen und versuche, nichts zu denken. Nur meinen Körper zu fühlen. Mein Körper, mein geliebter Körper, muskulös und speckig und fest und schwabbelig, der so weh tun kann und sich so gut anfühlen, der so neugierig ist auf alles. Ich fühl mich so jung und so alt gleichzeitig. Ich werde ein Kind kriegen, denke ich, gebären, und es aufwachsen sehen. Ich muss keine Mutter sein. Ich kann ein Kind gebären und dann bin ich so eine Art Onkel! Vielleicht geh ich manchmal mit dem Kind Eis essen. Vielleicht lern ich am Anfang sogar, Windeln zu wechseln. Vielleicht nehm ich es übers Wochenende?

Ich wünsche es mir so.

„Bist du sicher, dass du dir nicht eigentlich einfach ein Kind mit Maria wünschst?“, hat Vanessa gefragt. „Bist du nicht eh schon eifersüchtig auf diesen Jannis? Wenn die beiden dann auch noch dein Kind zusammen aufziehen, und du, die leibliche Mutter, nicht mehr mitreden darfst?“

* * *

Sarah und Donna sind in der Küche als ich nach Hause komme. Sarah setzt an, um mir irgendwas zu sagen, ich gehe an ihr vorbei in mein Zimmer. Mit den beiden will ich nichts zu tun haben grade. Ich bin immer noch total aufgewühlt innerlich, ich muss runterkommen, ins Bett und masturbieren.

Mein Bett ist weich und warm, es ist heiß. Ich ziehe mich aus, lege mich auf den Bauch, mit einem Arm unter mir, der anfängt, meine Vulva zu streicheln. Ich nehme meine Schamlippen als Ganzes in die Hand. Ich schaukele sie hin und her.

Woran denken, das nicht unterdrückerisch ist? Egal.

Ich schließe die Augen. Wir sind in ihrer Wohnung und ich muss tun, was sie sagt. Sie trägt schwarz, und ich kann ihr Gesicht nicht sehen. Sie macht mich fertig, sie bumst mich hart durch. Lehnt mich über eine Sofalehne und versohlt mir den Hintern. Ich komme nicht richtig rein in die Fantasie, merke ich. Das wird alles nichts. Ich steh auf und wasch mir die Hände.

Ich hab meine Sachen gepackt und will los, nach Heidenau.

Sarah und Donna stehen in der Tür, als ich gehen will, wie um mir den Weg zu versperren.

„Hey Steph“, sagt Sarah.

„Hey Sarah“, murmele ich. „Hey Donna.“

„Wir müssen mit dir reden“, sagt Donna.

„Worüber?“, frage ich.

„Der Putzplan“, sagt Sarah.

„Die Wäsche“, sagt Donna.

„Der Kühlschrank“, sagt Sarah.

„Das Klo“, sagt Donna.

„Okay“, sage ich. „Ich hab meinen Teil geputzt, bitte regelt doch eure Probleme untereinander.“

„Wir fühlen uns nicht mehr wohl mit dir“, sagt Sarah.

„Du hältst dich ja an den Putzplan, aber du bist nie da“, sagt Donna.

Ich nehme meine Tasche und gehe an den beiden vorbei aus der Tür.

Maria sitzt hinter mir auf dem Motorrad, ihre Hände krallen sich fest in meine Brust.

Ich fahre los nach Heidenau und Maria wollte noch zum Ostbahnhof mitkommen. Aus unerfindlichen Gründen fährt sie gerne mit mir mit. Vielleicht liebt sie ihr Leben doch nicht so sehr, wie sie immer behauptet.

Maria ist nervös und kichert. „Nein, Steph, das kannst du nicht bringen“, kreischt sie.

Ein Auto überholt uns, ich hole auf.

Das, wodurch ich am besten komme, das weiß sie genau, ist Druck, großflächige Vibration und ein unbändiges Gefühl von Freiheit.

Sie kreischt, sie fühlt, wie mein Atem schneller wird. Mein Körper bäumt sich auf, sie lacht und sie schreit hinter mir und sie reibt meine Brüste. Einen Moment verschwimmt alles, dann bin ich wieder klar und fokussiert.

Turbokapitalistische Universität

Wir sind eine halbe Stunde zu früh am Ostbahnhof. Maria und ich haben uns noch ein Eis geholt und laufen ein bisschen um die Häuser. Hinter der Brücke steht ein hässliches Zirkuszelt. Daneben setzen wir uns ins Gras und schlecken unser Eis.

„Guck mal", sagt Maria und zieht an der Haut an ihrem Oberarm, „Wie soft mein Arm geworden ist!"

„Soll ich anfassen?"

„Ja klar!"

„Stimmt", sag ich. „Echt weich. Kommt das von den Hormonen?"

Sie lächelt und nickt. „Ich denk schon! Zumindest glaub ich das. Ich bild mir vielleicht auch eine Menge ein. Aber ich merk fast jeden Tag irgendwas und das macht mich einfach so glücklich."

Ich lächele. „Geil", sag ich.

„Wer fährt denn mit dir auf die Demo", fragt Maria.

„Chris und Riker", sage ich. „Und Aza."

„Kennen die sich schon alle so untereinander? Oder was?"

„Ja schon, aber noch nicht so gut."

„Hast du die so zusammengetrommelt? Oder wie hat sich das ergeben?"

„Hm ja, Riker und Aza hab ich vor ein paar Tagen erst wiedergetroffen."

„Und das funktioniert dann? Dann musst du ja immer so vermitteln zwischen denen."

„Ach", sage ich, „Chris und die beiden freunden sich schon an."

„Habt ihr einen Aktionskonsens?", fragt Maria.

„Wir fahren auf ein fucking Willkommensfest", sag ich.

Wir schlecken unser Eis. Maria hat Himbeere, wie immer, und ich Vanille.

„Woher kennst du eigentlich Chris?", fragt sie. „Ihr wart doch schon so dicke bevor wir uns kennengelernt haben. So richtig vom Studium oder kanntet ihr euch vorher schon?"

„Ne, ganz klassisch. Erste Vorlesung. Die beiden dicken queeren linken Kids. Haben uns gleich erkannt."

„Wann hast du angefangen zu studieren?" Sie hat so eine Art, einen auszufragen. Das ist, weil sie sich selbst beibringen musste, wie man mit Leuten redet, hat sie mir mal erklärt.

„2012, glaub ich. Das war echt surreal. Du kommst da so an und denkst, das ist ne Uni, und dann siehst du das Telekom-Hochhaus und die VW-Bibliothek … Ich dachte echt, ich muss gleich das Siemens-Examen machen, aber dann gibts kein Siemens-Examen sondern einem werden am laufenden Band Google-Bachelor-Arbeiten angeboten …"

„Oh man", sagt Maria.

Ich spüre die Sonne auf meiner Haut und denk an meinen ersten Tag an der Uni: Ich laufe über den Campus, die Blätter fallen. Ich bin klein, angespannt, neugierig.

Ich bin das kleine, vibrierende Zentrum der Welt. Eine Welt, in der Firmennamen auf den Häusern des Wissens prangen. Eine Welt, in der sich die Forschung von der Wirtschaft aushalten lässt und sich nicht mal schämt.

Blätter fallen. Ich bin neu hier, mein Atem macht kleine Wölkchen und mein Herz schlägt bis zum Hals. Die Bäume werden bald kahl sein, wie die Häuser.

„Es muss gute Absolventen geben und schlechte Absolventen, darauf ist die Benotung ausgelegt“, sagt der Professor und schmunzelt.

Matsch klebt an meinen Schuhen auf dem Weg zur Mensa. Ich esse allein.

„Wenn du dann erstmal im Betrieb arbeitest …“, hat meine neue Kommilitonin gesagt. Ich ekele mich vor diesen Menschen.

Und dann die erste Vorlesung. Ich habe mich neben ihn gesetzt, weil er süß ist. Ein hübscher blonder Junge, ordentlich angezogen, aber ein rotschwarzer Button am Rucksack. Vielleicht können wir ja Freunde werden, denk ich.

Jemand meldet sich, als es um 3D-Drucker geht. „3D-Drucker schaden der Wirtschaft“, sagt sie. „Wenn sich alle etwas selber ausdrucken können, wird ja niemand mehr etwas kaufen!“

Ich melde mich und sage: „Vielleicht ist die Perspektive einfach die falsche.“

„Wie meinen Sie das?“, hakt die Dozentin nach.

„Offensichtlich schadet die Wirtschaft dem Fortschritt“, sage ich.

„Deine Fortschrittsverherrlichung finde ich nicht gut“, murmelt mir der Junge neben mir ins Ohr und kichert. Die Vorlesung ist zu Ende. Die meisten bleiben stehen, und machen noch etwas Smalltalk. Wir sind als erste aus der Tür, bleiben stehen und schauen uns an.

„Hey“, sage ich, „wollen wir Freunde werden?“

„Lässt sich nicht vermeiden, oder?“, sagt der Junge und grinst.

Er streckt mir eine Hand hin. „Ich bin Chris“, sagt er.

„Und, was machst du hier?“, frage ich.

„Meine Bachelorarbeit wird von Beate Uhse gesponsert“, sagt er. „Meine Betreuerin hat mir Krauss-Maffei-Wegmann und

Monsanto angeboten und nachdem ich beide abgelehnt hatte, musste ich mir meine Sponsoren selbst suchen."

„Nicht mal dafür ist die Turbokapitalistische Universität Berlin noch gut", antworte ich und wir müssen lachen.

„Ich schätze ja meinen Studiengang", sage ich zu Maria, „weil er mir jeden Moment die Absurdität des Kapitalismus vor Augen führt. Das könnte alles so schön sein, weißt du, und so viel Spaß machen, wenn nicht dieses absurde System wäre."

„Und du und Chris, ihr beide wart dann so anti-anti-alles unterwegs?"

„Tja, wir waren die beiden Kinder in der letzten Reihe, die sich zu inhaltlichen Fragen nie gemeldet haben, weil wir möglichst wenig Sätze sagen wollten, die nicht das System kritisieren."

Maria kichert.

„Das war echt gut ihn zu haben. Und bei den Klausuren war er der einzige, der nicht so rumgetan hat, als würde ihm alles leicht fallen."

„War nicht schwer, oder", sagt ein blondes Mädchen zu mir. Ich schaue sie kurz an: H&M-Katalog. „Hm", sage ich, „nee, war easy."

Ich gehe ein paar Schritte weiter. Da steht Chris, an der Wand gelehnt.

„War beschissen oder?", frag ich ihn.

Er nickt.

„Komm", sag ich zu ihm, „ich fahr dich nach Hause."

„Passen wir beide denn auf das Motorrad?"

„Was denkst du denn", sag ich: „Komm schon."

Maria streicht mir geistesabwesend durch die Haare. „Und dann hat er dich irgendwie in seine Antifa-Gruppe mitgeschleppt", fragt sie. „Und du hast dich mies benommen?"

Ich nicke.

Nach den Vorlesungen trinken wir zusammen Mate und Bier. Chris bringt fast jede Woche selbstgebackene Kekse mit und erklärt mir Anarchismus.

„Kropotkin hat es erforscht und aufgeschrieben“, sagt er. „Es wird immer so dargestellt, als wäre die Natur so ein großer Wettbewerb, dabei wird die Zusammenarbeit in der Tierwelt ignoriert.“

Wir saßen im Architektur-Café und draußen fiel der erste Schnee.

„Ich hab Angst, Chris“, sagte ich, „dass mein Leben verstreicht, ohne dass ich den Arsch hoch gekriegt hab um was zu tun.“

Chris ist länger in der FAU gewesen, und hat jetzt eine Art Antifa-Gruppe, zu der er seit Kurzem ging.

„Komm doch mit“, sagt er.

Es waren wenige Leute, aber alle waren irgendwie queer, herzlich und sehr liebevoll. Sie kennenzulernen war ein Gefühl, als würde einem ein Stein vom Herzen fallen. Außer mir und Chris waren da Gözde, Leela, Andre, Kim und Ronny. Es fing an als eine lose Gruppe, die sich traf, um zu Nazi-Aufmärschen nach Marzahn oder Buch rauszufahren. Wir hielten uns von den Nazis fern, niemand von uns wollte sich schlagen. Wir konnten schwer voreinander verheimlichen, wie jung wir waren und was für ne Scheißangst wir hatten alle. Wir gaben uns gegenseitig Kraft und Unterstützung.

Die Stimmung schlug um, als Ronny ein Bullentrauma entwickelte. Bei einer Demo in Marzahn wurden ein paar von uns von den Bullen verprügelt. Ich trug meine blauen Flecken und aufgeschürfte Haut mit einem Lächeln nach Hause. Ronny entwickelte eine Posttraumatische Belastungsstörung. Ich wusste nicht, was das ist. Ich war beleidigt.

Wir sitzen beim Plenum.

„Ich will nicht mehr, dass wir in der ersten Reihe stehen“, sagt Ronny. „Und ich will dass wir uns zurück ziehen wenn irgendwas nicht stimmt. Wenns einer Person schlecht geht.“

Alle anderen nickten verständnisvoll und ich verstehe die Welt nicht mehr.

„Was soll das heißen, du willst nicht mehr in die erste Reihe?“, frage ich. „Und wir sollen das dann alle mitmachen … wegen deinem Problem?“

Ronny schaut zu Boden, seine Wangen sind gerötet. Leela legt den Arm um ihn.

„Ich werde mich sicher nicht zurücknehmen! Wenn das alle machen würden, haben die Bullen genau das erreicht, was sie wollen."

Ronny kämpft mit den Tränen „Als ob ich mir das aussuchen könnte!", schreit er.

„Jetzt reiß dich zusammen! Wir sind ne Antifagruppe, kein Kuschelverein!"

Gözde und Leela stellen sich vor ihn.

„Du gehst jetzt", sagt Gözde.

„Dann komm ich auch nicht wieder!", brülle ich.

„Das ist vielleicht besser so", sagt Leela.

Ich rannte aus der Wohnung auf die Straße. Es war kalt und ich war zu dünn angezogen. Jetzt weinte ich auch. Warum waren die so scheiße? Ich hatte doch Recht! Ich konnte mich doch auch zusammenreißen, egal wie schlecht es mir ging!

Ich kam nicht wieder. Ich ging alleine auf Demos, denn ich hielt es für meine Pflicht, überall dabei zu sein, am besten in der ersten Reihe, wo man einstecken können musste. Ich war verbissen, dass so wenig Leute kamen. Alleine druckte ich an der Uni Flyer für kleine Refugee-Demos aus und verteilte sie auf größeren Demonstrationen. Alleine malte ich Transpis. Manchmal überredete ich Chris, mit mir auf Demos zu gehen und meine selbstgemalten Transpis mitzutragen. Chris war der einzige aus der Gruppe, der sich noch mit mir traf. Ich hatte total überreagiert, da war er sich einig mit den anderen, aber man könne mich ja nicht einfach fallen lassen. Ich hatte es schließlich auch nicht immer einfach gehabt. Ich war ihm dankbar, dass er noch mit mir sprach und mir erklärte, warum die anderen so sauer auf mich waren, und war gleichzeitig wütend auf diese Sozialarbeiter-Einstellung.

„Er war der einzige in meiner alten Gruppe, der noch den Kontakt gehalten hat", sage ich zu Maria.

„Nach dem, was du mir erzählt hast, hast du dich auch echt daneben benommen", sagt sie.

„Danke Miss Obvious“, grummele ich. „Das war ne absurde Zeit. Hab alles versucht alleine hinzukriegen … Alleine auf Demos, alleine auf Parties …“

„Im Schwuz oder was?“

„Jo. Echt, immer nur ins Schwuz, jedes Wochenende. Und ne Weile hatte ichs auch echt raus, wie man da Leute aufreißt … Ich weiß auch nicht. War ne einsame Zeit. Wirklich viel ist aber nicht bei rausgekommen.“

Ich hab das neue Schwuz in der Rollbergstraße geliebt. Das war meine queere Heimat, ich bin hin, wenn ich einsam war, hab getanzt und immer wen gefunden zum rumknutschen. Es war so unwahrscheinlich einfach. Ich fühl mich so zu Hause – wenn jemand mich antanzt, wenn ich durch den breiten Flur laufe oder vor der Tür von der Security angeschnauzt werde, weil ich aus Versehen irgendwen zu laut begrüßt hab. Wenn auf dem großen Floor ‚Umbrella‘ gespielt wird. Die Treppenstufen beim Popfloor, die Klos, wo ich so oft am Spiegel stand um meinen Bart oder meine Augenbrauen nachzuziehen, die ganzen übergriffigen Situationen, wie mich wer gedrängt hat zu was, oder ich die eine auf den Mund geküsst hab ohne zu fragen, obwohl wir es doch besser gewusst hätten. So viele Räume, die gar keine richtigen Räume sind, sondern nur dazwischen, vor oder hinter irgendwas. Dieser Bereich neben dem Pop-Floor, der zwar im gleichen Raum ist, wo aber nie getanzt wird, wo nur so ein Sofa steht auf dem dann Leute awkward sitzen und sich anschweigen, obwohl sie flirten wollen, oder sich zu intime Fragen stellen.

Meine Freund*innen fanden das Schwuz zu groß, zu kalt, zu beliebig. Ich mochte es, weil ich mich nie eingeengt gefühlt habe, wie im Blank oder in kleineren Clubs. Wenn mich wer dumm anlaberte, ging ich einfach weg und hatte Spaß auf dem nächsten Floor, so gut ich eben konnte.

> *Ich ziehe rum, es ist noch niemand da, den ich kenne. Ich komme nicht so richtig in Stimmung und will auch noch nicht gehen. So viele Menschen glitzern, LCavaliero legt auf dem Pop-Floor auf. Ich tanze ein bisschen, checke die Menge um mich rum ab. Wer ist in Gruppen da, wer alleine? Ich finde fast alle um mich rum ziemlich heiß, und einer falle ich auch auf. Wir werfen uns*

Blicke zu, bewegen uns aufeinander zu. Sie zieht ihr Basecap ein wenig aus dem Gesicht. Ihre langen schwarzen Haare wippen leicht zu ihren Bewegungen mit dem Beat. Als wir uns küssen, wiederhole ich mein Mantra in Gedanken: ich weiß nichts über dich, ich weiß nichts über dich, ich weiß nichts über dich. Keine Annahmen, keine Schlussfolgerungen, keine Erwartungen, nur die Feuchtigkeit deiner Lippen, dein warmer Körper, der sich an meinen presst. Das ist alles. Wir sehen uns nie wieder.

Maria reißt mich aus meinen Gedanken. „Aber wie war das für dich dann in der queeren Szene? Dachtest du so ‚Halloooo hier bin ich, liebt mich, ich bin da' oder hattest du auch irgendwie Berührungsängste?"

Maria hat sich nie wohl gefühlt in der Szene.

„‚DIE Szene', die gibts doch auch gar nicht wirklich", sage ich.

„Ach klar", sagt Maria, „es gibt doch Leute, die sich so als Szene-zugehörig verstehen, damit gibts das auch."

„Die können sich trotzdem irren", sag ich, „und in Wirklichkeit ist es nur ne Sammlung von random Leuten, die alle queer sind."

„Wo es rein zufällig Gruppeneffekte gibt und alle kurze Haare haben müssen und so schön butchig aussehen wie du." Ich werfe ihr einen bösen Blick zu, muss aber grinsen.

„Wie auch immer! Ich hatte mal ein Date, ziemlich am Anfang, die hat mich richtig komisch angeschaut, als ich gesagt hab, dass ich Maschinenbau studiere, so als wär das ne Krankheit. Und dann hab ich mich nicht so richtig zu Hause gefühlt in der queeren Szene. Immer Angst was falsches zu sagen. Angst, das ich nicht widerständig genug bin. Angst, zu bürgerlich zu sein. Weil ich nen sicheren Job will trotz all der Kapitalismuskritik."

„Bist ja auch irgendwie bürgerlich", sagt Maria und küsst mich auf die Stirn.

„Musst du grade sagen."

„Ich bin proletarisch", sagt sie empört.

„Bei Sarah und Donna hab ich mich wohl gefühlt am Anfang. Die waren radikale Lesben und das war ihnen wichtig. So ein altmodisches Butch Femme Pärchen. Wie ich mir das immer vorgestellt hab. Über die queere Szene haben die immer gelästert und das fand ich cool. Erst als ich immer mehr trans Freund*innen hatte gabs Konflikte zwischen uns."

„Also bin ich schuld?", fragt Maria.

„Wahrscheinlich", sage ich. „Du bist schuld, nicht deren Transfeindlichkeit!"

Wir schlendern langsam zurück auf den Ostbahnhof zu. „Maria", sage ich.

„Ja?"

„Ich bin echt froh, dass du immer noch in meinem Leben bist."

„Ähm", sagt Maria. „Gleichfalls."

„Und dass wir das zusammen machen."

Sie nickt, wie in Gedanken.

„Nächste Woche reden wir zu dritt, ja?"

Sie nickt.

Unsere Finger streifen sich. Geschmolzenes Eis tropft auf meine Hand, ich lecke es ab … es klebt.

„Weißt du was, Maria?"

„Hm?"

„Ich hab echt Sachen gemacht, die nicht cool waren. Und bin hier angekommen und war verloren in dieser Stadt, auf der Suche nach Menschen und Sex und irgendwas, was man politisch machen kann und jetzt … ich meine, mein Leben ist nicht perfekt, und dieses Land ist mies am abdrehen, aber ich hab ne Menge von dem, was ich brauch. Maria … Ich glaub, ich bin glücklich grade."

„Ach hör doch auf", lacht sie und ich schmiere ihr Eis ins Gesicht.

Heidenau

Ostbahnhof. Maria ist schon wieder nach Hause gefahren, aber ich bin immer noch etwas zu früh. Ich schlendere durch den Bahnhof und sehe mir die Geschäfte an. In dem Subway hab ich gesessen, als ich auf WG-Suche war und niemand mich wollte. Ich, meine Tasche und mein Kaktus. Ich hab alle meine Prinzipien missachtet, ein Thunfisch-Sub gegessen und die kleine Pflanze auf dem Tisch liebevoll angesehen. Zuhause, das ist ein Platz, an dem es warm ist und du keine Angst hast, hab ich gedacht. Und: alles wird gut. Und alles wurde okay. Der Moment, wo ich mich im freien Fall befand, bevor ich auf dem Boden aufkam und mich selbst wieder spürte ging vorbei: ich war da, ich hatte überlebt.

Ich gehe weiter. Da oben ist der Beate-Uhse-Shop, da hab ich letzten Sommer einen Analvibrator geklaut, für Maria zum Geburtstag. Sie hat sich dann beschwert – er war ihr zu groß.

An der Glastür treffe ich Aza. Aza steht da und raucht, in Doc Martens und einem eng anliegenden schwarzen Mantel, mit tiefen Augenringen und einer roten Strähne in den dunklen, fluffigen Locken.

„Du siehst toll aus“, sage ich.

„Danke“, sagt Aza, wirft mir ein sanftes Lächeln zu und schließt mich in die Arme. Aza ist warm und Azas Wangen fühlen sich ein bisschen kratzig an, als sie flüchtig gegen meine streichen. Ich atme einen bekannten Geruch von Tabak und Kokosöl ein und fühle mich einen Moment lang geborgen.

Wir schlendern zum Bussteig. Riker kommt auf uns zugerannt und springt uns um den Hals. Ich lache und drücke ihn an mich.

„Schön dich wieder zu sehen.“

„Gut, dass wir alle zusammen fahren.“

Chris sitzt auf dem Gehsteig in dunklen baggy Klamotten. Er sieht müde aus und als er mich sieht, winkt er und streicht sich die straßenköterblonden Haare aus dem Gesicht.

„Das ist Chris, Chris, Riker und Aza.“

Ich sitze im Bus nach Heidenau.

Wir sitzen in der letzten Reihe, ich zwischen Riker, Chris und Aza. Schüchtern beäuge ich Riker und überlege, ob ich meine Hand auf sein Knie legen könnte. Er sieht ein bisschen nervös aus und schaut mal zu mir, mal aus dem Fenster, wo Ostberlin noch träge vorbei wackelt. Aza und Chris kennen sich seit einer Viertelstunde, und sitzen nun, beide auf ihre Smartphones schielend, nebeneinander wie ein altes Ehepaar. Sie folgen sich jetzt gegenseitig auf Twitter. Wir sind aufgeregt wie kleine Kinder auf Klassenfahrt. Riker hat Pfannkuchen für alle mitgebracht und wir stürzen uns darauf. Ich werfe immer wieder verstohlene Blicke zur Seite. Riker hat so ein wunderschönes, schmales Kinn. Kinnlange, schwarze Haare, und seine Lippen sind immer noch aufgebissen, wie letzten Sommer. Ich trinke einen Schluck Cola. Ob das wirklich okay ist, für das Kind? „Koffein ja“, hat die Ärztin gesagt, „eine Tasse am Tag ist kein Problem.“ Ich fühle, wie das Koffein meinen Körper durchflutet, und stelle mir das Gummibärchen vor, wie es in meinem Bauch hektische Bewegungen macht. Ich lehne mich zurück.

Einige Namen für das in mir sind mir schon eingefallen. ‚Das Gummibärchen‘, kurz: ‚das Bärchen‘. ‚Der Zergling‘, das Wesen in meinem Brutschleimpool. Atmen, Steph, atmen.

Brandenburgs öde Landschaften ziehen gemächlich an uns vorbei. Aus Berlin raus kommen.

Atmen. Link, die Ärztin, Georgia, Maria, alles bleibt zurück. Lichtet sich in meinem Kopf, sodass ich klarer denken kann.

Das Willkommensfest in Heidenau ist abgesagt worden. Die Dresdner Polizei hat den Notstand ausgerufen. Aus Sicherheitsgründen. Aus Sicherheitsgründen! Die Polizei kann das Fest nicht schützen! Wir fahren natürlich trotzdem hin, mit dem Demobus aus Berlin. Sogar Cem Özdemir hat sich angekündigt. Noch während wir im Bus sitzen ist unklar, was passieren wird, wenn wir ankommen. Endlich kommt im Radio die Nachricht – es wird doch stattfinden!

Wir steigen aus. Da ist es: der Baumarkt. Auf dem Parkplatz davor tümmeln sich Menschen. Der Himmel ist grau und verhangen, Wir nicken den Menschen zu. Eine Hüpfburg wird aufgeblasen – ein dicker, gespenstischer Leib. Spenden liegen auf der Wiese und Familien stromern darin herum und versuchen, etwas Passendes zu finden. Wir schnappen uns einen Eimer mit Kreide und beschließen, etwas auf die Straße zu malen. ‚Nie wieder Deutschland', malt Aza. Chris und ich meinen, für die Kameras wäre etwas weniger Feindliches besser. ‚Kein Mensch ist illegal', malen wir.

Chris malt den Kopf einer Schlange und versucht, Menschen zu animieren, weiterzumalen.

Ein paar junge Männer laufen rum, schütteln uns die Hand, stellen sich vor. Wir unterhalten uns kurz, so gut es eben geht. Es gibt Essen. Da ist Hühnchen drin, merke ich, aber das ist mir jetzt egal.

Da drüben wird ein Dresdner Politiker angepöbelt. Der wollte zuerst das Willkommensfest verbieten lassen, jetzt ist er selbst hier aufgetaucht, steht vor den Kameras und sagt sein Sprüchlein. Hinter ihm ein kleiner Trupp von Linken, die ihn beschimpfen. Dann verpisst er sich.

Jemand spricht mich an – ein junger Mann. Er hat eine Hand voll Kirschen gesammelt und hält sie mir hin. Ich gehe ein bisschen mit Riker auf der Wiese herum.

„Ich bin froh, dass ich mitgekommen bin“, sagt Riker.

„Ja?“

„Schon. Ein bisschen Ablenkung tut mir gut. Man siehts mir vielleicht nicht so an, aber es ist ganz schön schwer grade den Kopf über Wasser zu halten …“

„Was’n los?“

„Das Ding ist, ich … in meinem Hausprojekt ist jemand gestorben. Ich kannte die Person nicht gut oder so, aber alles geht drunter und drüber, Leute, die die Person besser kannten, fühlen sich schuldig … und ausgerechnet jetzt hab ich meinen Termin für die Mastek.“

„Oha! Wann?“

„Nächste Woche“, sagt er. „Und ich sollte mich freuen, aber es passt grade alles überhaupt nicht …“

„In Hamburg?“

„Nee, in Berlin. Die kleinen Schnitte.“

„Ah“, sage ich. „Vielleicht ist das ja ganz gut? Ein paar Tage raus aus allem. Ein positiver Impuls.“

„Das ist eine OP und kein Urlaub“, sagt Riker.

„Aber für viele ist das doch was Befreiendes!“

„Keine Ahnung“, sagt Riker, „ich weiß nur nicht, wie ich das alles durchhalten soll. Es ist so viel auf einmal.“

„Kopf hoch“, sag ich. „Du bist nicht alleine damit. Komm zu mir, wenn du was brauchst. Jederzeit. Mit allem.“

„Ok“, sagt er.

Wir übernehmen eine Schicht an der Hüpfburg. Während Riker und Chris die Kinder bespaßen, hockt Aza am Rand der Hüpfburg und starrt auf ihre Fingernägel.

„Alles okay bei dir?“, frage ich.

„Ich weiß nicht“, sagt Aza. „Ich bin so viel am strugglen mit meinem Geschlecht in letzter Zeit.“

„Wieso?“

„Ich frag mich, ob ich überhaupt trans sein kann“, sagt Aza, „ich hab doch männliche Privilegien. Und ich denk so viel darüber nach, wie das alles zusammen geht …“

Ich halte Aza mein Wasser hin. „Nimm erstmal nen Schluck“, sag ich. Sie schüttelt den Kopf.

„Ich denk, du musst das trennen“, sag ich. „Zuerst darüber nachdenken, wie du dich identifizierst. Und so leben, wie du leben willst. Und dann schauen, welche Privilegien sich daraus ergeben. Weil andersherum macht das keinen Sinn. Weißt du, was ich meine?“

„Weiß nicht“, sagt Aza.

„Naja, du merkst ja deine Geschlechtsidentität. Du weißt doch, dass du kein Mann bist, oder?“

Aza nickt.

„Und wenn dich Leute als Mann behandeln, du aber gar keiner bist, dann ist das nicht unbedingt ein Privileg, oder?“

„Ja … guter Punkt“, sagt Aza. „Ich muss da echt bissl an meiner Einstellung arbeiten. Mich bissl empowern. Ich will offener damit sein, dass ich nicht-binär bin. Und mich auch als trans bezeichnen, und ich glaub, ich möchte das Pronomen ‚sie‘ verwenden. Ich bin trotzdem noch nicht-binär, aber als generisches Femininum. Tuntiges generisches Femininum. Ich frag mich nur manchmal eben, ob ich das darf … ist eigentlich ne bissl komische Frage, aber …“

„Klar darfst du“, sage ich. „Dazu brauchst du von niemandem ne Erlaubnis. Das, was du bist, das musst du vor niemandem rechtfertigen!“ Aza nickt.

„Tut irgendwie gut zu hören“, sagt sie.

„Ist eigentlich selbstverständlich, oder?“

Sie stöhnt. „Ooh mein Gott, ich sag dir, es war soo nervenaufreibend zu Hause – mein Vater ist einfach so ein patriarchales Drecksstück! Der hat mich die ganze Zeit blöd angemacht, nur weil ich Nagellack drauf hatte.“

„Oh man, wie anstrengend.“

„Wenn der wüsste … Ich würd so gerne einfach meinem Vater ins Gesicht sagen, dass ich seine Tochter bin“, sagt Aza. „Einfach so, dem Arsch.“

Nach ein paar Stunden ist das Fest vorbei. Ein Deli-Plenum beschließt den Rückzug. Einige auf dem Plenum wollen nicht gehen, sondern weiter den Baumarkt schützen. Was, wenn die Nazis später angreifen? Dann können wir auch nichts tun, sagt die Dresdener Antifa. Wir verstehen es nicht, aber sie geben uns zu verstehen, dass wir die Lage nicht einschätzen können.

Wir laufen den Weg zu unserem Pennplatz in Dresden. Es ist dunkel geworden. Ich werfe Aza einen Blick zu.

„*Es geht durch die Welt ein Geflüster*“, stimme ich an. „*Arbeiter, hörst du es nicht?*“

Aza grinst und antwortet: „*Es sind die Stimmen der Kriegsminister! Arbeiter, hörst du sie nicht?*“

Wir beide: „*Es flüstern die Kohle und Stahlproduzenten! Es flüstert die chemische Kriegsproduktion! Es flüstert auf allen Kontinenten: Mobilmachung! Gegen die … SOWJETUNION!*“ Ich greife nach Azas Hand. „*ARBEITER BAUERN, NEHMT DIE GEWEHRE, NEHMT DIE GEWEHRE ZUR HAND! Dütüdütdüm!*“

Die anderen schämen sich für uns und gehen ein bisschen schneller. Riker hasst Sowjetkitsch und Chris hat einfach nur keinen Bock mehr auf Menschen. Das ist anstrengend gewesen, für alle heute.

„*Zerschlagt die faschistischen Räuberheere*“, singen wir, „*setzt alle Herzen in Brand! Pflanzt eure roten Fahnen der Arbeit auf jede Rampe auf jede Fabrik! Dann steigt aus den Trümmern der alten Gesellschaft die sozialistische Weltrepublik! Dann steigt aus den Trümmern der alten Gesellschaft die sozialistische Weltrepublik!*“

Aza bleibt stehen. „Seht euch das an!“, sagt sie und deutet in den Himmel. „Der Mond.“

Völlig kaputt kommen wir bei unserem Pennplatz an. Aza will unbedingt ein Bett für sich alleine. Chris nimmt das Sofa. Bleibt der Raum mit einem Bett für Riker und mich. Wir liegen im Dunkeln nebeneinander und schweigen uns an.

„Bist du schon müde?“, frage ich.

„Wollen wir kuscheln?“, fragt Riker. Wir kichern. Ich drücke mich an ihn.

Er streichelt meinen Kopf. Seine Berührungen fühlen sich so gut an!

„Hey“, sage ich. „Ich finds voll schön. Wollen wir kurz reden?“

„Okay“, sagt Riker und lächelt.

„Ich find dich hübsch“, sag ich, „und übelst süß.“ Ich streichele seine Arme und küsse seinen Nacken. „Ich bin immer noch poly.“

„Ich weiß“, sagt Riker.

„Das ist okay für dich?“, murmele ich. „Hat sich deine Einstellung dazu geändert?“

„Ich weiß nicht“, sagt Riker. „Auf jeden Fall fühlt es sich gut an grade mit dir.“

Ich nicke.

„Wenn dir etwas zu viel ist, sagst du stopp, ja?“

„Ja“, sagt Riker und fährt mir durch die Haare mit seinen schmalen Händen. „Sag mal, bist du eigentlich noch mit Maria zusammen?“

„Wir haben uns vor ner Weile getrennt.“

„Und mit … wie hieß die Person?“

„Link?“, frage ich.

Riker nickt.

„Hat letzte Woche mit mir Schluss gemacht.“

„Oh“, sagt Riker und hält etwas inne. „Das tut mir leid.“

„Ich weiß nicht“, sage ich. „Ich war so verliebt in Link, jetzt spüre ich gar nichts mehr. Als wär ich einfach aus dieser Tür rausgegangen, aus dieser WG in Moabit, ohne ein einziges gemütliches Möbelstück und plötzlich ist alles nicht mehr da.“

Riker weiß nicht, was er sagen soll und streichelt meinen Nacken.

„Heißt das, jetzt hast du quasi keine Beziehung mehr?“

„Hm“, sage ich. „Eigentlich nicht. Mit Maria treff ich mich noch sehr oft.“

„Hm“, sagt Riker.

Soll ich es sagen? Ich sag es: „Ich bekomm ein Kind mit Maria.“

Riker und reißt die Augen auf. „Oha.“

„Und du, was geht bei dir grade?“, frage ich schnell. Ich will nicht, dass er noch mehr über die Sache mit dem Kind fragt.

„Ich hab immer noch eine Affäre mit meiner besten Freundin.“

„Ach was“, sage ich und freue mich ein bisschen, dass der Themawechsel geklappt hat. „Sie hat doch nen Freund, oder?“

„Ja“, sagt Riker. „Der weiß aber nichts.“

„Na, das sieht dir ähnlich!“ Ich muss lachen. „Mir erzählst du von was Ehrlichkeit und Monogamie … Monogame Leute sind einfach sowas von hinterfotzig!“

„Du bist gemein“, sagt Riker.

„Und du bist so hübsch“, sage ich, und küsse seinen Hals.

„Hast du genug geredet?“, fragt er.

„Schon“, sage ich.

Ich streichele seine Wange.Er bewegt seinen Kopf zur Seite und öffnet den Mund. Ich nähere mich und schaue ihn fragend an. Er nickt. Wir küssen uns. Wir fahren uns mit den Fingern übers Gesicht, er nimmt meine Haare in seine Faust und zieht dran. „Hey“, sage ich. Wir rangeln ein bisschen.

Ich mag es, wie er so offen da liegt. Ich nehme seine Hände und drücke sie nach oben. Er hält dem Druck erst stand, gibt dann nach.

„Du verlierst, hübscher Junge“, sage ich.

„Ja“, haucht er. „Ich bin schwach. Bestraf mich.“

Dann muss er lachen.

Ich kichere. Mein Mund sucht seinen Körper ab. Seine Haut fühlt sich so gut an. Ich haue ihm sanft auf den Arsch.

„Gut so?", frage ich.

„Mehr", sagt Riker.

Ich schlage ihn härter.

„Kann ich dich ausziehen?"

„Ja", sagt Riker. „Aber lass das T-Shirt an."

Ich ziehe ihm die Hose runter bis zu den Knien. Ich gebe seiner Pussy leichte Klapse. Er schließt die Augen, und ich reibe die ganze Fläche seiner Muschi und fühle, wie sich seine Klitoris langsam aufrichtet.

Ich presse Riker mit meinem Körper gegen die Wand und fingere ihn. Ich greife nach seiner ganzen Pussy und ziehe an den Haaren, ich umkreise seine Klitoris mit meinen Fingern, sanft, langsam – ich rotiere und betrachte sein Gesicht.

„Das tut dir jetzt sicher leid", sage ich höhnisch. „Hättest du dir ja früher überlegen können."

Er winselt.

Ich werde etwas schneller.

„Schau dich nur mal an, wie erregt du bist", sag ich. „Das gefällt dir oder was? Ich denke, ich sollte aufhören und dich hier einfach rumliegen lassen. Das hättest du verdient."

„Bitte nicht", sagt er und kichert ein bisschen.

„Warum denn nicht?" Ich schlage ihn ein paarmal leicht ins Gesicht. Links. Rechts. Links.

„Du bist hübsch", sage ich. „Hübscher Junge. Hübscher, böser Junge". Rechts. Links.

Das gibt ihm den Rest. Sein Körper krümmt sich, er packt mich bei den Schultern, stöhnt und verkrampft sich, ich drücke ihn an mich und lasse meine Finger kreisen, taste mit der anderen Hand nach seinem Arschloch. Er stößt ein langes Grunzen aus. Ich fingere ihn, bis sein Atem etwas langsamer wird. Dann presse ich meinen Schenkel zwischen seine

Beine und spiele noch ein bisschen mit seinem Arschloch. Er lässt sich auf die Matratze fallen.

„Nimm mich in den Arm“, sagt er und ich halte ihn fest.

Ich denke an Heidenau, kurz bevor wir einschlafen … an die Nazis, an all die Gesichter heute, und dann denke ich an Maria, wie sie in eine Tasse wichst und mich dabei anschaut. Ich sehe es genau vor mir, Marias Gesicht, als sie im Zimmer kniet, Rikers Gesicht, wie ich ihn an die Wand presse, alles fließt ineinander. Ich drücke mein Gesicht in Rikers Nacken. „Hübscher Junge“, murmele ich, „hübscher Junge, du bist zu gut für mich“.

Samstag Morgen.

Ich wache auf, mein Handy klingelt. Maria!

„Hey“, sagt sie.

„Alles gut bei mir“, sage ich, „brauchst dir keine Sorgen zu machen. Gestern war okay. Wir gehen gleich los zur Demo.“

„Wir müssen reden“, sagt sie.

„Was?“, frage ich. „Was ist passiert?“ Kurze Stille.

„Jannis hat mit mir Schluss gemacht.“

Wörter verhallen im Telefon, ich sacke nach hinten aufs Sofa, die Dresdner Studi-WG um mich herum scheint in sich zusammenzufallen, die bunt bemalten Wände, die Postkarten mit vermeintlich originellen Texten aus vermeintlich exotischen Ländern, der Frühstückstisch, wo die anderen sich leise unterhalten und ihre Brötchen schmieren, die zerknüllte Bettwäsche, die noch drüben liegt, wo ich mit Riker geschlafen habe. Bröckelt, zerfällt, zieht sich zusammen, reduziert sich auf einen Punkt in meiner Brust. Mein Körper verliert jede Spannung und in meinem Inneren, an diesem Punkt, wo sich alles konzentriert, scheint sich ein Stein zu lösen.

„Der hat was …?“ Ich glaub es nicht. Das ist der Punkt, denke ich, der Punkt, wo alles zusammenläuft. Natürlich hat er, denke ich, natürlich wollte er nicht, nicht SO …

„Er ist ausgerastet“, sagt Maria, „dass wir das ohne ihn entschieden haben.“

„Das haben wir auch“, sage ich entsetzt. „Ich dachte, er würde sich das wünschen?“

„Ja“, sagt Maria. „Aber nicht einfach so. Wir sind total verrückt, hat er gesagt.“

„Ach du Scheiße“, sage ich. „Und was sollen wir jetzt machen?“

„Wir haben verkackt“, sagt Maria.

„Maria, aber … Das war der Grund? Deshalb hat er die Beziehung beendet?“

„Was weiß ich“, sagt Maria. „Vielleicht ist es ihm vorher schon zu heiß geworden, und er hat auf eine Gelegenheit gewartet …“

„Und jetzt?“

„Es ist ja noch nicht so spät“, sagt Maria.

„Was willst du damit sagen“, frage ich.

„Es ist eben noch rechtzeitig für, äääääh … du weißt schon!“

„Weiß ich nicht!“, sage ich, „Warum sagst du nicht, was du meinst?“

„Steph …“

„Sags doch“, sag ich, „sag Ab-trei-bung, statt so nen Eiertanz zu machen!“

„Fuck, Steph“, sagt sie. „Ich bin am Ende. Du kannst dir gar nicht vorstellen, wie sehr ich mich zusammenreißen muss, um darüber zu sprechen, was passiert ist. Aber das mit dem Kind … Es geht nicht, okay? Ich hab einen Fehler gemacht, ich weiß, aber ich kann das nicht ohne ihn, ich kann es einfach nicht.“

Ich höre ihre Stimme, sie ist kaum ein Rauschen in meinem Ohr, und ich sehe ihn, diesen Punkt, zu vorhersehbar, zu simpel, ich spüre mich und weiß in dieser Sekunde ganz genau, was ich tun werde und was nicht.

„Ich treibe nicht ab“, sage ich.

Mir ist schlecht. Mir ist so endlos schlecht. Ich möchte die Welt auskotzen. Ich möchte die Szene auskotzen, dieses ganze verfickte scheinheilige Leben, das wir leben. Was zählt ein Wort in Berlin? Was zählt ein Wort in der radikalen Szene? Alle sind so versessen darauf, ihre eigenen Grenzen zu kennen, dass sie einen links liegen lassen. Alle sind depressiv, ausgebrannt. Immer Revolution und nie so richtig, das ist anstrengend. Scheiße anstrengend. Diese Menschen können mir nicht helfen. Ich will nicht über Maria nachdenken. Was soll sie tun? Was soll ich tun?

Mein Kopf rast. Ich verabschiede mich von unseren Gastgeberinnen und fahre in die Innenstadt. Ich laufe am Fluss entlang zwischen Blättern. Der Himmel ist blau. Die anderen sind bei der Demo. Ich habe keine Kraft mehr.

Maria will das Kind nicht, denke ich immer wieder. Ein schmerzhafter Gedanke, gefolgt von einem zweiten, der sich immer klarer in mir wiederholt. Ganz leise erst, kaum hörbar, bis ich es nicht mehr ausblenden kann: Ich will das Kind. Ich kann mir kaum erklären, warum. Ich wollte es für Maria, hatte ich mir gesagt. Wenn sie nicht mehr will, was soll dann werden?

Die letzten Wochen ziehen an mir vorbei. Der ‚Summer of Migration', wie er in meinem Umfeld genannt wurde, ‚die Flüchtlingskrise' im Rest des Landes. Zuerst war ich total entsetzt. Ich verfolgte die Bilder in den Medien, die alles bestätigten, was wir uns jemals über Deutschland gedacht hatten. Brennende Asylheime, Forderungen, die Landesgrenzen dicht zu machen. Ich hatte trotz allem gedacht, dass sich die Refugee-Politik in Deutschland nur bessern würde. Es könnte ja nicht etwa noch schlimmer werden, schließlich gab es schon Lager und Abschiebungen und es gab ja auch positive Veränderungen, zum Beispiel teilweise keine Residenzpflicht mehr. Ich hatte mir Hoffnungen gemacht, Illusionen.

Dann kämpfte ich. Wie vorher auch schon, aber mit mehr Energie. Ich ging auf Antinazidemos, Blockaden, ich schrie mir die Seele aus dem Leib auf den Demos gegen die Asylrechtsverschärfung. Ich wollte überall dabei sein.

Jetzt werde ich einsehen müssen, dass ich die Lage nicht werde ändern können. Ich wollte schwanger werden und jetzt ist alles schief gelaufen.

Meine Kraft ist am Ende und ich muss rausfinden, was ich jetzt machen soll. Das sind Tatsachen. Ich werde nichts tun können, sage ich mir langsam. Ich werde meine Prioritäten anders setzen. Bald kommt die nächste Asylrechtsverschärfung, deren Inhalte noch nicht mal genau feststehen, aber es werden immer neue kommen, und sie werden die jeweils letzte an Widerlichkeit überbieten. Die ganzen Bürgerlichen, die jetzt beim Lageso helfen, Deutschkurse geben und Leute vom Bahnhof abholen, haben keine Erfahrung mit Asylrecht. Die kennen diese ganzen absurden Ungerechtigkeiten noch nicht, und sie wollen Einzelnen helfen und nicht politische Veränderung erreichen. Ein paar vereinzelte Linke werden nicht viel ausrichten können. Wir werden es trotzdem versuchen. Aber ich werde nur noch einen Bruchteil meiner Kraft dafür übrig haben.

Mein Handy vibriert. Aza hat mir geschrieben, dass sie noch mal nach Heidenau fahren, und ob ich mit will.

„Ja“, schreibe ich, „ich komme mit. Dann treffen wir uns am Bahnhof?“ Ich mache mich auf den Weg und atme die dreckige Dresdener Luft tief ein. Die große Demo ist jetzt zu Ende. Was, wenn hier Nazis rumlungern und Leuten auflauern, die grade von der Demo kommen? Ich sollte besonders auf mich aufpassen und jetzt tu ich das Gegenteil, obwohl es auch hier in der Stadt immer wieder Angriffe gab und ich nicht grade normal aussehe. Die Übelkeit ist allgegenwärtig. Ich kaue an einer Laugenstange und spiele Nazi-or-no-Nazi mit jedem, der mir über den Weg läuft. Es ist nicht so einfach. Ich halte Abstand. Langsam frage ich mich, was ich mir dabei gedacht hab, wo es so viel sicherer gewesen wäre, bei den anderen zu bleiben und auf die Demo zu gehen. Ich höre eine Gruppe junger Männer hinter mir auftauchen. In Berlin habe ich keine Angst, alleine in der Stadt, aber jetzt blicke ich mich panisch um. Ich beginne zu rennen. Unter einer Brücke hindurch, durch die Straßen, ohne mich umzublicken. Ich muss schon länger außer Reichweite sein, aber ich halte nicht an.

Schließlich sehe ich mich um. Wo bin ich? Ich irre durch die Straßen und jedes Mal, wenn ich jemanden sehe, wechsele ich die Richtung. Ich bin fertig, erschöpft, am Ende. Schließlich finde ich doch noch eine Busstation. 13 Minuten, aber irgendwann kommt er doch. Erst, als ich am Hauptbahnhof die anderen sehe, fühle ich mich halbwegs sicher. Zum ersten Mal heute ist meine Übelkeit verschwunden.

Es dämmert. Wir sind zweihundert Antifas, stehen auf der Straße vor dem Baumarkt. Links liegen Felder brach, dahinter beginnt der Wald. Rechts steht der Baumarkt, vor uns der Lautsprecherwagen. Ich balle die Fäuste in meiner Tasche. Der Baumarkt liegt so verloren da, von einem Zaun umgeben, von einer Security-Firma überwacht.

„Was die Leute hier grad wirklich brauchen“, sagt der bärtige Dresdener Antifa-Pastor ins Mikrofon, „sind Kippen. Gebt ein paar Zigaretten ab.“

Er geht durch die Menge um die geforderten Sachspenden einzutreiben.

Ich streife Rikers Hand mit meinen Fingern.

Auf einer Feuertreppe, die aus dem ersten Stock nach unten führt, drängen sich Menschen. Die Lager-Securities versperren die Treppenstufen und versuchen, die Gruppe ins Gebäude zurück zu drängen. Ein junger Mann klettert übers Geländer in die Krone des Baumes, der neben der Feuertreppe steht. Dort kauert er und versucht von dort aus, über den Zaun zu springen, der das Lager umgibt. Von unten wird ihm eine Hand gereicht und er schafft den Sprung. Er steht neben uns auf der Straße. Wir jubeln, schreien. Er grinst.

Schließlich kommt auch der nächste runter. Die Securities brüllen sie an, aber es hilft nichts. Einer nach dem anderen springen sie. Der Lauti spielt eine kurdische Version von ‚A las Barricadas‘. Ich drücke Rikers Hand fester. Wir tanzen. Riker lacht und macht eine Pirouette. Männer aus der Unterkunft lächeln uns an, wir grinsen zurück.

Chris geht rum und fängt ein Gespräch mit einem aus der Unterkunft an. Aza starrt gedankenverloren über die Felder. „Was denkst du?“, frage ich.

„Das ist bizarr“, sagt Aza. „Stell dir vor du bist nach Deutschland geflüchtet und wirst vom Staat gezwungen in Heidenau zu leben. Dann musst du auf so einem elenden Hügel wohnen, in einem verfickten Baumarkt. Dann kommen Nazis an und wollen nicht, dass du in ihrem elenden Dorf wohnen musst, in das du niemals freiwillig einen Fuß gesetzt hast, deshalb greifen sie dich an. Und dann, paar Tage später, kommen andere Leute, die so ähnlich aussehen wie die Nazis und sagen dir, dass du super bist und bleiben sollst und karren dir ihre alten Klamotten vor die Nase. Aber immerhin gibt es Kippen."

Der bärtige Pfarrer geht immer noch rum und schnorrt Kippen für die Refugees.

Am Lauti hat einer der Geflüchteten das Mikro in die Hand bekommen. „Thank you all so much!", sagt er. „I love Germany!"

Und das nach allem, was hier passiert ist, denke ich. Wir stehen jetzt hier und retten deren Bild von Deutschland, wir, die Deutschland so hassen.

Und wir tanzen, wir tanzen und feiern auf der Straße.

Wie soll ich mich fühlen? Soll ich mich freuen? Worüber denn? Den Moment genießen, mit Menschen, die ich nicht kenne und wahrscheinlich nicht wieder sehen werde. Aber ich weiß, ich werde den Moment nicht vergessen, wo dem Mann auf dem Baum eine Hand gereicht wird, wie er über den Zaun nach unten springt und weitere ihm folgen. Ein Moment, in dem Isolation aufgebrochen wird. Nur ein Moment, dann verlassen wir Heidenau.

Es ist dunkel. Wir bilden einen schwarzen Zug, der durch die Stadt zum Bahnhof zieht. Die Stimmung wird aggressiver. Die Leute, die hier wohnen, haben einem Mob zugesehen. Haben nichts getan. Manche von denen haben selbst Menschen angegriffen, Böller und Flaschen auf Geflüchtete geworfen, haben die Busse blockiert oder waren auf den Demos gegen die Unterkunft.

Irgendwer von uns hat einen tragbaren Strahler dabei und wirft einen Lichtstrahl in jedes Fenster.

„WO, WO, WO WART IHR, IN HEIDENAU?", brüllen wir.

Vorne gibt es Gerangel. Was ist los? Sind das Nazis oder nur irgendwelche Leute, die hier wohnen und sich angegriffen fühlen von uns?

Was tun wir hier eigentlich? Für was für eine Strafexpedition halten wir uns?

Der Zug geht weiter, durch die Straßen, nur die Straßenlaternen leuchten und der Handscheinwerfer. Ein Gesicht schiebt sich aus einem angeleuchteten Fenster, Augen lugen hervor, und wir schreien, brüllen, wollen wissen auf welcher Seite sie stehen. Wo wart ihr? Wo wart ihr?

Endlich sind wir im Zug und fahren zurück zum Dresdener Hauptbahnhof. Als wir aus dem Bahnhof kommen, auf dem Weg zum Bus, blicke ich mich um. Ich sehe den Mond über der Stadt, groß und hell. Ich bin am Leben, denke ich. Ich bin am Leben, ich bin da, egal was passiert mit Maria und mir. Ich bleibe, wenn auch in diesem dreckigen Land, aber ich bleibe am Leben. Ich bin stark und ich bin frei. Niemand, niemand auf der Welt wird mir das nehmen können.

Wir fahren zurück mit dem Bus nach Berlin. Ich sitze neben Aza, hinter uns Riker und Chris.

„Nimmst du mich in den Arm?“, frage ich Aza und sie drückt mein Gesicht an ihre weiche Brust. Ich fühle, wie mein Körper sich entspannt.

„Danke“, sage ich, „du bist lieb.“

Die Autobahnschilder rasen vorbei, dunkle Schatten der Bäume umgeben uns. Wir stecken unsere Köpfe zusammen in der Lücke zwischen den Sitzen, um uns alle vier unterhalten zu können.

„Seid ihr froh, dass wir gefahren sind?“, frage ich die Anderen.

„Klar“, sagt Riker. „Ich meine, es ist vielleicht nur Symbolpolitik, aber ich denke, den Leuten in Heidenau hat es schon was bedeutet.“ Wir nicken.

„Es ist wichtig, konkret vor Ort zu sein“, sag ich. „Keine Ahnung. Trotzdem fühlt es sich irgendwie sinnlos an. Das bringt doch alles nichts. Es geht so nicht weiter. Wir müssen viel mehr tun, auf ner politischen Ebene. Wir müssen unsere Privilegien besser nutzen. Wir müssen radikaler werden.“ Ich bin wütend.

Aza fühlt was ich meine. „Leute“, sagt sie, „es reicht nicht mehr aus, Aktivismus wie bisher zu machen. Wir müssten viel krasser werden. Wir müssten vor den Häusern dieser Politiker*innen stehen und Scheiße werfen. Die müssen für ihre Scheiße bezahlen!“

Riker wirft mir einen Blick zu.

„Es ist dumm, eine Form des Aktivismus gegen eine andere auszuspielen“, sagt Chris nüchtern.

Ich atme langsam ein und wieder aus.„Stimmt vielleicht“, sage ich, „Wir werden eh alle das tun, was wir wollen. Wir werden unserem Begehren entsprechend handeln.“

Chris schaut mich fragend an.

„Naja“, sage ich, „poststrukturalistische und marxistische Theorien haben ja zumindest eine Gemeinsamkeit: Es bringt nichts, Menschen zu überzeugen. Menschen handeln nicht auf eine bestimmte Art, weil sie davon überzeugt sind, sondern weil sie es wünschen, so zu handeln, oder weil es ihrem Charakter entspricht, so zu handeln. Der Wunsch, im Poststrukturalismus, oder der Charakter im Neomarxismus, werden durch die Lebensbedingungen geprägt. Das Sein bestimmt das Bewusstsein. Es bringt deshalb nichts, Menschen davon zu überzeugen, was sie tun sollen. Wir werden ohnehin das tun, was wir uns wünschen.“

„Ich weiß ja nicht, ob du das so richtig verstanden hast, aus den zwei schlechten Einführungsbüchern über Poststrukturalismus und Marxismus, die du gelesen hast“, sagt Aza und lacht.

„Hey“, sage ich, „immerhin! Der Punkt ist doch, dass es nichts bringt, wenn wir jetzt entscheiden, was die richtige Form des Aktivismus ist, und dann andere davon überzeugen. Wir werden machen, was wir uns wünschen, weil wir sind, wozu uns die Gesellschaft gemacht hat.“

„Das kannst du jetzt aber nicht bringen, um dich aus der Verantwortung zu ziehen!“, sagt Aza.

„Das meine ich ja gar nicht“, sage ich. „Aber wir werden eben Steine werfen, wenn wir wütend sind, das mein ich“.

„Aber das, was wir uns wünschen, hängt doch von unserem Verständnis der Sache ab“, sagt Riker.

Hinter uns debattieren ein paar andere übermüdete Studi-Antifas laut über Adorno. Ich will nur noch schlafen.

Ich blicke auf die dunklen Straßen raus bis mir die Augen zufallen. Meine Gedanken sind verworren. In diese Welt geworfen zu sein, denk ich, von Eltern, die noch an was glauben … In diese Welt geworfen zu sein, von Eltern die lächeln und beten.

Rainald Grebe hat ein Lied gemacht über sein Praktikum in der Psychiatrie, das geht mir durch den Kopf. Wir werden in die Welt gevögelt, singt er, und können nicht fliegen.

Die Zeit, in der wir leben, ist hoffnungslos. Mein Traum, wir könnten langsam, aber effektiv an einer besseren Welt arbeiten, mehr Bewusstsein schaffen, zerstob diesen Spätsommer, im Feuer der Heime, der Lager, in all diesen deutschen Städten. Wann gab es zuletzt so viel Hoffnungslosigkeit auf der Welt? Wer fragt noch seine Großeltern: Warum hast du nichts getan? Warum fragen wir nicht unsere Eltern: Wo warst du während der Pogrome in Hoyerswerda und Lichtenhagen? Wo warst du, als Häuser brannten in Mölln und Solingen? Wo warst du, als deutsche Politiker aus dem Asylrecht ein satirisches Theaterstück machten, an dessen zynischen Pointen sie seitdem arbeiten? Und ich bitte darum, dass meine Kinder mich fragen werden, schüchtern, ängstlich oder laut und fordernd: wo warst du? Und ich weiß es schon: so oft auf der Straße gescheitert, so oft zu Hause, ausgebrannt, allein.

Und wieder bete ich um Stärke: Gib mir Kraft, gib mir Mut, gib mir Herz und Inspiration, lass mich weiter kämpfen. Zu wem bete ich? Zu mir selbst?

Gib mir Mut, gib mir Stärke, gib mir Zärtlichkeit. Hart arbeiten will ich, jeden Tag, jede Stunde, für die Liebe, für eine bessere Gesellschaft. Gib mir Mut, gib mir Durchhaltevermögen und gib mir einen Hinweis, einen nur, denn ich weiß nicht weiter. In diese Welt geworfen zu sein, von Menschen, die ihre Tragik nicht begreifen. In diese Welt geworfen zu sein, von Menschen, die ihren Schmerz nicht sehen. In diese Welt geworfen zu sein, von Menschen die zur Lichterkette gehen. In diese Welt geworfen zu sein, von Menschen, die die SPD wählen.

Ich öffne die Augen wieder ein bisschen, blinzele und drehe mich zu Aza.

„Ist das nicht absurd“, sag ich zu ihr. „Unsere Eltern haben gefickt vor 23 Jahren oder so und das kam dabei raus.“

„Hey, ich bin 19!“, beschwert sich Aza.

„Echt?“, frag ich ungläubig.

„Ja“, sagt sie, „aber egal.“

„Die fickten vor 23 Jahren“, sag ich, „und ließen ein wimmerndes Bündel zurück. Aber eins, eins was den Kopf hebt und sagt: ich will mehr als das, ich will leben.“

„Das klingt gut“, sagt Aza und improvisiert mit mir. „Ich will den Stoff des Lebens aus allen Ritzen saugen, ich will sein, ein nacktes, dreckiges Geschöpf des Zufalls, ich will im Schlamm robben, in dem seit ’45 Nazileichen verfaulen und froh sein, dass ich lebe. Haha, klingt schön was?“

„Wir sollten ein Album aufnehmen“, sag ich. „Aber warum muss das alles so schwer sein? Warum sind wir in dieser Position? Untätig zusehen wie der Kapitalismus sich ausbreitet, immer totaler wird. Wie sollen wir das machen, Aza? Was soll das?“

„Wir gründen eine queere Terrorgruppe“, flüstert Aza mir zu, als würde sie mir ein Märchen erzählen, um mich zurück in den Schlaf zu wiegen. „Dann zeigen wir es ihnen.“

„Ja“, sage ich, „so machen wir das“, und nicke wieder ein.

Erlernte Hilflosigkeit

Ich traf Maria zum ersten Mal in einer Punkkneipe im Friedrichshain, im März 2014. Die Bar war voll von Leuten, denen ihre Alternativität ins Gesicht geschrieben stand. Meist weiße Punks, gedämpftes Licht, die üblichen sich gegenseitig überklebenden Poster. Keine neugierigen Blicke, man kannte sich, man blieb unter sich. Ich steckte die Hände in die Taschen, biss die Zähne zusammen und suchte den Raum ab, nach etwas Bekanntem. Sie saß dort zwischen den Punks als einzige Person allein und las Adorno: Minima Moralia. Sie hielt das Buch vor sich wie einen Schutzschild, wie für den Fall, dass jemand auf sie zu kommen würde. Maria schien alle Gegenstände, die sie in die Hand nahm, auf diese Weise festzuhalten.

Wir hatten uns auf OkCupid kennen gelernt. Ich wusste nicht genau, wie ich Leute finden sollte, als ich neu war in Berlin. Andere Lesben. Aus Rumknutschen im Club hat sich natürlich nie was entwickelt, und mit Freund*innen war es immer kompliziert. Ich war bei Georgia zum Tee, sie hat mir ihre Shownummer gezeigt, und ich hab ihre verspannte Schulter massiert.

„Ich will ne Freundin, Georgia!“, beschwere ich mich, „Einfach nur ne schöne, nette Beziehung. Zusammen ins Kino, ins Theater,

kuscheln und so.“ Ich schäme mich für meine Unerfahrenheit. Wie soll mich jemand wollen, wenn ich noch nie was mit jemandem hatte?

„Das ist nicht einfach, wenn du frisch geoutet bist und noch keine Erfahrung hast“, sagt Georgia.

„War das bei dir auch so?“

„Ach … nicht wirklich …“, meint sie, „Ich hab schon in der Schule mit anderen Jungs rumgemacht. Das brachte dann eher andere Probleme mit sich“, sagte sie und warf die Haare zurück.

„Gibts eigentlich Datingseiten für Queers?“, frage ich. „Bestimmt nicht, oder? Darauf muss man ja erstmal kommen.“

Georgia muss lachen. „Was denkst du denn? Queers sind überall!“

Sie zeigte mir OkCupid „für den Anfang“. Ich loggte mich ein als „BabyButch92“, einfallsreich wie ich bin. In den nächsten Woche wühlte ich mich durch Profile von anderen queeren Wesen, Szenebutches, Transfemmes, verwirrten, neuen Leuten wie mir. Ich machte ein paar Dates aus und es klappte sogar. Ich ging hin, führte ungewohnten Smalltalk über Uni und Politgruppen, knutschte, tauschte Nummern, wurde versetzt.

Maria meldete sich ein Jahr später an – ich sah ihr Profil sofort. Sie schrieb, sie sei bisexuell und Straight Edge und Kommunistin. Leute, die sie abwiesen, weil sie trans sei, sollten sich ficken gehen.

„Schicke Ohrringe“, schreib ich, und frage sie, ob ich sie zum veganen Waffelessen einladen könnte. Sie hat keine Zeit, antwortet sie mir.

Ich warte darauf, dass sie auch einen Schritt auf mich zugehen würde, aber es kommt nichts zurück.

„In deinem Profil steht, du magst es, deine Umgebung zu verschönern“, schreibe ich dann. „Löblich.“

„Danke“, schreibt sie zurück.

Ich beiße schon in mein Kopfkissen vor Ärger, aber ich will noch nicht aufgeben.

„Hast du verschlüsselten Chat?“, frage ich schließlich und wir adden uns.

Im verschlüsselten Messenger verließ unser Gespräch sehr schnell den Rahmen des gesellschaftlich Zulässigen. Wir hatten jede Menge gemeinsamer Themen und waren in nichts einer Meinung. Sie war Kommunistin, ich Anarchist*in. Marias Lieblingsshooter war Call of Duty, meiner Bioshock. Zum Umgang mit AfD-Plakaten im Wahlkampf nahm ich selbstgebastelte Farbeier oder Spritzpistolen, Maria hatte immer ein Taschenmesser dabei und konnte ziemlich gut klettern. Maria saß stundenlang an selbstgemachten veganen Torten, ich mochte am liebsten Gummibärchen. Ich idolisierte Gudrun Ensslin, Maria fand Ulrike Meinhof sei die einzige in dem Laden, die es drauf hatte. Wenn sie auf Demos verprügelt wurde, versuchte sie, es wie ein Spiel zu sehen. Für mich war es einfach nur eine Ungerechtigkeit, die mich jedes Mal wütender machte.

Wir beide konnten mit unseren Schmerzen nicht umgehen und keine Schwäche zulassen, und wir beide erlebten jeden Tag vollkommen unterschiedliche Formen sexistischer Diskriminierung. Unsere Unterschiede schienen den Spaß des Ganzen auszumachen. Wir sprachen über alles Mögliche, ohne zu wissen, was wir sonst so machten, wo wir aufgewachsen waren oder wie wir sozialisiert wurden. Wenn ich nach Hause kam und den Computer anmachte, checkte ich zuerst, ob ich eine neue Nachricht von ihr hatte.

So ging das weiter, bis ich eines Abends etwas über Antidiskriminierungsarbeit schrieb und Maria auch dazu eine andere Meinung hatte.

„Der Kampf gegen Diskriminierung“, schreibt Maria, „bringt nur auf einer oberflächlichen Ebene Veränderungen. Er verpasst dem kapitalistischen System nur einen schöneren Anstrich in bunten Farben.“

„Was ist denn das für ein Scheißgerede vom Haupt- und Nebenwiderspruch?“, frag ich erbost.

„Ich dachte, du stehst so auf Gudrun Ensslin?“, schreibt Maria, „Was hat die denn bitte anderes gesagt.“

Haupt- und Nebenwidersprüche, hatte ich gelernt, sind marxistische Begriffe für die Vorstellung, dass durch die Beseitigung der kapitalistischen Ausbeutungsverhältnisse, des „Hauptwiderspruchs“, sich die anderen Unterdrückungsverhältnisse – Sexismus, Rassismus, Transfeindlichkeit und so weiter – von selbst aufheben.

Ich schrieb zurück, das gehe gegen alles, wofür unsere Schwestern jahrzehntelang gekämpft hatten. Sie war nun ihrerseits provoziert und erwiderte, ‚Schwestern‘, das sei eine idealistische und identitäre Überhöhung eines politischen Verhältnisses, sodass es auf eine biologische Ebene gehoben wird. Reaktionär sei das, schrieb sie, und dann ließ sie auch noch das schlimme Wort fallen: Identitätspolitik. Ich wurde rot vor Wut über so viel geballte Ignoranz, darüber, dass eine so politische, entschlossene, reflektierte, idealistische und vor allem so attraktive Person solche Haarspaltereien betrieb. Also griff ich zu dem miesesten Argument, was emanzipatorische Politik hervorgebracht hat, dem pseudo-progressiven Tritt zwischen die Beine: Ich warf ihr vor, nur ihre gesellschaftliche Unterdrückung verinnerlicht zu haben. Sie habe tiefen inneren Selbsthass, schrieb ich, der dafür verantwortlich sei, dass sie ihre eigenen queeren Interessen zurückstellen würde.

„Ich bin eine Frau“, schrieb sie zurück, „deshalb muss ich nicht queer sein. Es ist eine unterdrückerische Idee, dass ich, wenn ich mit meinem Körper eine Frau sein will, mich mit allem möglichen Zielen identifizieren soll, die cis Leute wie du als queer definieren.“

Ich klappte meinen Laptop zu, boxte mit aller Kraft gegen meine Schranktür und verstauchte mir dabei das Handgelenk. Am nächsten Tag fragte ich sie, ob wir uns treffen wollten. Sie hatte mich so wütend gemacht, dass sie mir nicht mehr aus dem Kopf ging. Sie sagte ja. Plötzlich hatte sie Zeit.

Ich beobachte sie für einen Moment aus der Ferne. Was ich zuerst bemerke, sind ihre langen, schmalen Finger, die das Buch halten. Sie sitzt leicht vornübergebeugt, die Beine übereinandergeschlagen. Ich unterdrücke ein Grinsen, als ich ihr schwarzes Straight-Egde-Shirt sehe. Dazu trägt sie einen schwarzen, schlichten, kurzen Rock, graue Strumpfhosen und schwarze Stahlkappenstiefel. Ihre dunklen Haare sind zum Zopf geflochten und ihr Pony fällt ihr in die Stirn – sie wirft ihn ungeduldig zurück. Sie wirkt vertieft in ihr Buch, aber von Zeit zu Zeit wirft sie einen schnellen Blick über die Schulter, als sei sie unerlaubt hier und fürchtete, enttarnt und herausgeworfen zu werden. Dann schaut sie auf ihr Handy, als warte sie auf jemanden, und die Person sei zu spät. Ich bin wirklich zu spät.

Schnell gehe ich zum Tresen.

„Zweimal Zitronenlimo bitte", sage ich. Der Mensch hinterm Tresen, Haut wie Pergament, seine Augenbrauen werden von einer tätowierten Linie weitergeführt, sieht mich kaum an und nickt kurz. Die Limos zischen leise, als ich sie mit schnellen, ungeschickten Handbewegungen öffne. Ich gehe durch den schwach beleuchteten Raum, stolpere fast über einen Schäferhund, der mir lebensmüde Blicke zuwirft, und bleibe vor ihrem Tisch stehen.

„Hi", sag ich. Maria starrt mich an. „Tut mir leid, dass ich dir internalisierten Selbsthass vorgeworfen hab", platzte es aus mir heraus. Etwas leuchtete auf in ihren Augen und dann sieht sie mich an, meine Haare, Bürstenschnitt, meine Klamotten, baggy, meine Hände, Hornhaut, in jeder Hand eine Limo. Sie grinst – ein arrogantes, schiefes Grinsen – aber erleichtert ist sie, nicht mehr alleine hier zu sein. „Butch", sagt sie. „Baby Butch 92."

„Ich hab dir ne Limo gekauft", murmel ich. „Darf ich?"

Sie nickt. Meine linke Hand zittert ein wenig, als ich nach der Stuhllehne gegenüber von ihr greife. Sie sieht auf, sieht mich an, sieht zu Boden, packt in hastigen, hektischen Bewegungen einen Zettel in ihr Buch und steckt es zurück in ihren Rucksack.

„Tut mir auch leid", sagt sie. „Ich weiß ja gar nicht, ob du cis bist."

„Ich auch nicht", sage ich.

Ich ziehe die Stuhllehne zurück.

Das war es. Der Moment, in dem wir, rückblickend betrachtet, alles von uns auf den Tisch legten und bereit waren, uns bedingungslos zu akzeptieren.

Ich sehe sie an, betrachte ihr hübsches Gesicht, ihre langen Wimpern, ihren leichten Bartschatten, dieses lächerliche T-Shirt. Ich atme aus, ich atmete ein. Ich strecke die Hand aus.

„Ich bin Steph“, sage ich.

Maria nimmt meine Hand. Ihre fühlt sich eisig an.

„Ich weiß“, sagt sie.

Ich bin aus Heidenau zurück und habe mich in meinem Zimmer verbarrikadiert. Alles ist unklar, alles ist schlimm. Ich hab geschlafen, aber unruhig. Als ob ich im Schlaf probiere, unlösbare Fäden aufzudröseln. Ich will nicht nachdenken, ich will mit niemandem reden. Maria hat einige Male angerufen, am Morgen. Jetzt ist mein Handy aus und liegt im Kühlschrank, damit ich gar nicht auf die Idee komme, nachzuschauen. Ich hab den Fernseher auf voller Lautstärke und spiele Street Fighter auf höchster Schwierigkeitsstufe. Seit 14 Runden versuche ich, mit Honda gegen Vega, den ersten von drei Endbossen, zu gewinnen. Manchmal gewinne ich eine Runde, aber nie zwei. Ich will nicht an Maria denken und tue doch nichts anderes, während mein Blick die Körper auf dem Bildschirm verfolgt.

Maria schrieb an ihrem Buch, das sicherlich den Kapitalismus zu Fall bringen würde, ein Kapitel über ein psychologisches Phänomen, das sie mir erklärte, als wir nach ein paar Stunden immer noch in der Kneipe saßen.

„In der Psychologie gibt es ein Konzept namens erlernter Hilflosigkeit“, sagt Maria. „Ein grausamer Psychologe mit dem schönen Namen ‚Seligmann‘ ließ Hunde in Boxen sperren, wo er sie Stromschlägen aussetzte. Konnten sie den Stromschlägen nicht entkommen, entwickelten sie die erlernte Hilflosigkeit und waren auch später nicht mehr in der Lage zu fliehen. Mit diesem Beispiel wollte Seligmann menschliche Depression erklären.“

„Aha“, sage ich. Sie schaute mir nicht in die Augen während des Gesprächs. Sogar, wenn sie spricht, wirkt es, als sei die Sprache ein Schutzschild, den sie zwischen uns hochhält.

„Er hat geglaubt, dass Depression entstehen, wenn Menschen lernen, dass alle ihre Bemühungen, ihr Leben zu verbessern, sinnlos sind.“

„Und darüber schreibst du in deinem Buch?“

„Ähm, nur ein Kapitel … also … im Kapitalismus lernen wir so gründlich, dass wir nichts ändern können, jedes Mal, wenn wir es versuchen. Und dann wundern wir uns, dass die Menschen nichts unternehmen und sich nicht wehren, wenn sie unterdrückt werden."

„Hmm …", überlege ich. „So könnte man auch erklären, warum alle auf Facebook ihre Daten teilen, obwohl jeder weiß, dass es scheiße ist?"

„Äääh, hm, das könnte man vielleicht auch darauf anwenden", sagt Maria, „oder warum Leute ihre E-Mails nicht verschlüsseln. Wir haben gelernt, dass wir ohnehin keine Möglichkeit haben, uns einer staatlichen Überwachung zu entziehen. Wenn die Geheimdienste unsere E-Mails lesen können, warum sollten wir nicht auch unsere Daten auf Facebook teilen? Aber das ist nicht so mein Fokus. Ich mein das auch auf nem übergeordneten Level. Wir werden mit Fakten gefüttert, wie schlimm die Welt ist. Das Fernsehen ist auf Quoten optimiert, das Internet auf Klicks. Die Todeszahlen überschwemmen einen, ohne eine grundsätzliche Entwicklung zu zeigen. Wir kriechen durch unsere Timelines, unsere Finger zucken ein wenig, wenn wir auf den geringsten Anreiz klicken und so versetzen wir uns selbst Stromschläge, die uns hilflos machen, während unsere Eltern vor der Tagesschau hängen und jeden Abend die immergleichen 15 Minuten ertragen. Manche genießen das Kribbeln der Stromschläge, andere halten es für ihre Pflicht, durchzuhalten und in die Gesichter der Toten zu blicken. Haben die Nachrichten, die wir uns täglich reinziehen, überhaupt eine Relevanz für unsere Leben?"

„Hmmm …", sage ich.

*„Äh ja, und Verschwörungstheoretiker*innen nutzen das Gefühl der Hilflosigkeit halt aus, um die Medien generell für den mangelnden Überblick verantwortlich zu machen. Sie zeichnen uns ein einfaches Bild, das uns die Toten einordnen lässt, die Ungewissheit erträglicher macht und uns Handlungsoptionen gibt."*

Warum spiele ich, wenn ich weiß dass ich nicht gewinne? Ich weiß, dass nach Vega noch Sagat und M. Bison kommen und ich keine Chance haben werde, wenn ich jetzt schon so hart versage. Aber die Musik ist laut und gibt mir ein Gefühl von Sicherheit und Geborgenheit. Wenn ich nochmal verliere, höre ich auf und spiele Zelda, sage ich mir seit acht Runden. Andererseits habe ich doch schon fast gewonnen.

Honda greift nach Vega mit seinem Spezialgriff: „Rin, Rin, Rin!", schnauft er und drückt Vegas schmalen Körper an seine mächtigen Schultern. „Yesss", flüstere ich.

Maria und ich waren fast unzertrennlich nach ein paar Wochen. Ich war verliebt in sie, in ihre ganze Art. Sie sah mir nie in die Augen. Sie schreckte zurück vor zufälligen Berührungen und mochte nur selten umarmt werden. Ich hörte mir ihre Monologe über den Kapitalismus an, wir stritten über Kommunismus oder Anarchie, und bauten uns auf, wenn es uns scheiße ging. Und scheiße ging es uns oft. Ich war einsam und am verzweifeln über die politische Lage, sie war am kämpfen mit sich, ihrem Leben, ihrem Körper. Einmal waren wir bei ihr, haben über Geschlecht geredet und dann ist sie zusammengebrochen. Dieses Bild geht mir schwer aus dem Kopf:

Maria sitzt da, ihr Körper an die Heizung gepresst, ihr Mund leicht geöffnet, ihre Augen geschlossen.

„Was denkst du?", frage ich. Es könnte falsch sein, zu versuchen, zu ihr vorzudringen, aber ich kann sie auch nicht alleine lassen damit, was immer es ist.

„Ich denke", sagt sie, „vielleicht sollte ich meine Fresse halten und darauf klar kommen, dass ich keine Frau sein kann." Ihre Hände wandern an den Rillen des Heizkörpers auf und ab. Ihre Finger tasten die Unebenheiten ab, wie um sich zu beruhigen.

Ich kann nur ahnen, wie tief sie das trifft.

Ich will sie in den Arm nehmen, ich will sie halten, will ihre Wangen küssen, ihre Tränen wegwischen, ihr Gesicht streicheln … Stattdessen strecke ich ihr meinen kleinen Finger entgegen, sie nimmt ihn mit ihrem, hakt sich ein. „Du bist wunderschön", sage ich. „Maria." Ich wiederhole ihren Namen. „Du bist wunderschön."

„Wie kann ich eine Frau sein?“, sagt Maria. „Was ist das überhaupt, was soll das bedeuten? Nur, weil ich mich so fühle?“

„Maria“, sage ich, „wie kommst du darauf, dass du keine Frau sein kannst.“

„Falsche Texte im Internet gelesen.“

„Scheiße“, sage ich. „Hör nicht auf die. Ich glaub, du solltest erst mal rausfinden, wie du dich fühlst. Was du von innen her, von dir aus, bist. Das solltest du dich fragen und nicht, was du sein darfst, oder kannst. Was ist denn ‚Frau sein‘ für dich?“

„Ich weiß nicht“, sagt Maria. „Was ist es denn für dich?“

„Keine Ahnung“, sage ich.

Ich höre unten jemand klingeln. Nur leise, durch die Street-Fighter-Musik, aber deutlich. Es klingelt wieder. Bitte nicht, denke ich. Ich will niemanden sehen. Zuallerletzt Maria. Sie will mich nicht, sie lässt mich hängen. Sie soll weg bleiben! Ich komm nicht klar mit ihr, aber ohne sie auch nicht.

Vor ein paar Jahren hat sich Maria eine Querflöte gekauft, und ist inzwischen ziemlich gut geworden. „Warum Querflöte?“, frage ich. „Weil sie glänzt und diese ganzen Klappen hat. Das fasziniert mich irgendwie“, erwidert sie. Sie hält die Flöte in die Luft, so dass sie das Sonnenlicht reflektiert, was ins Zimmer scheint. „Bling Bling Bitch!“

„Spiel mir was vor!“, hab ich sie gebeten. Es sind tiefe, sanfte, beinahe friedliche Töne. Einmal kam ich sie besuchen. Ihr Fenster stand offen, die Melodie drang zu mir nach draußen und ich fühlte, wie mein Herz schlägt. Ich bin so einfach gestrickt, denke ich. Gib einem Ritter eine Prinzessin und lass sie Flöte spielen. Maria konnte nicht einfach meine Prinzessin sein. Natürlich war es komplizierter, so wie alles zwischen uns, aber etwas war da, seit wir uns gesehen haben – etwas ist gewachsen, ohne dass ich es aufhalten konnte oder wollte.

… Es ist früher Sommer, es ist warm und ich komme zu ihr. Sie

ist oft zu Hause, das mag ich. Sie steht verlegen an der Tür, weiß nicht, warum ich schon wiedergekommen bin, dann liegen wir auf ihrem Bett und knutschen. „Nimm die Arme hoch“, sage ich und streichele ihre Achselhöhlen.

„Das kitzelt“, sagt sie.

„Soll es auch“, lache ich.

Mein Körper drückt sich an ihren und will mehr von ihr. Wir ringen verhalten miteinander, probieren zärtlich, wie es sich anfühlt, von der anderen an die Wand gedrückt zu werden.

Maria drückt sich an meinen Körper und sagt, „Du fühlst dich gut an.“

„Gut?“, frag ich.

„Jo“, sagt Maria. „Weich. Wie … wie ein riesiger Block Seidentofu.“

Sie ist dünn und schön, drückt sich an mich und sagt, ich sei ein Block Seidentofu. Ich frage mich kurz, ob ich mich aufregen sollte.

„Schwabbelig oder was“, frage ich nur träge.

„Gut einfach“, sagt Maria. „Lecker.“

„Du bist doch bescheuert“, sage ich.

„Zumindest mit ner guten Soße“, sagt Maria.

Ich weiß nicht, ob ich weich und lecker sein will, denke ich. Ich will hart sein. Ich will stark sein. Ich will respektiert werden und geliebt, von ihr.

Ich greife hinter mich und streichele sie, ihren Kopf ihre langen Haare, ihre Wangen die sich ein wenig kratzig anfühlen.

„Du fühlst dich auch gut an“, sage ich. Ich merke, dass es stimmt. „Ich fühle mich wohl bei dir. Aber ich will nicht, dass du mich weich findest. Schwach findest.“

„Das versteh ich“, murmelt sie.

Der Gedanke an ihren Penis stand zwischen uns, ein elephant in the room. Ich wollte ihren Körper, aber fürchtete ihren Penis, auf eine Art, die an Absurdität kaum zu überbieten war. Wir kuschelten und küssten, wir streichelten uns und sparten ‚ihn' dabei aus, als würde es den Zauber unserer Anziehung brechen, sobald ich auch nur irgendwie ihr Genital berühren würde.

Phallisch und erigiert würde ‚er' dann aus Marias Höschen springen und seine patriarchale Macht in mein Gesicht pusten: TÖRÖÖÖÖ!

Einfach gesagt: Ich hatte noch nie einen Penis in der Hand gehabt. Ich hatte aber von Sarah und Donna gelernt, es sei ein Machtinstrument des Patriarchats: eine Waffe. Nicht, dass ich das rational ernst genommen hätte, aber Angst hatte ich trotzdem.

Es entwickelte sich langsam zwischen uns: Verhalten, vorsichtig Küssen, nebeneinander einschlafen, mit den Händen ringen, ankuscheln. Ich spürte ihre Zartheit, ihre Weichheit, ihre Verletzlichkeit. Wenn sie mich sanft an den Haaren zog, merkte ich, dass ich so viel mehr von ihr wollte.

Sie hält mich im Arm, und ich sage leise: „Als ich klein war, hab ich mir immer Märchen ausgedacht. Wo eine Hexe kommt, und mich fertig macht. In den Kochtopf schmeißt. Zack"

Ich nehme ihre Hand und lege sie auf meine Wange. „Zack", sage ich.

„Zack", wiederholt Maria und gibt mir einen leichten Klaps. Ich bin elektrisiert.

Wir küssen uns. Sie gibt mir viele kleine, schmatzende Küsse, aber öffnet ihre Lippen nicht. Ich fahre ihr durch die Haare und ziehe ihren Kopf leicht nach hinten, sie stöhnt. Ihre Finger streicheln die Innenseiten meiner Oberschenkel. „Das fühlt sich gut an", murmele ich, drehe mich auf die Seite mit dem Rücken zu ihr, strecke mich aus, mache die Beine breit und lege das linke Bein über sie. Sie hält mich von hinten fest und streichelt weiter meine Schenkel. Ich stöhne. Ich spüre ihren Penis für einen Moment an meinen Po drücken, dann ändert sie die Position ein wenig. Mit Daumen und Zeigefinger drückt sie in meine Wangen, so, dass ich meinen Mund öffnen muss, dann dreht sie meinen Kopf und küsst mich. Ich spüre ihre Lippen, ihre Zunge, ihre rauen Wangen. Ich schließe die Augen für einen Moment und genieße das Gefühl. Dann setze ich mich auf und ziehe mein T-Shirt aus. Ich drehe ihr wieder mein Gesicht zu. Sie sieht mich an und ist fast gerührt. Ich bin nackt vor ihr, in meinem ungeliebten Körper, das weiß sie. Ich zittere ein wenig und will Wärme, Nähe und Sicherheit direkt an ihrem Körper suchen, aber jetzt genießt sie meine Unsicherheit. Mit meinen Haaren in ihrer Faust, an ihrem ausgestreckten Arm, hält sie mich auf Abstand.

„Darf ich dich küssen?", frage ich. „Bitte."

Sie grinst nur. Sie holt aus und schlägt mich ins Gesicht.

„Au!", sage ich.

„Ich entscheide, wann du mich küssen darfst", sagt sie, „und jetzt wirst du erst mal fertig gemacht." Ihre Hände streicheln meine Hüften, meinen Arsch und meine Brust mit langsamen, festen Bewegungen. Sie dreht mich um und beginnt mir den Arsch zu verhauen.

„Oh nein", stöhne ich.

Ich hatte noch nie auf diese Art Sex, und ich fühlte mich befreit. Und als sie sich auszog, vor mir, als sie auf einmal nackt und verletzlich vor mir war, wurde mir klar, dass an ihrem Penis nichts Männliches war. Mir wurde klar, dass ich sie wollte, so sehr, dass ich Angst bekam.

„Maria", sage ich leise, „Maria, ich liebe dich."

Ihr Gesicht versteinert und sie dreht sich weg. Mein Magen verzieht sich und ich möchte heulen. Minuten vergehen, in denen ich nicht weiß, was ich tun soll. Dann dreht sie sich zurück zu mir, ohne mich anzusehen, und streckt mir ihre Hand entgegen. Ich nehme sie. Sie ist kalt, wie immer.

Der Sommer ist da und die Gerhard-Hauptmann-Schule soll geräumt werden. Ich hab eine Rund-SMS gekriegt und Maria und ich stehen morgens um sechs in der Reichenberger Straße, je-

mand brüllt etwas in ein Mikrophon und langsam aber sicher laufen meine Chucks mit Wasser voll. Es regnet wie Hölle. Vor uns das Tor zur Schule, auf der anderen Seite der Straße, geschlossen. Die Geflüchteten, die in der Schule lebten, wurden bereits rausgebracht. Busse voller Menschen sind herausgefahren. Angeblich sind Leute freiwillig eingestiegen. Andere sind noch drinnen. Niemand weiß, was als Nächstes passieren wird. Niemand weiß, ob es noch Stunden dauern wird, bis alles vorbei ist, oder Tage …

„Ich muss los zur Uni", sagt Maria und küsst mich auf die Stirn, „Bis später."

„Was jetzt schon …", fange ich an, aber da hat sie sich schon weggedreht. Ich schaue ihr nach, ihre Gestalt im langen schwarzen Mantel, die langsam kleiner wird. Ich fühl mich immer so hilflos, wenn sie geht.

Demorufe ziehen mich wieder in den Moment zurück. Ich schaue mich um. Da steht jemand am Rand, alleine.

Der Moment, in dem du deine Kapuze zurückziehst und der Regen auf deine Wangen fällt. Augen, die mich anschauen, Regen läuft über dein Gesicht. Ich fühle mich wie in einem romantischen Film. Dann wird mir klar, dass ich starre und dass das nicht cool ist. Ich schaffe es, meinen Blick abzuwenden und dir den Rücken zuzudrehen, unbekannte Person.

Am nächsten Tag, nachmittags, stehe ich an der Ohlauer Straße und fühle mich verloren. Eine Menge Menschen sitzen auf der Kreuzung. Vor allem weiße Linke, teilweise sieht man ihnen eine Szenezugehörigkeit an, aber der Durchschnitt sieht nicht besonders radikal aus, viele Jugendliche. Jemand hat einen Infopunkt aufgebaut und ich lasse mir die Sache erklären. Das Dach der Schule ist besetzt worden. Eine Gruppe von Geflüchteten ist oben und die Bullen kommen nicht zu ihnen hoch. Wenn sie geräumt werden, springen sie runter, haben sie verkündet. Einige haben sich mit Benzin übergossen und gedroht sich anzuzünden. Ich schüttele den Kopf. Wie krass das ist. Alles so einzusetzen. Und ich steh hier so rum, unten – was können wir überhaupt tun?

Ich fühle die nahe Präsenz einer fremden Person und drehe meinen Kopf. Neben mir steht jemand – etwas kleiner als ich, trägt eine etwas zu große dunkelrote Jacke, enge schwarze Jeans und eine Beanie-Mütze. Wir sehen uns an. Die Person von gestern Morgen! Shit! Ich muss was sagen, irgendwas.

„Hast du ne Kippe?“, frage ich.

„Nee“, sagt die Person. „Ich rauche nicht.“

„Auch gut“, sage ich. „Ich schnorre eigentlich nur, um Leute kennen zu lernen.“

„Und das klappt?“, fragt die Person.

„Nee …“, sage ich. „Meistens sind die dann genervt.“

„Kein Wunder“, sagt der Mensch.

„Aber ich weiß auch nicht, was ich sonst sagen soll, also versuch ich es immer wieder.“

„Ich erzähle neuen Leuten gerne ausführlich von meinen Ex-Beziehungen, heimlichen Crushes und Sex-Vorlieben“, sagt die Person.

„Und das klappt?“, frage ich.

„Kommt halt drauf an, was man will“, sagt der Mensch und fummelt am Schirm seiner Mütze herum. „Wenn ich will, dass die Leute sich verpissen, kommt das ganz gut.“

„Willst du, das ich mich verpisse?“, sage ich verunsichert, „Soll ich …“

„Ist ok“, sagt die Person. „Bleib ruhig hier.“

Wir schweigen.

„Denkst du, es ist sinnvoll hier zu bleiben?“, frage ich. „Es gibt ja noch viele andere Blockadepunkte.“

„Bist du alleine hier?“, fragt der Mensch.

„Ja“, sage ich.

„Ich auch. Kommst du mit, die Gegend anschauen?“

Ich nicke. Mein Gehirn feiert mich hart. Ja Steph, genau so, weiter so!

„Ich bin Masochist", sagt der Mensch.

„Willst du mich jetzt doch loswerden?", frage ich.

Stop, sagt mein Gehirn, was soll das?

„Ich meine", sage ich, „ich auch. Das heißt … ich bin Switcher."

„Nice", sagt die Person. „Nein, ich will dich nicht loswerden. Du bist mega awkward, aber du bist okay. Das mag ich."

„Wie heißt du?"

„Riker."

„Wie der Dude aus Star Trek?"

„Ist es so offensichtlich? Ja, wie der Dude aus Star Trek."

„Du bist aber nicer als der."

„Danke."

Ich spüre, wie mein Handy vibriert. Maria hat mir geschrieben: „Ich hätte gerne, dass du mich demütigst, wenn wir uns heute Abend sehen …"

„Du wirst ja rot", bemerkt Riker.

Vega hat sich aus Hondas Griff befreit und krabbelt den Zaun hoch um sich von oben auf Honda runterzustürzen. Seine Spezialattacke. Vor dem Angriff, der gleich kommt, kann ich mich nicht schützen. Ich kann mich nur in die Ecke kauern und die Hand vors Gesicht halten. Dieses Spiel fühlt sich an wie mein Leben grade. Ich kann nichts tun, nur in meinem Zimmer sitzen und an Maria denken. Gegen die Nazis kann ich nichts machen, und ich kann niemanden vor dem Feuer schützen, was sie legen. Ich kann noch nicht mal in einem fucking Nintendospiel gewinnen, was ich schon mein Leben lang geübt hab. Nicht mal das Klingeln von unten kann ich stoppen. Ich wette, es ist Maria. Fuck, ich muss aufhören, über sie nachzudenken. Es war so gut mit ihr, so richtig, und verdammte Scheiße, ich vermiss es so, von ihr gefickt zu werden.

Ich komme ins Zimmer und Maria erteilt mir Befehle.

„Zieh dich aus", sagt sie, „stell dich an die Wand, mach sofort, was ich sage, sonst bereust du das."

Mein Körper ist elektrisiert. Ungeschickt beginne ich, mich auszuziehen. Ich bin zu langsam und sie verpasst mir leichte Schläge auf die Wangen und alle Stellen, die jetzt frei werden. Ich ziehe mein T-Shirt über meinen Kopf und beginne, an meinen Gürtel rumzufummeln.

„Weg mit dem BH", zischt Maria, „Weg mit dem BH, los!"

Ich ziehe mir meinen Sport-BH über den Kopf. Er hängt einen Moment in meiner Hand und fällt dann zu Boden, ganz leicht.

„Du weißt, dass du jetzt richtig fertig gemacht wirst", sagt Maria.

„Ja", sage ich leise. Meine Jeans hängt an meinen Knien. Ich versuche sie herunter zu ziehen, während Maria mit der flachen Hand auf meine Brüste schlägt. Der Schmerz baut sich langsam auf, zusammen mit der Demütigung. Ich weiß, es ist alles nur ein Spiel, aber ein Spiel, was mich kriegt. Es ist grade noch zu ertragen. Ich stöhne, lehne mich an die Wand hinter mir und lasse meine Hände sinken.

„Meinst du, du musst nicht mehr tun, was ich dir sage?", weist sie mich zurecht. „Zieh dich aus!" Sie steigert die Intensität ihrer Schläge, bis ich schreie. Sie lacht leise. Irgendwie werde ich die Jeans los, Maria reibt meine Nippel, ich ziehe mir die Unterhose runter und die Socken aus.

„Geht doch", sagt sie und schlägt mir ins Gesicht, mit der flachen Hand.

„Autsch!", sage ich. Mir ist plötzlich zum Heulen zumute, wie ich so vor ihr stehe, schutzlos, und nackt. Ich hebe die linke Hand ein wenig. Maria zuckt zurück.

„Alles ok?", fragt sie.

„Ja", antworte ich, und fange mich wieder. „Ja, alles gut."

Sie küsst mich auf den Mund.

„Gut", sagt sie, und beginnt mit meinen Schamlippen zu spielen.

Als sie mit mir fertig ist, essen wir Muffins, die sie gebacken hat. Sie hat einen verschwitzten Arm um mich gelegt und ich fühle mich, als würde ich zum ersten Mal im Leben etwas essen. Ich lehne meinen Kopf an ihre Schulter und spüre, wie langsam meine Energie zurück kommt. Ich schau sie an. „Ich bin dran“, sag ich.

Ich zieh mein Unterhemd über, greife meine Stiefel und zieh sie an.

„Ich will dir den fernsteuerbaren Vibrator einführen, dich an den Stuhl fesseln und dir die Augen verbinden. Du sitzt da und hörst nur das Geräusch meiner Stiefel auf den Dielen und spürst nur wie ich den Modus des Vibrators wechsele.“

Sie lächelt mich schüchtern an. „Oh no …“

„Glaubst du, ich habe irgendeinen Grund, mich jetzt zurückzuhalten?“, frage ich und lache dreckig.

Ich ging nicht in die Uni in diesen Tagen. Ich war auf der Straße oder bei Maria. Das war die Wirklichkeit. Das war alles was zählte. Alle anderen Situationen waren surreal und fremd.

„Das ist Erpressung“, sagt Puma.

„Da stehen Menschen auf dem Dach und drohen runter zu springen. Das ist Erpressung“, sagt er und nimmt einen vorsichtigen Zug von seiner Zigarre.

Die Wohnung ist ausgelegt mit dicken, schweren Teppichen, alles ‚Familienerbstücke‘. Die Wände sind vollkommen ausgefüllt von Bücherregalen, am Fester stehen ein paar unglückliche Nachtschattengewächse und versuchen, sich vor der Sonne zu verstecken. Seine Sammlung von Musikinstrumenten, von denen er keins noch spielt, ist neben dem Schreibtisch angehäuft. Im ganzen Zimmer riecht es nach Zigarre. Mein Vater sitzt an seinem Schreibtisch, sieht mich kaum an und hört mir kaum zu. Sein Haar ist weiß geworden, aber immer noch dicht. Er ist immer noch dürr, wie schon vor zwanzig Jahren.

Weil ich nicht weiß, wohin mit mir, gehe ich zum Fester und öffne es. Die Sonne scheint rein. Ich wäre gerne im Park, aber Puma geht nicht so gerne raus.

Es ist Wochenende. Seit ein paar Tagen versuchen sie schon, die Gerhardt-Hauptmann-Schule zu räumen. Puma ist letzte Woche aus dem Griechenlandurlaub zurück und wollte mich heute treffen. Ich will weiter, will zur Schule, will etwas Nützliches tun, aber ich kann mich auch nicht losreißen.

Wir haben uns zum Mittagessen getroffen. Puma machte Couscous mit Rosinen, Karotten und einer süßlichen Soße und zum Nachtisch hatte er mir veganen Schokopudding gekocht. Er fragte mich, was ich grade so lesen würde.

„Ich hab Angela Davis gelesen", sagte ich und er fing an, über Hegel, Lacan und Gott zu reden. Wir gingen ins Arbeitszimmer, legten die Beine hoch und pafften. Stille breitete sich aus zwischen uns.

„Ich war bei der Schule, die ganze letzte Woche", sagte ich.

Mit den Händen spielte Puma an einer chinesischen Münze herum. Seine Finger waren lang und nervös, immer in Bewegung. Früher zerbiss er seine Nägel. Das hatte er sich abgewöhnt. Stattdessen griff er sich irgendeinen seiner exotischen kleinen Gegenstände, seine Yuen-Münzen oder Hasch-Döschen aus dunklem Holz, drehte ihn zwischen den Fingern und schob seine Fingernägel die Rillen entlang. Manchmal warf er die Dinger hoch, um sie mit einer schnellen Bewegung wieder aufzufangen, ließ sie dabei fallen und suchte stundenlang auf dem Boden danach. Jetzt hielt er sich die Münze an die Lippen.

„Bei der Schule?", wiederholte er.

„Die Gerhard-Hauptmann-Schule", sagte ich. Innerlich feierte ich mich dafür, daran gedacht zu haben, und holte eine Ausgabe der Tageszeitung raus, die ich auf dem Weg noch geholt hatte. Ziemlich weit hinten stand ein Artikel über die Schule.

Jetzt stehe ich am Fenster. Puma sitzt hinter mir, hält mit der einen Hand die Zigarre, mit der anderen dreht er eine Zehn-Yuen-Münze und sagt, es sei Erpressung, dass dort junge Männer auf dem Dach stehen und drohen zu springen, wenn ihr Zuhause geräumt wird.

Ich lache mein kaltes Lachen, das wie ein Husten klingt, sehe in den blauen Himmel, verscheuche eine schwerfällige Rauchschwade und frage mich, was ich hier tue.

„Puma“, sage ich, „wenn ich jetzt hier auf die Fensterbank klettern würde und sagen würde, gib mir recht oder ich springe, das wäre Erpressung. Die Leute dagegen kämpfen einfach mit allen Mitteln und haben nicht viel zu verlieren.“

„Warum nur Männer?“, sagt Puma, „Wo sind deren Frauen?“

Ich stöhne genervt. „Deren Frauen? Was soll das überhaupt heißen? Was tut denn das zur Sache?“

„Man fragt sich ja nur! Wo sind die, warum haben sie die nicht mitgenommen?“

„Vielleicht sind sie im Mittelmeer ertrunken“, gifte ich. „Vielleicht hatten sie keine Lust, sich aufs Dach zu stellen? Was geht es dich an?“

Puma seufzt. Er hält mir die Zigarre hin und wirkt erleichtert, als ich den Kopf schüttele.

„Die Sache ist, wir müssen reden. Wir müssen eine zivilgesellschaftliche Veränderung erreichen“, sagt er, „anders geht es nicht. Menschen überzeugen, das macht viel Mühe. Aber niemand kann sich hinstellen und seine Vorstellungen durchdrücken.“

„Außer man hat nichts zu verlieren!“, sage ich. „Aber geh doch hin und erzähl den Leuten in der Schule was davon, dass sie erstmal die gesamte deutsche Bevölkerung argumentativ überzeugen sollen, bevor sie für ihre Rechte kämpfen dürfen.“

„Kämpfen, klar, aber es gibt Grenzen!“, sagt er.

Ich muss lachen. Es klingt wie Husten und meine Augen bewegen sich nicht. Grenzen, denke ich, davon haben die in der Schule sicher noch nie gehört.

Als ich von Pumas Wohnung zur U-Bahn laufe, verdeckt eine kleine Wolke die Sonne. Ich steige in die U-Bahn, um zur Ohlauer zu fahren. Ich stecke die Hände in die Tasche und atme tief ein. Unsere Realitäten gehen so stark auseinander, dass ich manchmal glaube, den Halt zu verlieren.

❋ ❋ ❋

Das Benzin, mit dem sich die Aktivisten auf dem Dach übergossen haben, war Wasser, haben sie später in Interviews erzählt. Die Leute wussten ganz genau was sie taten und wie sie es bekommen konnten und sie konnten das machen, weil sie nichts zu verlieren hatten. Ich bewundere das immer noch. Die Aktivist*innen vom Dach und vom Oplatz hatten strategisches Denken und eine Entschlossenheit, die es in anderen Kontexten nicht gab. Natürlich nicht.

Weißes Rauschen überzieht den Bildschirm. In der seltsamen Kulisse, die Spanien symbolisieren soll – eine Mischung aus Tanzclub und Arena – ist jetzt ein Schneesturm ausgebrochen. Man kann nie lange spielen, ohne dass das passiert. Ich steh auf, gehe hinter den Fernseher, zieh das Kabel raus und steck es wieder rein. Das Bild ist wieder klar. Es war krass, denke ich, wie gut es war, auf der Straße zu sein. Wie eindeutig und richtig sich alles angefühlt hat. Wie klar. Wie einfach.

Maria und ich laufen um die Häuser, um die Kreuzung zu finden, an der am wenigsten Leute sitzen. Ringsum sind Falafelläden, Spätis. Der Kiez ist gespalten, in innen und außen. Alles innerhalb der Zone ist lahmgelegt. An einer Kreuzung spielen zwei Menschen über die Absperrung hinweg miteinander Federball. Die Bullen schauen zerknirscht zu.

*Wir finden einen Blockadepunkt, entschließen uns zu bleiben und setzen uns zwischen die anderen Blockierer*innen.*

„Singen wir was?“, frage ich Maria.

„Say it loud, say it clear, Refugees are welcome here!“, singen wir, und „Ohlala, ohlele, solidarité avec les sans papiers.“ Maria kann kein französisch, singt aber trotzdem mit. Ein paar andere stimmen ein.

„Es ist absurd, oder?“, murmele ich, als der Gesang verstummt. „Die Typen auf dem Dach setzen ihr Leben aufs Spiel. Wir opfern nur ein bisschen von unserer Zeit.“

Maria antwortet nicht. „Schau, da“, sagt sie. Ein Konvoi Bullenwannen fährt auf die Kreuzung zu.

„Was wollen die“, frage ich Maria.

„Keine Ahnung!“, sagt sie. „Sie könnten die Leute damit raus bringen.“

„Oder nur Schichtwechsel“, sage ich. So ist es jedes Mal, wenn ein Bullenauto kommt. Wir wissen es nicht.

Wir bleiben sitzen, als die Wanne auf uns zu fährt. Wir haken uns ein, rücken zusammen, schauen zu Boden. Bullen in Kampfmontur stellen sich um uns herum. Eine Wanne fährt auf uns zu. Sie fangen an, Leute vor uns wegzutragen, Leute stehen auf, die Blockade löst sich auf. „Lass uns hinter dem Auto eine neue Blockade starten!“, sagt Maria. Wir stehen auf, laufen hinter das Bullenauto, um eine neue Blockade aufzumachen. Es funktioniert. Leute folgen uns, wieder sitzen zwanzig Menschen auf der Straße.

Wir rufen: „Kein Mensch ist illegal! Bleiberecht überall!“

„Entweder Sie stehen jetzt auf oder wir werden sie gewaltsam wegtragen“, sagt einer der Bullen. „Wenn sie nicht von selbst gehen, müssen wir ihnen weh tun. Das wollen Sie nicht. “ Er sagt es, als wäre das ein ganz normaler Vorgang, der eben so durchgeführt wird. Wie ein Beamter, der ein Formular zurückgibt.

Ich sehe, wie sie dem Jungen vor mir an den Kiefer greifen und einen Schmerzgriff machen. Sie pressen ihm die Quarzsandhandschuhfinger an die Stelle unter seinem Kiefer, wo sie gelernt haben, dass es am meisten weh tun wird. Der Schmerz verzerrt sein Gesicht und sein Griff lockert sich, dann packen sie ihn und schleifen ihn weg. Jemand anders schreit, als sie ihn wegtragen.

Eine fremde Person hält mich fest. Ein Bulle fängt an, an mir zu zerren, ich halte mich fest.

„Wenn ich dich loslassen soll, sag!“, sagt die fremde Person neben mir. Ich lächele ihr zu und fühle mich verbunden.

„Das wird jetzt weh tun“, sagt der Cop. „Lasst die Faxen und kommt mit.“

Sie greifen Maria.

„Ok, ok!“, sagt sie, „Ich kann gehen!“, und lässt sich wegführen.

Dann zieht mich der Bulle raus. Ich muss nachgeben, verliere die

Person neben mir, verliere den Halt, mache mich schwer, dann stolpere ich mit, Schritt für Schritt, damit sie mir nicht mehr weh tun. Als wir von der Straße runter sind, schubsen sie mich mit voller Wucht auf den Boden.

Maria ist neben mir.

„Bist du ok?", fragt sie.

„Ich hab mir den Handballen aufgeschürft, mehr nicht."

Inzwischen sind echt viele Leute an der Kreuzung angekommen. Ein paar junge weiße Leute mit Blumen im Haar halten den Bullen „remonstriert" Schilder unter die Nase. Sie fordern sie auf, diesen Einsatz nicht mitzumachen, aus Gewissensgründen. Ein paar Meter weiter hat sich um ein paar Cops, die jemanden festgenommen haben, eine Menschentraube gebildet.

„Ganz – Berlin – hasst die Polizei!", skandieren sie.

Ich stimme ein, obwohl ich den Spruch total bescheuert finde eigentlich. Aber ich fühle es so, in diesem Moment.

„Es ist schon spät", sagt Maria. „Ich muss zum Seminar."

„Du willst zum Seminar gehen?", frage ich. „Jetzt? Du willst jetzt einfach gehen?"

„Ja", sagt sie.

„Aber …"

„Wir haben doch schon viel erreicht hier. Sieh es wie ein Spiel! Wir haben einen Punkt gemacht, jetzt ist Pause."

„Das hier ist aber kein Spiel", sage ich, „es ist Wirklichkeit! Wir können doch jetzt nicht so tun, als würde diese Scheiße hier nicht weiter laufen und einfach gehen! Die Leute auf dem Dach gehen auch nicht!"

„Wenn du immer überall dabei sein willst, bist du nach ein paar Wochen ausgebrannt, Steph."

Ich beiße meine Zähne zusammen und balle die Fäuste, sodass die Knöchel weiß werden. Dann atme ich aus.

„Gut", sage ich. „Wir sehen uns später. Krieg ich noch einen Kuss?"

Sie gibt mir einen, flüchtig, unsere Lippen streifen sich kurz. Küsse hinter den Barrikaden habe ich mir immer ausdauernder vorgestellt.

Am Abend treffen wir uns wieder, bei ihr.

„Hast du sowas schonmal erlebt sonst?“, fragt Maria.

„Sowas? Bullengewalt?“

„Ja?“

„Ja, klar, aber… ich weiß nicht. Grade ist es krasser. Früher hab ich das leichter weggesteckt, glaub ich.“

Sie sagt nichts.

„Und du?“

„Ich will mich immer zurückhalten … und am Ende steh ich dann doch wieder vorne und krieg aufs Maul.“

Sie lacht. Ich lache nicht.

„Chill mal Steph … Wenn wir auf die Fresse kriegen, dann ist das auch nur ein Minuspunkt für uns. Am Ende, wenn man nachts mit Schmerzen im Bett liegt, hat man zumindest das Gefühl, es versucht zu haben.“

„Es ist aber kein verdammtes Spiel!“

„Man muss eben eins draus machen“, sagt sie, und dann sieht sie mich flirty an.

„Ohhh“, sage ich, „ein Rollenspiel meinst du?“

„Ge-nau.“

„Ooooh.“

„Ich werde ihnen jetzt weh tun müssen“, sagt Maria, „wenn sie nicht machen, was ich sage.“

„Oh nein!“, flehe ich. „Bitte nicht!!!“

Maria verhört mich. „Sag mir alles!“, sagt sie und schlägt mich ins Gesicht.

„Nein!“, sage ich und fühle mich stark. „Ich sage nichts!“

*Am Morgen, auf der Straße, bei der Demo vom Refugee Schul- und Unistreik, bleibt diese Stärke bei mir. Wir laufen. Wir schreien. Wir singen ihnen laut Georg Kreisler ins Gesicht: ‚Schützen wir die Polizei'. Um uns herum laufen Kinder. Kinder und Jugendliche, Schüler*innen, die sich mit den Refugees solidarisieren und jetzt zum ersten Mal Schlagstöcke abkriegen und Pfeffer. Die Bullen sind aggressiv heute. Sie haben keine Lust mehr auf das alles. Eine Gruppe Teens taumelt zurück und wäscht sich Pfeffer aus den Augen. Sie sind so jung, verdammte Scheiße. Maria, Riker und ich laufen vorne, wir sind elektrisiert. Riker und Maria waren noch sehr vorsichtig miteinander, aber jetzt lassen wir zusammen unsere ganze angestaute Wut raus.*

„Wenn ein Räuber überrascht wird und das Fortlaufen vergisst, ja wer schützt den Polizist, ja wer schützt den Polizist?", singen wir alle drei laut. Nichts hält uns zurück.

„Und wer schützt ihn vor dem Schmerz", singe ich weiter, „wenn er pfeift – und keiner hörts?"

Wir laufen auf die Absperrung zu und rütteln daran. „We are here!", brüllen wir. „And we will fight! Freedom! Of movement! Is everybodys right!" Ein Demo-Clown klettert über die Absperrung. Die Bullen wissen nicht, was sie tun sollen. Wir lachen.

Als ich am nächsten Tag wieder an der Kreuzung vor der Schule stehe, ist es leer und die Zäune sind weg. Wurde die Räumung abgebrochen? Ich kann es nicht so richtig glauben. Die Sonne blendet mich. Ist es wirklich vorbei? Ein Typ kommt auf mich zu, den ich vom Sehen kenne. Wir begrüßen uns. Er gibt mir die Hand.

„Ich bin Ahmad", sagt er.

„Steph", sage ich, „Was ist passiert?"

„Die sind abgezogen. Hast du nicht mitgekriegt? Gestern haben wir hier alle gefeiert auf der Straße!"

„Oh, wow."

Wir haben alles gegeben, denke ich. Vor allem die Besetzer auf dem Dach haben alles eingesetzt, was sie hatten, und die Räumung wurde verhindert. Wir haben es geschafft. Ich schaue mich um auf der Straße. Kaum Spuren von der Räumung. Ich schaue Ahmad an, als wäre ich grade aus einem bösen Traum aufgewacht.

„Warst du viel bei den Demos?“

„Geht.“

„Kennst du die Leute, die auf dem Dach waren?“

„Ja klar. Aber nicht so gut.“

Ahmad dreht sich eine Kippe, sieht, wie ich auf seinen Tabak schiele und bietet mir eine an.

Wir rauchen zusammen und gehen dann spazieren. Wir sprechen über unser Leben, wie wir aufgewachsen sind, über unsere Mütter und seine vier Schwestern.

„Hättest du gerne Bruder oder Schwester gehabt?“, fragt er.

„Ich weiß es nicht“, sage ich. „Woher soll ich wissen, wie das gewesen wäre? Aber meine Eltern hätten gerne noch mehr Kinder gehabt. Das hat sich dann nicht ergeben.“

Wir laufen am Kanal entlang. Der Weg ist voll mit Ahorn-Propeller-Samen. Ahmad greift sich einen und schnippst ihn ins Wasser.

„Es bringt nichts!“, sagt er. „Gut, gut, dass es nicht geklappt hat zu räumen, aber jetzt? Müssen die Leute immer sich beim Ein- und Ausgang von der Security checken lassen. Das hier wird nicht funktionieren. Wir müssen am Oplatz wieder etwas aufbauen. Auf das können wir uns nicht verlassen!“

Ahmad hatte Recht behalten. Die Leute konnten dort nicht selbstbestimmt leben und das Zentrum aufbauen, das sie wollten. Sie konnten weiter dort existieren, mit Kontrollen, immer, wenn man rein und raus geht. Ein Internationales Refugee-Zentrum sollte dort aufgebaut werden, aber das kam nie zustande. Der Herbst kam und die Besetzung der Gürtelstraße, der Hungerstreik am Alex. Nachtschichten, Telefonlisten. Selbstverausgabung, bis ich nicht mehr konnte.

Das Haus auf dem Oplatz verbrannte im Winter darauf. Refugee-Demos waren so klein und erfolglos wie nie zuvor. Und was war meine Position darin? Wenn ich immer mal vorbei kam, und dann wieder ging? Wenn mich die meisten der Refugee-Aktivist*innen kaum kannten, weil ich nicht schaffte, oft zu den Plena zu kommen? Wenn ich mein Leben größtenteils unabhängig von all dem lebte? Wenn ich tagelang im Bett lag, und nicht mehr aufstehen konnte. Und jetzt lieg ich hier, verschanzt in meinem Zimmer, isoliert, hilflos. Ich will niemanden sehen, ich kann niemanden sehen.

Ein paar Minuten hat es Ruhe gegeben, jetzt klingelt es wieder. Maria, denk ich, bist du das? Sie hat mich nie so versucht zu erreichen. Immer war ich zu viel. Ich wusste nicht, dass dominante Menschen auch verletzt werden können, sich unter Druck gesetzt fühlen. Ich hätte es sehen müssen. Ich schließe die Augen und die Vorstellung, ihre Grenzen verletzt zu haben, lähmt meinen ganzen Körper für einen Moment.

Ich liege mit Maria auf ihrem Dach. Ich schau den Sonnenuntergang an, sie liest Adorno.

„Darf ich dir einen blasen?“, frage ich.

Maria weicht meinem Blick aus.

„Tschuldige“, sage ich, „blöd formuliert. Darf ich dich lecken? Darf ich dich lutschen? Bitte?“

„Grade nicht!“, sagt Maria.

„Okay“, sage ich, aber mein Tonfall war beleidigt.

„Bitte“, sage ich später, als wir im Bett liegen, „Wir hatten so lange nicht mehr ...“ und ich merke nicht, wie ihr Körper zu Stein wird. Oder merke ich es, und es ist mir egal?

Ich werfe meinen Controller hin. Bin ich das oder ist es das Spiel, frage ich mich? Vega lacht seine verschissene, dreckige Lache. Was ist los, denke ich? Ist das echt erlernte Hilflosigkeit?

Wir hatten zwei Jahre lang eine Refugeebewegung in Berlin, die alles gegeben hat. Die Besetzung vom Oplatz, die Besetzung der Gerhard-Hauptmann-Schule, Hungerstreiks. Jetzt sind viele ausgebrannt und haben sich distanziert. Die Kämpfe sind nicht sinnlos. Ist es erlernte Hilflosigkeit, die verhindert, dass wir jetzt auf die Straße gehen? Oder haben wir einfach keine Kraft mehr? Die Kraft ist am Ende, sie muss sich regenerieren und strategischer eingesetzt werden. Aber grade in diesem Moment der Regeneration kam die Verschärfung des Asylgesetzes. Die Mehrheitsgesellschaft redet noch von Willkommenskultur, aber tut nichts gegen die Gesetzeslage, und nichts gegen die rassistische Gewalt. Und ich, ich liege hier in meinem Zimmer, denke über Maria und was passiert ist, über Demos und ‚Die Bewegung' nach, um mich nicht mit meinem Leben zu konfrontieren, mit Maria, mit der Schwangerschaft.

„Steph!", ruft Donna durch meine Zimmertür. „Steph, das ist für dich!"

Ich reagiere nicht. Sie rüttelt an meiner Tür. Zum Glück hab ich abgeschlossen.

„Steph! Ich mach jetzt auf! Das ist ja nicht auszuhalten!", ruft Donna.

„Scheiße", murmele ich, „sie haben sie reingelassen." Ich greife nach Vega. Er gleitet mir durch die Finger und tritt mir ins Gesicht. Der Sumoringer fällt zu Boden. Ich habe verloren.

Von draußen, leise: „Steph! Maria ist hier!"

Ich bin nicht da, will ich schreien. Ich will jetzt Zelda spielen, für die nächsten drei Tage. Ich will niemanden sehen. Ich schalte den Fernseher aus, die Musik verstummt. Ich schließe die Tür auf. „Komm rein", sage ich.

Maria schaut mich nicht an. Sie sieht ziemlich verheult aus und hat eine große Sporttasche dabei.

Ich will sie in dem Arm nehmen, aber ich weiß es besser.

„Setz dich", sage ich.

Sie setzt sich auf mein Bett.

„Wie gehts dir?", frage ich.

„Beschissen."

„Darf ich dich in den Arm nehmen?"

„Lieber nicht …"

Sie streckt mir ihre Hand hin. Ich nehme sie. Sie fühlt sich kalt an.

„Wie war es in Heidenau?", fragt sie.

„Es war okay."

Niemand von uns sagt etwas.

„Wir haben uns geeinigt“, sagt Maria schließlich, „dass es mein Kind sein wird.“

Ich schlucke. „Ja“, sage ich leise. „Ja …“

„Du willst nicht Mutter sein!“, fragt Maria. „Oder?“

Ich schlucke. „Ich weiß es nicht!“, sage ich. „Ich weiß es wirklich nicht.“

„Puh.“

„Ja.“

„Steph“, sagt Maria. „Ich weiß nicht, wie ich weiter machen soll.“

„Ich weiß“, entgegne ich. „Aber wenn nicht jetzt, wann dann?“

„Ja, ich weiß, wenn du jetzt abtreibst, können wir das wahrscheinlich nicht in nem Jahr noch mal versuchen. Es sei denn, ich überleg es mir nochmal und setz die Hormone ab. Oder ich lass Sperma einfrieren, aber … nichts davon will ich.“

Ich nicke.

„Du willst dieses Kind kriegen?“

„Ja“, sage ich.

„Fuck!“, sagt Maria und vergräbt ihren Kopf in den Händen. „Du weißt, ich wollte das auch, aber … wie hast du dir das vorgestellt? Was ist dein Plan? Willst du dich jetzt alleine um alles kümmern und versuchen, die perfekte Butch zu sein, die alles stemmt? Weil ich … ich kann es nicht alleine!“

„Mach dir keine Sorgen Maria“, sage ich und versuche, beruhigend zu klingen. „Wir kriegen das hin.“

„Du hast doch gesagt, es sieht erst aus wie ne Avocado!“

„Ist doch egal wie es aussieht!“

„Steph bitte … sei einmal vernünftig. Wir müssen das jetzt nicht durchziehen. Wir können warten, wir können … Steph, bitte versuch auf deine Gefühle zu hören!“

„Maria“, sag ich. „Halt mal kurz die Klappe jetzt bitte. Wir überlegen uns das in den nächsten Tagen.“

Sie atmet aus. „Okay“, sagt sie. Sie blickt zu Boden.

Ich drücke ihr den Controller in die Hand. „Spiel hier mal gegen Vega bitte.“

„Okay. Hm … Vega! … Dich krieg ich …“

Sie kriegt ihn nicht zu fassen. Er klettert den Zaun hoch, und saust auf sie runter. Ihre Lebenspunkte sind schon halbiert.

„Oh … Ist das die höchste Schwierigkeitsstufe? Fuck! Fuck, fuck fuck!“

Schon ist sie tot. „Nochmal!“

Nach einigen Versuchen wirft Maria den Controller hin. Zum ersten Mal, seit sie hier ist, schaut sie in die Nähe meines Gesichts. „Du wolltest gar nicht, dass ich es schaffe, oder?“, fragt sie. „Du wolltest nur, dass ich sehe, wie schwer es für dich war.“

„Vielleicht?“, sage ich.

Sie nimmt mich in den Arm.

„Ich lass dich nicht alleine, Steph, das weißt du.“

„Ja“, murmele ich, „vielleicht weiß ich das.“

„Okay“, sagt Maria abschließend, „Ich geh dann mal wieder, ich muss noch …“

„Wohin?“, frage ich erstaunt, und schaue auf ihre Sporttasche. „Hat Jannis dich …“

„Nicht direkt rausgeschmissen!“, sagt Maria, „Nur sehr höflich angedeutet, dass er es keinen Tag länger ertragen würde und es ihm doch sehr hilfreich wäre, wenn ich mich …“

„Wenn du dich verpisst, und zwar von heute auf morgen“, sage ich. „Wie typisch für einen anständigen Jungen wie ihn.“

Maria greift verlegen nach ihrer Tasche.

„Ist okay“, sage ich bestimmt. „Du bleibst hier.“

„Meinst du? Was ist mit Sarah und Donna?“

„Die sollen sich ficken gehen“, sag ich, „die haben nicht zu bestimmen, wer bei mir pennt. Wenn du möchtest natürlich?“, frage ich. Sie nickt.

Summertime

Maria liegt neben mir. Ihr ganzer Körper wird geschüttelt von Schluchzern, ihr ganzes Wesen rebelliert gegen die Wahrheit: er ist nicht mehr da. Sie isst nicht. Manchmal bin ich froh, dass sie Straight Edge ist, wer weiß, was sie sonst in dieser Situation mit sich anstellen würde.

Ich denke nicht an Link. Ich habe nicht an Link gedacht. Link ist weg, das ist alles. Ich frage mich ob ich neidisch bin auf Maria. Ob ich gerne so trauern würde wie sie um Jannis trauert, um Link. Aber was ich gerne würde, ist zu ihr vordringen. Ich will nicht den Schmerz von ihr nehmen, nur … durch ihre Tränen hindurch auch noch gesehen werden.

Ich würde gerne wissen wie es weitergeht mit uns. Mit mir. Mit Gummibärchen, mit Zergi. Ich muss aufhören mit diesen süßen Namen, fuck, es ist ein Zellhaufen, mehr nicht. Ich würde so gerne reden, wissen wie es weitergeht. Ich muss ihr etwas Zeit geben. Aber für mich selbst habe ich es schon doch schon entschieden, oder? Ich ziehe das durch, notfalls alleine. Ich brauche niemanden sonst, um dieses Kind zu kriegen, nicht mal meine beste Freundin, nicht mal dich, Maria, denke ich.

Aber alles ist dunkel um uns herum, nur die Lichter der Straße unten durchbrechen meine Gedanken, Streifen, die sich im Zimmer verschieben, meine Gedanken mitreißen, mich in Bewegung halten und Marias Schluchzen, das verhindert, dass ich einschlafe.

‚Das sind keine Monster‘, hat Puma gesagt und mich gedrückt.

Ich kann nicht mehr. Maria, will ich sagen, ich weiß, dass es hart für dich ist, es ist fucking hart für dich, aber schau mich an ich bin hier und für dich da!! Ich will sie halten, will sie zu mir rufen, will sie bei mir halten,weiß, dass es nicht geht. Sie spürt den Verlust der Person, die sie braucht, mehr als alles andere auf der Welt. Den Menschen, an den ihr Körper gewöhnt war, so sehr, dass sich alles in ihr wehrt, dass ihr Körper diese Realität nicht akzeptiert. Die Realität: Er ist weg.

Die Streifen wandern an der Decke. ‚Das sind bloß die Scheinwerfer von unten‘, hat Puma gesagt.

Riker ruft mich an. „Hey“, sagt er. „Kann ich kurz mit dir reden?“

„Klar!“, sag ich.

„Ich hasse mich!“, sagt Riker. „Ich hasse mich, ich hasse mich, ich hasse mich.“

„Ich liebe dich“, sage ich. Es kam aus meinem Mund wie ein Reflex. Was hab ich da gesagt?

„Was?!“, fragt Riker.

„War nur Spaß!“, sag ich.

Riker schweigt.

„Steph“, sagt er dann.

Draußen ist es dunkel. Dicke Regentropfen schlagen gegen meine Fensterscheibe. Maria ist noch in der Bibliothek. Im Zimmer liegt aller mögliche Kram verstreut. Auf meinem Zeichenblock habe ich ein rudimentäres Roboterdesign gekritzelt. „Luna, Flybot“, eine Drohne, die Zimmer aufräumt. Mir ist langweilig, ich komme zu nichts und denke mir solchen Schwachsinn aus. Dann hat Riker angerufen.

„Steph“, sagt Riker. „Ich sehe den Drachen über der Stadt. In meiner Brust ist ein Riss. Er weitet sich langsam und wird immer größer. Immer tiefer. Mein ganzer Körper fühlt sich an wie unter Strom. Irgendwann ertrage ich es nicht mehr, alles zerreißt und der Drache kommt raus.“

Ich nicke stumm und hoffe, dass Riker es annimmt.

„Der Drache fliegt kreischend über die Stadt mit roten Augen, und ich will, dass er alles einreißt. Alles niederreißt. Alles in Flammen steckt.“

Ich sage nichts. Ich greife nach dem grünen Stift und male Lunas Flügel aus.

„Wenn die Wolken über der Stadt sind, kann ich ihn fliegen sehen. An regnerischen Tagen, dann spüre ich diese Energie.“

Er klingt, wie auf der Bühne, denke ich. Als ob er das Mikrofon in der Hand hält. Und der ganze Raum ist still. Vielleicht eine Minute lang sagt keine*r von uns etwas. Ich kritzele auf meinem Zeichenblock herum und höre den Regen prasseln. Ich male an Lunas elektronischen Innereien herum. Die Schaltkreise wollen sich nicht schließen.

„Ich hatte heute den zweiten Termin bei meiner neuen Therapeutin“, sagt Riker.

„Oh“, sagte ich. „War es gut?“

„Ich hatte ja früher schon mal eine, mit der ich so wenig wie möglich geredet hab“, sagt Riker, „für trans Kram.“

„Ah“, sage ich. „Aber die ist jetzt, weil du es brauchst, für dich?“

„Ja.“

„Und? Wie war es?“

Riker lacht trocken. „Sie will nicht mit mir arbeiten“, sagt er.

„Was?“

„No Shit!“, sagt Riker. „Ich dachte, ich kann der alles erzählen, also hab ich alles rausgehauen. So wie bei Partygesprächen vor Jahren. Da bin ich rumgelaufen und hab fremden Menschen von meinem Leben erzählt – einfach um schnell auszusortieren. Um zu schauen, wem ich vertrauen kann, und weil ich eh die Klappe nicht halten konnte. Und um diesen bürgerlichen Studentenfressen eins reinzuwürden. Ich hab auf solchen ekelhaften Studentenparties natürlich nie irgendwen kennengelernt.“

„Aha“, sage ich. „Und diese Sachen hast du ihr jetzt auch erzählt?“

„Nee, aber … Eine Menge anderen Scheiß halt. Aber das war ja auch meine Therapeutin!“

„Was haste ihr denn erzählt?“

„Von meiner Kindheit. Von meinem trans sein. Meiner Sicht auf die Gesellschaft, Alltagsrassismus… Von meinen Fantasien, meinen Selbstmordgedanken. Aber helfen wollte sie mir nicht, weil …“

„Wieso?“

„Du weißt, der Mensch, der sich umgebracht hat in meinem Haus?“

„Ja?“

„Wir hatten vorher ein Gespräch über seine Selbstmordgedanken.“

„Ja und?“

„Ich hab ihn nicht einweisen lassen.“

„Natürlich nicht!“, sage ich verwirrt, „Warum denn auch?“

„Sie denkt, das hätte ich tun müssen. Sie denkt, dass ich Selbstmord gutheiße.“

„Sie gibt dir die Schuld, dass der Typ sich umgebracht hat?“

„Keine Ahnung … Sie vertraut mir nicht, dass ich es nicht tun würde. Und dann … dann hat sie noch gesagt, ich sei psychotisch.“

„Was?“

„Weil ich in Metaphern gesprochen hab. Weißt du? Die Drachen? Der Drache der über der Stadt ist? Der Riss in meiner Brust? Ich versuch damit was zu beschreiben, was ich noch nicht in Worte fassen kann.“

„Oh“, sage ich. „Und sie dachte, du siehst das wirklich.“

„Sie meinte, ich halluziniere. Ich gefährde mich selbst und andere. Sie empfiehlt mir dringend eine stationäre Behandlung.“

„Sie hat nach deinen Problemen gefragt, nicht nach deinen Ressourcen!“, versuch ich ihm zu erklären. „Du hast so viel, du machst so viel, du …“

„Ich weiß nicht, was ich machen soll“, sagt Riker und ich höre, dass er wieder zu weinen anfängt. „Sie war doch da um mir zu helfen, das ist, das ist ihr Job, verdammt …“

„Meinst du das hat mit Rassismus zu tun? Das sie dir nicht helfen will?“

„Weiß nicht“, sagt Riker. „Bringt nichts, da drüber nach zu denken.“

„Hm“, sage ich. „Und? wirst du stationär gehen?“

„Nein, bloß nicht!“, sagt Riker. „Ich hab ja … ich meine ich hab schon eine Krise, aber wann hat man keine? Ist halt mein Leben immer so, immer so gewesen. Ist das mein Leben, Steph? Das was mein Alltag ist, ist zu heavy, dass andere Leute sich eine Stunde in der Woche dafür bezahlen lassen würden, es anzuhören?“

„Sollen wir uns treffen?“, frage ich. „Ich kann dich ein bisschen ablenken.“

„Oh!“, sagt er. „Ja. Vielleicht wäre das gut.“

Summertime… and the livin‘ is easy.
Imagine, everybody with a rich daddy and a good looking mama! Summertime and the livin‘ is easy!
That‘s what the song says, right?

Ella Fitzgerald

Es ist warm und die Matratze ist weich. Riker und ich genießen den Moment, ohne über unsere Krisen zu reden. Heiße, träge Luft umgibt meinen nackten Körper. Ich bin entspannt vom Sex und kurz davor, wieder in eine Traumwelt im Halbschlaf abzudriften.

Ella Fitzgerald hat eine Stimme über drei Oktaven und auf dem Plattencover sieht sie aus, als würde sie in eine hoffnungsvolle Zukunft schauen. Das Lied heißt Summertime und in dieser Version kommt eine Stelle, wo sie sich über das Lied lustig macht und die ganzen Privilegien, die damit einhergehen. Alle die einen reichen Vater und eine gutaussehende Mutter haben, lacht sie, das sagt das Lied! Sommerzeit, und das Leben ist einfach! Woohoo!

Nichts ist einfacher im Sommer, außer vielleicht, dass die Winterdepression wegfällt und alle ein bisschen mehr Vitamin D im Körper haben. Dass man auf Wiesen liegen und die Welt vergessen kann, einen Menschen im Arm, den man gern hat. Haut riecht besser im Sommer, nach Schweiß und vielleicht nach Sonnencreme. Das meiste am Sommer ist bloß Zeitverschwendung. Leute vergeuden ihre Energie an Badeseen und Festivals. Wie viel revolutionäres Potential jeden Sommer in Badeseen und Matsch ertränkt wird. Ich vergeude meine Energie lieber masturbierend im Bett. Schweiß läuft mir überall runter und von draußen kommt eine sanfte Brise rein. Sommerzeit, und das Leben ist einfach!

Ich zeige Riker den Song. „Dass du das gut findest“, lacht er, „du hast doch selber reiche Eltern oder nicht!“

„Und deshalb soll ich die Klappe halten und den Sommer genießen“, sage ich. „Stimmt. Hush little baby butch don’t you cry.“

Ich rolle in meiner Latzhose auf dem Bett herum. „Kraulst du mir den Rücken, Riker?“

„Lutscht du mir die Zehen, Steph?“, fragt er ironisch.

„Okay“, nehme ich ihn beim Wort.

„Was? Ohhh …“

Ich kichere und robbe zu seinen Füßen und nehme einen in die Hand und streichele die Haare auf den Zehen.

„Deine Füße sind so süß! Soo süß!“

„Klappe!“, befiehlt er, „lutschen!“

Ich lecke den großen Zeh entlang. Währenddessen fährt Rikers Hand über meinen Rücken. Ich nehme den Zeh in den Mund und bewege meinen Kopf auf- und abwärts, dabei schau ich ihn mit großen Augen an.

„Ohhh“, macht Riker.

„Ich fühl mich so femme, wenn ich das mache“, sage ich und muss lachen.

„Gut femme?“

Ich nicke. „Sehr gut femme. Sags nicht weiter!“

„Ich fühl mich super gerne femme. Aber erst, seit ich weiß, dass ich ein Typ bin. Verstehst du was ich mein?“

„Ja“, sag ich, „Ich weiß was du meinst.“ Vielleicht werd ich deswegen nie so richtig femme sein können, denke ich. Weil ich mich noch zu nah am Frau-sein fühle. Ich werde ein bisschen traurig.

Er streichelt mich weiter. „Du streichelst so gut Riker! Deine Finger! Deine Zehen! Du bist so toll!“

„Du Steph sag mal … Ich weiß ja nicht. Mit meinem Namen.“

„Wieso?“

„Keine Ahnung. Obs der richtige ist.“

„Wie kamst du eigentlich auf den Namen?“, frag ich. „Wegen diesem komischen Typen aus Star Trek? Commander Riker?“

„Ja schon. Der ist doch ganz cool und es klang so ähnlich wie mein alter Name… Aber so richtig passt es nicht. Ich weiß auch nicht. Ich hab noch nichts besseres gefunden und ich will Leuten auch nicht noch eine Namensänderung zumuten …“

„Verstehe. Aber das sollte keine Zumutung sein.“

„Magst du eigentlich Star Trek?“

„Ja“, sage ich. „Ich finds nur schade, dass es keine Utopien mehr gibt. Schade, aber logisch.“

„Jo“, sagt er, „Wir leben schon in einer Welt, in der fliegende Roboter Menschen töten.“

„Science Fiction die wir kennen ist nur ein Spiegel unserer Gesellschaft“, überlege ich, „oder? Science Fiction, die uns Besseres zeigt, ist tot. Riker, schreib du doch was Utopisches.“

„Tu ich. Es gibt ja Afrofuturismus. Sowas will ich auch machen.“

„Was ist das?“

„Schwarze Science Fiction, wenn ich das sehr vereinfacht erklären will. Science Fiction von Schwarzen Autor*innen, meistens kombiniert mit Magic Realism.“

Ich weiß nicht wirklich, was Magic Realism ist.

„Was ist Science Fiction für dich?", frag ich.

„Ne Möglichkeit", sagt er. „Utopie. Zukunft. Eine bessere Zukunft halt, oder eine, die zeigt wie schlimm es heute schon ist. Auf die Spitze getrieben. Und diese Details. Das etwas einfach ganz anders ist. Ich will was schaffen was einfach radikal anders ist als alles, was bisher da war. Ich hab nur Angst, dass meine Fantasie nicht ausreicht."

Ich grinse. Sie wird, denke ich, ich bin mir sicher.

„Als wir uns kennengelernt haben, hast du dich viel mit Cyborgs beschäftigt", erinnere ich mich.

Er lacht. „Stimmt. Ich dachte, ich schnalle mir nen Silikonpenis mit Vibrator drin um und nenn mich Cyborg. Dann hab ich viel gelesen und irgendwie hat Cyborg sein auch viel mit körperlichen Behinderungen zu tun und da will ich mir nix aneignen, was nicht zu mir gehört … weiß nicht."

Ich schaue ihn skeptisch an. „Wie meinst du mit Behinderungen, was hat das damit zu tun?"

„Also", sagt er, „wenn jetzt jemand zum Beispiel einen Arm verliert und einen Roboterarm hat, oder auf andere Hilfsmittel angewiesen ist, kann sich die Person halt viel eher Cyborg nennen, als ich, wenn ich mit nem umgeschnalltem Dildo einen geblasen kriege."

„Du hast doch auch Dysphorie!", rufe ich. „Das ist jetzt vielleicht nicht so, als ob man keinen Arm hat, aber …"

„Ja schon. Aber vielleicht nicht genug, dass der Begriff lebensnotwendig ist für mich … Und ich fühl mich halt dann komisch zum Beispiel Rollstuhlfahrer*innen gegenüber, die das auch für sich benutzen … weil die Realitäten halt so weit auseinander gehen, you know?"

„Aber wir haben doch alle unterschiedliche Realitäten … und teilen trotzdem manche Begriffe?"

Riker sieht nachdenklich aus. „Ich bin trotzdem irgendwie ein Cyborg denk ich. Auch, wenn ich zum Sex doch nicht immer einen vibrierenden Pimmel brauch. Es ist einfach nicht so nah an meiner Identität dran wie ich dachte … nicht ganz so zentral und wichtig für mich … aber mit Hormonen und OP ist doch was da, so ein Gefühl was ich habe, von enormer körperlicher Selbstbestimmung. Das geht vielleicht immer noch in Richtung Cyborg. Ohne Technik ginge das alles nicht. Nicht auf die Weise …“

Meine Gedanken driften ab. „Diese Drohnen“, sage ich, „Es ist so absurd. Ich hab als Kind daran rumgespielt, als wären das Spielzeuge. Für mich ist es ne Freizeitbeschäftigung, bei schönem Wetter in den Park zu gehen und meine neue Drohne auszuprobieren. Und in Pakistan gibts Leute, die haben Angst, bei blauem Himmel vor die Tür zu gehen, weil Verwandte von ihnen schon gestorben sind beim Drohnenangriff.“

Riker atmet geräuschvoll aus. „Was soll ich dazu sagen. Warum machst du das auch?“

„Das hat mich immer am Leben gehalten, mit Technik zu spielen. Es ist einfach … ich brauch das, so wie du halt schreibst, um am Leben zu bleiben!“

„Ich fands ja auch spannend, wie wir rumgerannt sind mit dem Ding. Es hat diese Aura. Aber wenn man sich klar macht, was das eigentlich ist …“

„Es gibt ja auch okaye Nutzungsmöglichkeiten“, sag ich. „Zur Seerettung zum Beispiel!“

„Widerständige“, sagt Riker. „Klar.“

Sekt sprudelt in Georgias Glas. Ich nippe an meinem Organgensaft.

Wir gehen durch die Pornoausstellung im Schwulen Museum.

„Wow, sag ich, „schau mal, Georgia, der erste deutsche Lesbenporno wurde mit einer Dreherlaubnis von der TU Berlin gedreht!“

„In nem Flughafenklo“, kichert Georgia.

„Sie brauchten die Dreherlaubnis für den Flughafen! Die hat dann jemand von der TU gefälscht … Wow … Ich war noch nie so stolz auf meine Uni.“

Wir gehen weiter.

„Denkst du“, frage ich, „die Linken sind zersplittert, weil ihre Situation auswegslos ist, oder ist sie so ausweglos, weil wir so zersplittert sind?“

„Gute Frage“, murmelt Georgia und seufzt.

„Maria wollte, dass ich abtreibe“, erzähle ich, als wir durch den Gang voller Genitalienbilder schlendern.

Georgia schüttelt den Kopf. „Und was wirst du tun?“, fragt sie.

„Ich weiß es nicht. Ich hab mir jetzt nen Beratungstermin gemacht, schon mal pro forma, damit ich schnell Zugang dazu bekomme, wenn ich will.“

„Gut“, sagt Georgia.

„Aber ich glaub nicht, dass sich mein Gefühl ändern wird.“

„Letzte Woche hast du mir noch erzählt, du willst nicht so viel Verantwortung.“

„Will ich auch irgendwie nicht. Aber trotzdem weiß ich, es würd mir irgendwie das Herz zerreißen jetzt abzubrechen, weißt du?“

Georgia schaut gedankenverloren auf ein Doppelstockbett, das obere Bett ist andersherum, so dass die beiden Matratzen und Decken aufeinander gerichtet sind. Es geht um schwule Jungs, die in Doppelstockbetten schlafen, in Heimen oder auf Fahrten. Die Nähe und die Angst.

„Du kriegst das hin“, sagt Georgia. „Du kannst das entscheiden.“

Wir stehen vor einem Video, in dem ein trans Mann in ein ungarisches Badehaus geht.

„Maria war die erste“, sage ich leise, „die ich kennen gelernt hab… die so durchgeknallt und leichtsinnig war, wie ich.“

Georgias betrachtet das Video und reagiert kaum, aber ich weißt, dass sie mich hört.

„Manchmal nach Demos … Hab ich am ganzen Körper gezittert und sie hat die Hand ausgestreckt, sie auf meine Brust gelegt, und den Knoten gelöst, der sich dort gebildet hatte. Manchmal Manchmal haben wir Cop gespielt: ich war der Gefangene und wir machten ein Verhör. Alles war plötzlich ganz leicht. Alles schien so machbar und ich fühlte mich so stark.“

Georgia legt mir eine Hand in den Nacken.

„Ich dachte wir schaffen das, Georgia… Ich dachte mit ihr kann ich alles schaffen …“

Marmorböden. Blicke, nicht kurz und nicht lang. Die Angst, aufzufliegen. Wir wenden uns vom Video ab und gehen weiter.

Es ist schon dunkel, als wir zur U-Bahn laufen. Georgia ist betrunken und erzählt mir die Geschichte vom Rattenwagen auf dem Berliner CSD.

„Der Landowski hat das gesagt, damit fing es ja an“, nuschelt Georgia. Bemüht betont sie jede Silbe: „Es ist nun einmal so, dass dort, wo Müll ist, Ratten sind, und dass dort, wo Verwahrlosung herrscht, Gesindel ist. Das muss in dieser Stadt beseitigt werden.“

Ein Typ läuft hinter uns her, merk ich. Georgia wird lauter und enthusiastischer:

„… Und dann gabs den Rattenwagen mit lauter Punks drauf und wir haben alle mit Schlamm beworfen. Das war alles fun and games solange Menschen dreckig wurden, aber als ein Mercedes Schlamm abgekriegt hat, ging das zu weit. Die Cops haben uns abgespalten und verprügelt und die Demoleitung hat nichts …“

„Hey“, ruft der Typ. „Hey, Schwuchtel!“

Wir gehen weiter, etwas schneller.

„Bleib stehen!“, schreit er. „Komm zurück du Missgeburt!“

„Komm, schnell weg hier!“, flüstert Georgia. Ich lege meinen Arm um sie und wir hetzen die Treppe hoch zur U-Bahn.

Oben angekommen schieben wir unsere zitternden Körper in die U1. Erst als sie losfährt, entspannen wir uns. Sie wirft mir einen spöttischen Blick zu. Mein Arm liegt immer noch auf ihren Schultern.

„Baby Butch“, murmelt sie, „Was glaubst du, wen du hier vor wem beschützen musst?“

Beschämt ziehe ich meine Arm zurück. Ich hatte Angst um sie. Georgia, will ich sagen, wie überlebst du? Ihr Blick ist aus dem Fenster gerichtet, als wäre er schon bei anderen Dingen.

Dein Saft sieht glänzend aus auf meiner Hand, du bist weich und hart zugleich und du willst mehr, mehr, mehr. Ich will die Mondsichel vom Himmel pflücken und dich damit vögeln bis du schreist. Deine kleinen, kalten Füße kommen zu mir unter die Decke gekrabbelt, Riker, es fühlt sich an wie ein Wasserfall auf meiner Haut. Das leichte Gefühl des Sommers hat sich zwischen uns gelegt und ich spüre seine Haut sanft an meiner. Unsere Finger wandern über die Haut, wie plätschernder Regen über trocknete Erde läuft, und ich will alle seine Berührungen aufsaugen.

Es ist spät und ich bin wieder zu Riker gefahren. Er nimmt einen Schluck aus seiner Wasserflasche und öffnet seinen Mund über meinem, sodass mir das Wasser in den Mund läuft.

„Mehr“, bettele ich.

„Nein, das reicht jetzt.“, sagt er. „Trink selber.“

Ich kuschel mich an ihn.

„Denkst du viel an deine beste Freundin?“, frage ich.

„Jede Minute“, sagt Riker. „Wenn ich nicht grade an den Tod denke.“ Er lacht, als wär es ein Witz.

Ich schließe die Augen. Ich will mehr sein als ein Lückenfüller, eine Tröster*in, jemand, an den er seine Schulter lehnen kann, aber ich will auf keinen Fall weniger sein.

„Es ist so gut, dass du hier bist“, sagt Riker. „Mit den anderen ist nur Drama. Alles ist aus den Fugen geraten.“

„Ja“, sag ich, „ich bin froh, diesen unerträglichen Sommer in deinem Bett verschlafen zu können.“

Ich halte ihn fest.

„Ich hab Hunger!“, sage ich, „fütterst du mich?“

„Hab ich dich nicht schon genug gefüttert?“

Ich schüttele den Kopf. Riker greift das Apfelmus, das neben dem Bett steht, schiebt mir einen Löffel in den Mund, sich einen, mir einen.

„Übermorgen ist meine OP“, sagt Riker. „Bringst du mich ins Krankenhaus, morgen Abend, zum einchecken?“

„Klar!“, sag ich. Ich krieche unter seine Achsel. „Du bist ein tolles Tier, Steph“, sagt Riker. „Ein tolles Krabbeltier.“

❋ ❋ ❋

Riker und ich gehen spazieren im Treptower Park.Wir laufen am Wasser entlang, unsere Finger berühren sich vorsichtig.

„Schwäne sind unheimlich, oder“, bemerkt Riker.

„Ach ich weiß nicht. Ich finde die ok. Man muss sie halt in Ruhe lassen!“

„Guck doch mal wie der guckt!“, ruft Riker. „Das geht nicht mit rechten Dingen zu. Die führen was im Schilde!“

Ein Kind kommt auf uns zu, mit seiner Mutter.

„Mama“, sagt es. „Sind das Männer oder Frauen?“

„Frag die doch selbst!“, sagt die Mutter.

Das Kind kommt auf mich zugelaufen. Vielleicht 5 Jahre alt. „Was bist du?“, fragt es.

„Ich bin Conan Edogawa, Detektiv“, zitiere ich genervt. *„Es gibt immer nur eine Antwort, und ich finde sie. Man nennt mich Detektiv Conan!*“

„Häää?“, macht das Kind. Die Mutter starrt uns beleidigt an. Wir gehen weiter.

„Das ist zu jung um Detektiv Conan zu kennen!“, meint Riker.

„Ja klar … Maria und ich haben uns ne Liste mit Zitaten gemacht die wir sagen können, wenn jemand fragt, ‚was wir sind‘“, erkläre ich.

„Nice!“, sagt Riker und grinst. „Was steht noch drauf?“

„Ich bin der Schrecken der die Nacht durchflattert. Ich bin Darkwing Duck!“

„Haha, good one! … Hmm, da fällt mir ein … Es gibt auch so’n Gedicht von Enzensberger“, meint Riker. „Wie ging das noch … Ich bin was du vergessen hast. Der ausgestorbene Palast. Der Mund bin ich, der dich verzehrt. Ich bin die Nacht, die wiederkehrt.“

„Das passt gut“, sag ich.

„Unangenehmes Gedicht trotzdem“, sagt Riker. „Benutzt auch das N-Wort. Er will sich halt mit allem ‚absonderlichen‘ identifizieren, um die Leser*in … ich weiß nicht? Abzustoßen? Zu gruseln? Das Andere, du weißt schon.“ Er rezitiert weiter:

„Ich bin das Auge, das dich sieht,

die Zarin, die vor dir hin kniet,

Und die dich in die Wüste schickt.

Ich bin der Stricher, der dich fickt.

Ich bin dein Engels und dein Marx.

Ich bin der Deckel deines Sargs“

Wir gehen weiter. „Irgendwas mag ich halt an dem Gedicht“, sagt Riker. „Das hat sowas von: Ich bin das, wozu du heimlich wixt und dich schämst! … Was habt ihr noch für Sprüche?“

„Ich war, ich bin, ich werde sein, sagt die Revolution.“

Riker lacht.

„Und so Arbeiterlieder. Die sind ganz gut, wenn man in Plural gefragt wird. Was seid ihr für Freaks? Und dann zum Beispiel: Wir sind das Bauvolk der kommenden Welt. Wir sind der Sämann, die Saat und das Feld oder so.“

„Hm“, sagt Riker „Nicht so mein Geschmack. Was ist mit: Ich bin die Rache. Ich bin die Nacht. Ich bin Batman?“

„Hehe. Nice.“

Ich laufe zum Eurogida. Zwischen Schafskäse in großen Dosen und Tahin ruft mich Chris an. Ich hebe ab und er sagt kein Wort. Ich höre ihn schluchzen am anderen Ende der Leitung.

Ich werfe die Riesenpackung Oliven in meinen Korb.

„Es ist okay“, sage ich, „ich bin da.“

Er heult den ganzen Weg bis zur Kasse.

Als ich aus dem Laden komme, dämmert es. Ich atme tief ein und aus. Alle kommen zu mir und wollen irgendwas. Steph, mir gehts schlecht.

Steph, du fehlst mir. Steph, ich sag dir nicht was los ist, sondern heul nur fünf Minuten lang am Telefon. Steph, ich will ein Kind von dir, ach nee doch nicht, oder doch?!

Was soll aus mir werden, was soll aus all den fucking Leuten werden, die ich gerne beschützen würde? Was soll aus den Zielen werden, die ich noch erreichen will, die Politik, die ich noch machen will, wie soll das alles werden, wenn ich zu schwach bin? Ich soll auf meine Gefühle hören sagen mir alle. Wie soll ich auf meine Gefühle hören, meine Gefühle sind ein großer verworrener Klumpen tief in meinem Bauch!

Ich laufe die Hermannstraße entlang und fluche leise vor mich hin. Für alle, für jede einzelne Person die ich kenne, bin ich ein Lückenfüller! Maria, du bist traurig dass Jannis weg ist, dein Dreamboy, der dich sogar in den Arsch ficken durfte. Glaub mir, ich kann verstehen, dass du traurig bist, er hatte einen stabilen Job! Er hätte uns alle versorgen können! Und was glaubst du, was ich gegeben hätte darum, dass du einmal die Kontrolle abgibst, wenn du mit mir zusammen bist. Was glaubst du, was ich gemacht hätte dafür, dich einmal ficken zu dürfen?

Riker, du hast dein ganzes Beziehungsdrama, und im Hausprojekt hat sich jemand umgebracht, oder ist an den Drogen verreckt, man weiß es noch nicht, aber ist zumindest tot, und ich will ja für dich da sein, aber auch für mich ist das manchmal etwas viel. Ich atme tief ein, und dann schließe ich meine Wohnungstür auf.

Sarah und Donna sitzen in der Küche.

Ich gehe zum den Herd und fange an, mir Spiegelei zu machen.

„Ach übrigens“, sag ich beiläufig, „wo ihr grade da seid. Maria schläft ein paar Tage in meinem Zimmer, das geht ok oder?“

Sarah schaut von ihrem Frühstück auf und starrt mich an. Sie braucht ein paar Sekunden um sich zu sammeln und ihre arroganteste Tonlage zu finden.

„Ach, du kommst raus und redest mit uns. Großartig. Wir wussten gar nicht, dass du noch mal mit uns reden würdest. Aber das ist gut. Wir wollen nämlich auch mit dir reden.“

„Aha“, sage ich.

„Diese Leute die du mitbringst“, bemerkt Sarah abfällig.

„Komm schon Sassy, sag das nicht so …“, sagt Donna vorsichtig.

Ich stöhne. Dieses blonde Mädchen mit Anwaltseltern lässt sich von ihrer Freundin neuerdings ‚Sassy‘ nennen, denke ich, wie schön.

„Es stimmt doch!“, protestiert ‚Sassy‘. „Wir sind eine lesbische WG. Wir waren mal eine lesbische WG.“

„Und eine vegane“, bemerkt Donna, mit einem angeekelten Blick auf das Spiegelei. „Was sie sagen will“, redet Donna weiter, „wir haben uns auseinanderentwickelt. Es passt einfach nicht mehr. Du hast neue Freunde …“

„Es ist ok“, wirft Sarah ein, „wenn du keine Frauen mehr datest. Link hat dich ja auch sehr verletzt.“

„Was soll das heißen, frage ich, keine Frauen?“

„Wir sind zu unterschiedlich. Du bist poly, wir sind mono. Aber du bringst nie den Müll raus, du lässt deinen Kaffeebecher in der Spüle stehen – was sollen wir denn bitte damit anfangen? Ihn abspülen? Wir räumen dir nicht mehr hinterher, Steph.“

„Ich trink seit drei Wochen keinen Kaffee“, sage ich kalt.

„War vielleicht meiner?“, nuschelt Donna verlegen. Sarah wirf ihr einen eiskalten Blick zu.

„Wie auch immer“, sagt sie, „ich find es nicht okay, wenn dieser Typ, wie heißt er …“

„Was, Riker? Der war doch kaum hier …“

„Maria“, wirft Donna ein.

„Wenn“ – Sarah hebt die Finger, um Anführungszeichen in der Luft zu machen – „Maria hier regelmäßig ist. Wohnt der jetzt etwa hier?“

„Sie“, stelle ich klar und meine Stimme ist kalt, „und es ist mein Zimmer, Maria ist vegan, wird sich ganz sicher kein Spiegelei machen und das Bad wird sie auch sauber halten.“

„Wir hatten eine Abmachung, Steph!“, sagt Sarah böse und fixiert mich.

„Kein Fleisch in der Küche?“, frage ich gehässig und schiebe genüsslich mein Spiegelei aufs Brot.

„Keine Männer in der Wohnung!“, meint Donna unschuldig, als würde sie nur versuchen, ein Missverständnis aufzuklären.

Ich greife das Brot von meinem Teller und schleudere ihr mein Spiegelei in die Haare. Sie kreischt auf. Sie springt herum. Das zerflossene Eigelb sieht schön aus in ihren hellbraunen, kurzen Haaren.

„Iiiiiih“, schreit Donna und weint, „Iiiiiih!“

„Shhhh“, macht ‚Sassy‘, „shhhhhhh, alles wird gut!“ Sie nimmt Donna an der Taille und zerrt sie zur Spüle, tätschelt ihr die Wange und stellt das Wasser auf Zimmertemperatur ein.

Während sie liebevoll Donnas Haare mit Spülmittel einreibt, wirft sie mir einen tödlichen Blick zu.

„Du hast eine halbe Stunde um eine Tasche zu packen und zu verschwinden!“, zischt sie. „Deine restlichen Sachen kannst du nächsten Montag Nachmittag abholen.“

„Ich denke nicht dran!“, sage ich. „Was wollt ihr schon machen?“ Für ein paar Sekunden stehe ich noch demonstrativ im Türrahmen, dann ziehe ich meine Jacke an und gehe. Ich muss Riker ins Krankenhaus bringen zum Einchecken. Morgen ist seine OP.

Riker und Ich gehen die breiten Flure entlang zur Station. Es riecht nach Desinfektionsmitteln. Riker bekommt sein Zimmer zugewiesen, da sitzen wir auf dem Bett und warten auf die Schwester.

„Schau mal“, sagt Riker und zeigt auf seine Beine. „Meine Knie zittern.“

„Hast du Angst?“

„Ich weiß nicht“, sagt er. „Es ist so ein großer Schritt und ich war die ganze Zeit im Kopf ganz woanders und jetzt … jetzt bin ich plötzlich hier.“

„Morgen früh ist die OP?“

„Ja, Vormittags. Um 11.“

„Es wird alles gut“, sag ich. „Du hast so lange darauf gewartet.“

Er nickt. „Wollen wir noch nen Krankenhaus-Porno drehen?“, fragt er und wir kichern.

Ich stehe mit Maria in der Tür meiner Wohnung. Es ist spät, wir wollen schlafen, aber wir kommen nicht rein. „Sie haben das Schloss ausgewechselt“, sage ich, „diese elenden …“

„Was nun?“, fragt Maria. Sie sieht blass aus, aber verhält sich gelassen.

Ich drücke auf die Klingel. Lange. Keine Reaktion.

Ich schaue auf mein Handy, drücke wieder.

„Vier Minuten“, sage ich.

Nach zwei Minuten höre ich von drinnen etwas rufen. Sarahs Stimme. „Verpiss dich Steph!“

Ich nehm den Finger von der Klingel.

„Geht nicht!“, brülle ich zurück, „Ich wohne hier!“

„Nicht mehr!“

Ich schlucke. „Muss ich die Bullen rufen?!“

Sie lachen drinnen. „Die Anarchistin droht uns mit der Polizei“, höre ich Donna sagen. „Der Mietvertrag läuft auf mich!“, brüllt Sarah, „und ich hab einen guten Anwalt, also verpiss dich, wenn du nicht in Schwierigkeiten kommen willst!“

„Ihr habt unsere Sachen!“

„Die stehen im Keller! Die Möbel kannst du am Montag holen“ – ihre Stimme wird auf einmal sehr seriös – „da ist mein Vater hier, um sich mit euch auseinanderzusetzen.“

„Fickt euch!“, brülle ich. „Bloß weg hier!“, sagt Maria, und wir laufen die Stufen runter als würden wir gejagt.

Sie haben tatsächlich unseren ganzen Kram in Kisten gepackt und in den Keller geräumt.

„Oha. Beeindruckend, was die sich für Arbeit gemacht haben“, sagt Maria. „Und alles heute Abend?“

„Der Vater weiß wohl, wie man sauber sowas zu Ende bringt“, murmele ich. In meiner Sporttasche ist alles Wichtige. Zum Glück hatte ich die die ganze Zeit fertig gepackt neben der Tür stehen, mit allem was mir am Herzen liegt. Zum Glück. Die Schweine.

Ich rufe Georgia an. Es klingelt lange. Schließlich nimmt sie ab, ihre Stimme klingt langsam, leise und weit weg.

„Ha … llo?“

„Hier ist Steph!“, sage ich, „Bist du bekifft?“

„Wenn ichs wäre würde ichs dir nicht am Telefon sagen, Cherie!“, sagt Georgia und klingt plötzlich viel wacher. „Du hast mich aufgeweckt. Was ist los?“

„Die WG hat mich rausgeschmissen. Maria und ich brauchen was zum pennen die nächsten Tage.“

„Ach du Scheiße … Maria und du?!“

„Äh ja … Maria hat doch die letzten Tage bei mir gewohnt, weil, Jannis hatte sie rausgeschmissen und … lachst du?“

„Ja. Sorry.“

„Und? Was ist?“

Sie seufzt lange. „Ok, kommt vorbei. Ich leg euch ne Matratze in die Speisekammer.“

„Ok, cool, wir sind in ner halben Stunde bei dir! Danke Georgia!“

„Gerne, gerne …“

Wir gingen gemeinsam durch die Nacht, schweigend. In meiner Tasche ist alles, was ich jetzt zum Leben hab. Maria hat Laptop, Bücher und Klamotten für drei Tage mitgenommen. Unsere Finger berührten sich. Unser Leben, reduziert auf diesen Punkt. Ich atme die kalte Herbstluft ein. Es riecht gut. Maria schreibt Notfall-Facebook-Nachrichten und fragt nach einem Zimmer.

Georgia trägt einen Katzenschlafanzug, ihre Haare sind zu einem Knoten gebunden und sie sieht sehr müde aus und vielleicht ein bisschen bekifft.

„Hi Steph“, nuschelt sie. „Hi, verrückte Maoistin.“

Maria verzieht das Gesicht. „Ich bin keine Maoistin“, sagt sie und grinst.

„Ich hab die Kammer für euch freigeräumt.“

Die Kammer ist ca. drei Quadratmeter groß. Ich war noch nie drin gewesen. Vor das Konservenregal hat Georgia eine schmale Matratze gequetscht.

„Ich hab euch die rote Bettwäsche gegeben und das schwarze Laken. Ihr könnt euch ja noch einig werden.“

„Danke Georgia“, sagt Maria und rollt mit den Augen.

„Ich hab ein paar Konserven in die Küche geräumt. Ihr habt jeweils ein Regal für eure Sachen.“

„Danke, Georgia“, sage ich aufrichtig.

„Drei Tage. Länger ertrag ich euch nicht hier.“

Ich umarme sie. „Du bist die Beste.“

„Das ist zu wenig Platz für uns, oder?“ Unsicher schaue ich Maria an, die sich unter die rote Bettdecke kuschelt. „Ich kann vielleicht noch auf dem Boden schlafen“

„Ja, es ist zu eng. Ja, ich krieg wahrscheinlich Platzangst und der Körperkontakt wird mich überfordern.“

„Scheiße.“

„Aber jetzt bin ich zu müde um drüber nachzudenken. Komm her. Darf ich meinen Kopf auf dich drauf legen?“

Ich nicke. Wir machen das Licht aus und legen uns hin. Marias Kopf liegt auf meiner Schulter. Halt den Moment fest, denke ich, solange er hier ist.

„Es ist gruselig hier drin, oder“, flüstere ich. „Es ist so dunkel.“ Es gibt keine Fenster und ich schlaf sonst nie komplett im Dunkeln.

„Das heißt, wir können ausschlafen“, murmelt Maria in meine Achselhöhle.

Als ich aufwache, ist mir schrecklich übel. Die Tür der Kammer steht einen Spalt offen, draußen ist es hell und jemand spielt Klavier.

Langsam krieche ich aus dem Bett, richte meinen schwankenden Körper auf und wanke in Richtung Wohnzimmer.

Maria sitzt am Klavier und singt.

„*Wenn niemand bei dir is' und du denkst, dass keiner dich sucht,*

und du hast die Reise ins Jenseits vielleicht schon gebucht"

Georgia läuft durchs Zimmer, wischt Staub und singt mit ihr.

„*und all die Lügen geben dir den Rest:*

Halt dich an deiner Liebe fest."

Ich nehme mir ein Glas Leitungswasser und trinke in kleinen Schlucken, um die Übelkeit zu überwinden. Ich öffne die Balkontür und trete nach draußen. Der Himmel ist klar, kein Auto ist in Sicht. Ich atme ein, die Luft ist angenehm kühl.

Von drinnen kommt Marias Klavierspiel und Georgias Stimme.

„*Wenn der Frühling kommt und deine Seele brennt,*

du wachst nachts auf aus deinen Träumen,

aber da is' niemand, der bei dir pennt,

wenn der, auf den du wartest, dich sitzen lässt:

Halt dich an deiner Liebe fest."

Das Geländer vom Balkon ist feucht. Ein nasses, graues Blatt klebt daran. Ich ziehe es ab, es fällt nach unten auf die Straße, schlaff und kraftlos.

„*Wenn der Novemberwind deine Hoffnung verweht,*

und du bist so müde, weil du nicht mehr weißt, wie's weitergeht,

wenn dein kaltes Bett dich nicht schlafen lässt:

Halt dich an deiner Liebe fest."

Ich atme tief ein und aus, frische Luft sollte es etwas leichter machen. Drinnen verstummt das Klavierspiel. Als ich einen Blick über die Schulter werfe, sehe ich Maria, wie sie am Klavierhocker sitzt. Tränen laufen ihr übers ganze Gesicht. Georgia streicht ihr flüchtig über den Kopf, dann verschwindet sie aus dem Raum. Marias Schultern zucken.

„Hier komme ich zum Nachdenken“, sagt Riker, als wir zusammen durch die Krankenhausflure laufen, langsam, um ihn nicht zu überanstrengen.

„Ich hab mein ganzes Leben bis hierhin überlebt. Ich hab überlebt, verdammt. Die Schule, meine Mutter, das Mobbing, die ganze scheiß rassistische Kleinstadt. Und dann kamen Berlin, die Szene, die Drogen und der Tod. Warum schaffen wir uns selber Räume, die uns noch mehr kaputt machen gegenseitig? Und ich? Ich streiche durch die Straßen wie ein streunender Köter, wie eine läufige Hündin und kritzele Sachen in mein Notizbuch wie: hundert Arten von Frauenärschen. Wenn das nicht falsch ist, ich weiß nicht. Ich bin sexistisch, Steph, du bist sexistisch.“

Er geht langsam und sein Gesicht sieht eingefallen aus. Unter seinem T-Shirt kommen Schläuche hervor, aus denen Blut in kleine Gefäße abläuft, die er in der Hosentasche mit sich rumträgt. Drainagen nennt man das.

„Wie war die OP?“, frage ich.

„Gut, denk ich. Ist wohl unkompliziert verlaufen. Bin aufgewacht und hatte übelste Schmerzen, aber dafür hab ich Morphium gekriegt.“ Er grinst.

„Und die Leute hier sind ok?“

„Die sind sweet“, sagt er. „Aber ich bin einfach die ganzen Zeit am Nachdenken, und ich kann nicht gut schreiben, weil das zu anstrengend wäre, also bleibt es alles in meinem Kopf ohne raus zu können …“

„Worüber denkst du noch nach?“

„Ich weiß nicht. Zum Beispiel: Alle sind kinky in der Szene, aber niemand will pervers sein. Alle sagen wie cool es ist, dass wir frei sind und alles machen können was wir wollen, aber wie cool ist es wirklich, nur zu Vergewaltigungsfantasien masturbieren zu können? Ich will so nicht leben, Steph, ich weiß nicht ob ich das kann! Und dann diese Leute, die tatsächlich heutzutage noch den sexnegativen Feminismus für sich entdecken!“

Ich nicke. „Wie kann man nur?“, sage ich.

„Fuck, und dann die Selbstmordgedanken … It’s just the worst. Du wirst zum Aussätzigen, wenn du welche hast. Du darfst nicht darüber sprechen, weil sobald jemand anders das hört, der auch sofort Selbstmordgedanken kriegt … Und dich dann meidet, weil er auch die Krankheit trägt und nicht drüber spricht … Es ist eine Wuchernde Pflanze, ein Gestrüpp mit Blutroten Knospen … Entweder es wächst still und heimlich in dir, bis es dich fast ganz eingenommen hat, oder du sagst was und es breitet sich aus, über deine Kontakte, und wenn du es tatsächlich machen solltest, dann ist klar, dass du andere mitreißen wirst, weil sie über die biegsamen Äste, die ganzen struppigen Stengel mit dir verbunden sind … Fuck, Steph. I’m sorry.“

„Ist okay“, sag ich. „Alles gut.“

„Und ne andere Sache, weißt du … ich glaube es liegt an meiner Transition … Ich werde nicht mehr so hart wie vorher exotisiert, sondern als Bedrohung gesehen von Weißen auf der Straße. Als Schwarzer Mann. Zumindest, wenn ich nicht so feminin unterwegs bin. Leute wollen mich nicht mehr angrapschen, jetzt grapschen sie schnell ihre Handtasche, wenn ich mich neben sie setze. Und in mir drin ist irgendwas härter geworden, durch diese Reaktionen. Jeder dieser hassverzerrten Blicke sagt mir: ich bin ein Mann, ein Schwarzer Mann. Und ein Teil von mir freut sich dann sogar darüber. Aber ich weiß nicht, Steph… manchmal weiß ich wirklich nicht wie ich das mein Leben lang aushalten soll, immer als Gefahr gesehen zu werden. Als Monster.“

Ich nicke.

„Und dann ist da schon wieder kaum noch Platz meine Femininität zu zeigen, weil ich nicht schon wieder exotisiert werden will. Warum muss das alles so fucking kompliziert sein? Warum?“

Gedankenverloren laufe ich zu Warschauer Straße. Es ist lange her, dass ich mich sorglos gefühlt hab. Geborgen. Vielleicht vor meiner politischen Zeit, mit Vanessa. Vielleicht auf dem Bauch von Link, Riker oder Maria für einen Moment, während ich mit geschlossenen Augen zuhöre, wie ihre Eingeweide blubbern. Vielleicht irgendwann diesen Sommer noch, aber jetzt scheint es schon unglaublich weit weg. Hab ich nicht neulich noch zu Maria gesagt, ich sei glücklich? Mir ist schlecht, mir ist pausenlos schlecht. Alles was ich sehe oder anfasse, alles was ich esse wird getrübt davon, wie ein Glas Wasserfarbe, in das ein sehr großer Vogel reingekackt hat. Menschliche Sicherheit gibt es nicht. Sind meine Freunde bei mir, weil sie mich lieben, oder weil sie mich brauchen? Niemand weiß.

Jetzt scheint die Sonne, schön und hell, die Übelkeit verdirbt es. Ich bin draußen, atme die frische Luft, bleib in Bewegung. Halt dein Herz warm, sage ich mir selbst und zwinge mir das Leben rein, wie ein Essen, das scheiße schmeckt, aber von einer lieben Person gekocht wurde. Man fragt sich zwar, wie lieb kann ein Mensch wirklich sein, der sowas kocht, aber weiß auch, was anderes wirds heute nicht mehr geben. Ich steck die Hände in die Taschen und mach weiter, wie immer schon.

Puma ruft mich an und wir reden ein bisschen. Ich erzähl ihm, dass ich mich mit meinen Mitbewohnerinnen gestritten hab. Dass sie mich aus der Wohnung geschmissen haben. Er will jetzt seinerseits mit einem Anwalt ankommen.

„Das Theater mach ich nicht mit“, sage ich.

„Es ist sehr wichtig, die eigenen Rechte zu kennen!“, erklärt er mir.

Ich versichere ihm, dass ich das hinkriege. Ich sage ihm nicht, dass ich jetzt bei seiner alten Bekannten schlafe.

Er gibt jetzt Deutschunterricht, erzählt er mir stolz. „Meine Flüchtlinge“, sagt er, wenn er von seinen Schülern spricht. Ich sage ihm nicht, dass ich schwanger bin.

Wir legen auf, und ich laufe durch Mitte, mit kreisenden Gedanken.

Die Zukunft ist ein Haus mit vielen Fenstern, Giebeln, Winkeln, jede Wand ist in einer anderen Farbe gestrichen. Aus den Rahmen schlägt Feuer.

Die Zukunft ist ein Tal voller kleiner hübscher Hütten. Es wohnt niemand darin.

Die Zukunft ist ein Wolkenkratzer. Jemand öffnet ein Fenster, schreit Moloch! Moloch! Moloch! und springt.

Ich schließe die Augen und träume von Cyborgs, die in Wolkentempeln leben. Ich schließe die Augen und möchte tot sein.

Ich sehe mich neben Maria aufwachen. Ich sehe sie, wie sie ein Kind hält.

Bündel der Zukunft. Ich, eine Fabrik. Fähig zur Selbstreproduktion.

Ich sehe mich alleine, ein Mädchen auf meinem Bauch. Ich bin stark. Ich kann es schaffen.

Ich sehe weite Hügel, auf denen Windräder stehen. Ich sehe Kameras, die denken können und Roboterhunde, die siebzehnmal so schnell laufen wie ein Mensch.

Ich sehe Schmerzen, Krankheit und Tod. Ich habe Angst davor, dass mein Körper degenerieren und sterben wird. Ich hab Angst, dass meine Augen schlechter werden. Ich hab solche Angst vor alt sein und arm sein und Schmerzen.

Ungeboren. Unerfüllt. Unbekannt.

Menschen erzählen ihrem Umfeld vor dem dritten Monat nicht von ihren Schwangerschaften, weil die Wahrscheinlichkeit einer Fehlgeburt so hoch ist.

Menschen haben Fehlgeburten vor dem dritten Monat, ohne es selbst zu merken.

Menschen haben Fehlgeburten, merken es, trauern und sagen niemand davon. Weil sie schon niemand von der Schwangerschaft erzählt haben.

Unerkannt. Was ist es? Ein Zellhaufen. Eine Möglichkeit. Kaum mehr als ein Gefühl.

Niemand würde weinen, wenn es ginge. Wäre Maria enttäuscht, oder wäre sie erleichtert?

Würde ich trauern, um ein Gummibärchen aus Stammzellen?

Abrissbirne

Maria, Vanessa und ich haben uns zum Karaoke im Monster Ronsons verabredet. Georgia soll die Wohnung auch mal für sich haben. Wir können ihr nicht immer auf der Pelle hocken. Ich komme vom Krankenhaus, gehe die Warschauer Brücke entlang und versuche, meinen Kopf frei zu kriegen von Gedanken, die um sich selbst kreisen.

Vor dem Monster Ronsons stehen schon Maria und Vanessa in der Schlange. Zwei so unterschiedliche großartige Frauen, denk ich, und beide total durchgeknallt.

Ich komme auf sie zu und sie lächeln mich an. Die beiden sehen toll aus, und ich denke daran, irgendwann im letzten Winter, wo ich Maria gesagt hab sie sollte doch mal entspannen und weniger auf ihr Aussehen achten.

„Wie kannst du nur so perfektionistisch sein? Jeden Tag arbeiten, nie mal frei machen, und es darf kein Haar in deinem Gesicht zu sehen sein, daran gehst du doch drauf irgendwann."

„Wir können uns nicht leisten aufzugeben!", hat Maria entgegnet. „Ich schwöre dir, ich werde weiter so hart arbeiten. Weil ich muss, Steph, schon allein als Arbeiterkind. Ich kann mich nicht gehen lassen. Und die anderen können auf Schönheitsnormen pfeifen, ich werde immer perfekt aussehen müssen, weil ich mir alles andere nicht leisten kann, weil ich trans bin. Wir werden nicht aufgeben und wir werden immer weiter kämpfen. Klar bin ich hart zu mir selbst. Klar hab ich Leistungsnormen verinnerlicht. Was glaubst du, wie mein Leben sonst aussähe jetzt? Im Kapitalismus auf die Leistungsgesellschaft scheißen, ist ein Luxus, den ich nicht habe. Und ich will mehr mit diesem Leben. Ich will das beste Leben, das ich führen kann. Ich will die Verhältnisse verändern und wenn ich das nicht schaffe, bin ich gescheitert."

Ich küsse die beiden auf die Wange, bin froh sie zu sehen, dass sie hier sind und dass sie zusammen sind und sich verstehen. Wir gehen rein.

„Ich komm von der Arbeit", sagt Vanessa. „Ich brauch einen Drink." Sie holt sich einen Cocktail, Maria und ich trinken Orangensaft.

Wir haben eine leere Kabine gefunden. Vanessa spielt am Computer rum, wo man Songs aussuchen kann. Haben die gar nichts von Schandmaul, fragt sie beleidigt, oder Subway to Sally? Maria und Vanessa singen ein paar Taylor-Swift-Songs die ich nicht kenne, und dann singen wir alle zusammen System of a Down.

„*We are the ones who wanna choose, always wanna play but we never wanna lose.*"

Ich wollte alles, denke ich, im Herbst vor einem Jahr. Zu jeder Demo, überall dabei sein, alles verändern und mit allen, die ich liebe zusammen sein. Mit Ahmad zusammen versuchte ich, bei den Hungerstreiks am Alex und bei der Besetzung der Gürtelstraße zu helfen. Es war zu viel. Zu viel für mich, emotional und körperlich, auch wenn ich das nicht wahrhaben wollte. Ich hatte Schwierigkeiten zu schlafen. Ahmad hatte einen Job auf der Baustelle gefunden und ich saß im Wohnzimmer in Links WG und massierte seinen verspannten Rücken, während Link mich eifersüchtig beobachtete. Ahmad war froh, endlich eine Arbeit zu haben und hätte uns am liebsten allen neue Klamotten gekauft von seiner hart verdienten Kohle, aber wir ließen ihn natürlich nicht.

Der Winter kam, und viele vom Oplatz hatten immer noch keine Schlafplätze. Lass uns doch an der Uni was besetzen, sagte ich zu Chris. Wir machten ein paar Pläne, aber daraus wurde nichts. Wir gingen zum Oplatz und schlugen etwas vor, aber die meisten Refugee-Aktivisten trauten uns nicht so richtig. Zu Recht. Wir waren schlecht organisiert.

Ich traf mich mit Riker, Link und Maria, und das fraß bald meine gesamte Freizeit. Riker war gleichzeitig abgestoßen und fasziniert von meinem Roboterkram. Er wollte auch schon immer mal Programmieren lernen, ich sagte, ich könne es ihm beibringen. Und ich liebte ihn, seine Geschichten und Gedichte, seine Zeichnungen, seine Phantasie.

> *Riker malt mit Kreide Drachen auf große Papierstücke. Sie sind rot, grün oder schwarz, haben Schuppen, Flügel, sind dick oder dünn und alle reißen sie die Augen auf und haben diesen hyperfokussierten Blick und dieses Grinsen, das sagt: Ich krieg dich.*
>
> *„Drachen sind das, was Helden töten“, erklärt Riker, „um sich und anderen ihre Stärke zu beweisen. Das Andere. Drachen waren das,was ich in den Geschichten meiner Mutter am liebsten mochte.“*
>
> *„Das gefällt mir“, sage ich. „Ich mochte immer die Hexe am liebsten, als ich klein war. Und später dann den Ritter, weil ich mich aufopfern wollte.“*
>
> *Ich denke an Maria, meine Prinzessin und Jannis, den Helden. Ich stelle mich als Drachen in einer Höhle vor, der Maria bewacht. Jannis kommt, tötet mich, ist stark.*
>
> *„Manchmal ist das das einzige was mich entspannt“, sagt Riker, „diese Drachen malen.“*

„Aerials. In the sky. When you lose small mind you free your life.“

„Ahhh“, summe ich. „Ahaha.“

Ich lege mich auf die Bank in der Kabine und schaue an die Decke.

Vanessa und Maria singen Neue-Deutsche-Welle Lieder. Und dann Silbermond oder was auch immer. Ich schließe die Augen und denke an Riker.

> *Wir schneiden die Fotos aus, die meine Drohne gemacht hat, Riker hat den Text auf der Schreibmaschine geschrieben, wir scan-*

nen alles ein.

„Ich bin verliebt in meine beste Freundin“, erzählt mir Riker, „die hat einen Freund.“

„Autsch!“

„Ja …“

„Vielleicht solltest du dich ablenken?“, schlage ich vor. „Das bringt doch nichts.“

„Mir dir oder was?“, fragt Riker.

Ich erröte. Ich seh ihn an.

„Ja“, sag ich, „warum denn nicht?“

„Stimmt vielleicht“, sagt Riker. „Willst du knutschen?“

Ich lehne mich an ihn. Er küsst verdammt gut, ich halte ihn fest.

Während ich neben ihm liege, schiele ich auf sein Handy. Er hat eine SMS bekommen.

„Wollen wir alle zusammen ziehen?“, steht da. Von seiner besten Freundin? Das klingt nach Drama.

Halt ihn gut fest, denke ich, und küss ihn nochmal, bevor es explodiert.

Leider wurde nicht so viel aus der Sache mir uns. wie ich mir gewünscht hatte. Wir knutschten zwar, aber Riker war nach wie vor verliebt in seine beste Freundin und konnte sich mit meinen Poly-Ideen nicht anfreunden. Stattdessen war er begeistert von den Drohnen und unserem Projekt. Wir arbeiteten zwei Wochen daran, und konnten Demos, Politik und die Asylrechtsverschärfungen vergessen. Wir gingen durch novembergraue Straßen, das Flugobjekt über unseren Köpfen. Wir kombinierten die Fotos mit alten und ein paar neuen Gedichten von Riker und wollten ein Heft rausbringen. Die Kälte des Winters, die Kälte der kapitalistischen, rassistischen, sexistischen Gesellschaft, gesehen aus kalten Augen. Kaltland, ein Gedichtband.

Wir singen Shakira, Objection. Ich liebe das Lied. Es widerspricht mir total und trotzdem kann ich mich so gut reinversetzen. „*This is pathetic and sardonic, it's sadistic and psychotic, tango's not for three, was never meant to be …*"

„Poly …", sagt Riker, „ich kann das nicht, ich weiß nicht wie das gehen soll."

Riker sitzt in meiner Hängematte, seine nackten Füße schauen heraus. Wie ich seine Füße liebe! Mein Blick wandert über die winzigen Härchen auf den Zehen, beschienen vom Licht der Wintersonne.

Ich sitze auf dem Boden neben ihm. Heute Morgen habe ich unsere Bücher aus dem Copyshop geholt, jetzt habe ich ein Exemplar vor mir ausgebreitet um mir die Bilder anzusehen.

„Steph", sagt Riker. „Ich kann das nicht."

„Was denn jetzt genau?"

„Mit dir."

Ich schaue ihn an, ungläubig.

Er sieht zu Boden.

„Ich will das nicht", sagt er. „Das ist nichts für mich. Du hast Maria und, wie heißt sie …"

„X", sage ich. „Link. Aber die beiden, es ist nicht … Du bist …"

„Steph", sagt Riker. „Ich brauch jemanden, der einfach für mich da ist. An erster Stelle. Primary. Unkompliziert."

Ich nicke.

„Das kannst du mir nicht geben", sagt Riker.

Ich nicke.

„Wollen wir Freunde bleiben?"

„Ich weiß nicht", sag ich langsam, „ob ich das kann."

„Ich gehe jetzt", sagt Riker. Ich nicke. Wir umarmen uns.

Dann zieht er die Tür hinter sich zu, ich beiße ins Kissen und flenne unkontrolliert.

„*… Tango's not for three, was never meant to be but you can try it, rehearse it or train like a horse but don't you count on me, oh don't you count on me boy – Ah!*“ Wir kreischen es mit und singen den Refrain zu Ende. Ich kann ihn verstehen, denke ich. Ob es überhaupt okay ist, dass wir jetzt irgendwie wieder was haben? Er will sich ablenken und vielleicht mag er mich auch irgendwie. Aber das ist doch alles verkorkst.

„Ich muss mal aufs Klo“, sag ich.

Maria und Vanessa setzen sich an die Bar. Vanessa erzählt Maria irgendwas, von ihrer Arbeit wahrscheinlich. Maria runzelt die Stirn und nickt.

Mir ist schlecht. Hab ich zu viel gegessen oder zu wenig? Ich kipp mir kaltes Wasser ins Gesicht. Diese ganzen Geschichten. Und wir gehen hier her, singen sentimentale Lieder und dann kommt es alles wieder hoch. Schon irgendwie seltsam, denk ich, dass ich dabei an Riker denke, und nicht an Link.

Mit Link war es so kompliziert. Link wollte mich sehen, aber wollte es auch nicht. Link verstand alles falsch und dafür liebte ich Link. Vermutlich kann ich keine Beziehung führen, denke ich manchmal, ohne dieses Gefühl, dass mir im nächsten Moment alles um die Ohren fliegen könnte. Das ich es gut festhalten muss, noch einen Moment, weil es im nächsten explodiert. Wenn es so ist, war Link perfekt für mich. Ich konnte so viel in unsere Beziehung investieren, Problemgespräch nach Problemgespräch war ich überzeugt davon, dass wir eine Lösung für alles finden würden.

Und Maria und ich … wir passten nicht zusammen, soviel war uns beiden klar. Sie redete zu viel, ich wollte nicht monogam leben. Wir wollten nie, dass es eine feste Beziehung wird, wir hatten nur diese unglaubliche Chemie zwischen uns. Und plötzlich war es enger, als wir beide ertragen konnten.

Ich komme zurück. Vanessa und Maria sind wieder in der Kabine. Ich falle den beiden um den Hals. Vanessa ist angetrunken und Maria sieht etwas geschockt aus. Keine Ahnung worüber die geredet haben.

Wir singen Diva von Dana International. „*Viva Maria*“, singe ich und zwinkere ihr zu, „*Viva Victoria, Aphrodita …*“

Warum hat sie ausgerechnet diesen Namen gewählt? Maria. Es kommt mir manchmal so unverständlich vor wie die Tatsache, dass das Einhorn, das Symbol für die unbefleckte Empfängnis, jetzt das Lieblingstier der queeren Bewegung ist.

Ich wurde wütend, wenn wir uns getroffen haben. Weil sie sich verschlossen hat vor mir! Weil sie sich Jannis gegenüber öffnete. Meine Wut entlud sich in Alltagssituationen, wurde für uns beide unerträglich.

Wir sitzen auf ihrem Bett. Ich hab meine Arme um sie gelegt und meinen Kopf an ihre Brust gelehnt. Sie sitzt da und schaut an die Decke.

„Maria?“

„Hm?“

„Warum bist du immer so verschlossen?“

„Was meinst du?“

„Du lässt mich nicht zu dir ran.“

„Du bist doch hier, bei mir.“

„Naja, ich mein, beim Sex zum Beispiel. In letzter Zeit … Manchmal liegst du nur noch da und ich weiß gar nicht ob du noch Spaß hast.“

„Ähh. Also. Hm … wenn ich was mache, ist das wohl ein Zeichen dafür, das ich Spaß habe. Und wenn ich nur noch so rum liege …“

„Okay“, sage ich. „Ich glaub ich bin verunsichert. Weil du … Ich darf dich nicht in den Arsch ficken. Und Jannis darf.“

„Was ist eigentlich bei dir schief gelaufen, dass du mir das vorwirfst! Vielleicht … Vielleicht fühlt es sich mit Jannis eben besser an? Vielleicht bin ich dir keine Rechenschaft schuldig Steph? Vielleicht ist das nichts, was man ‚darf‘ jemanden in den Arsch ficken, weil das nichts ist, was man zulässt, jemandem erlaubt, sondern was man macht, wenn beide richtig Bock drauf haben?“

„Maria, ich wollte doch nur …“, rede ich beruhigend auf sie ein

und tätschele ihren Arm.

„Lass mich los", zischt sie und ihre Augen verengen sich. Ich ziehe meine Hand zurück.

„Hallo?", sage ich, „was ist denn mit dir los …"

Sie spricht langsam und durch die Zähne. „Du bist dir vielleicht nicht bewusst, wieviel Druck du aufbaust, Steph. Aber dass ich mich schon kaum mehr traue, Nein zu sagen, wenn du mich anfasst, das sollte dir zu denken geben."

Jetzt rücke ich von ihr weg.

„Es tut mir leid, Maria", beteuere ich. „Ich wollte dich nicht unter Druck setzen! Ich hab doch immer gefragt!"

„Wenn du mich immer und immer wieder fragst, Steph, dann hab ich auch irgendwann keine Kraft mehr, noch Nein zu sagen."

„Was? Wenn du dich so von mir unter Druck gesetzt fühlst. Warum bist du dann überhaupt mit mir zusammen? Du sagst nichts? Bedeutet dir das alles nichts? … Maria? Willst du das ich gehe?"

Sie nickt. „Ich denke das wäre besser."

„Dann komme ich auch nicht wieder."

„Okay."

Was ist grade passiert? Ich wollte doch nur mit ihr reden, darüber, warum wir nicht mehr aufeinander zugehen können, und dann haben wir uns getrennt? Während ich meine Sachen greife, spüre ich ein Loch in meiner Brust aufklaffen. Es tut weh. Ich will das nicht. Ich will nicht gehen. Ich kann nicht gehen.

„Maria", sage ich, „ich will nicht gehen. Aber ich will dich auch nicht belasten."

Sie schaut zu Boden.

Ich laufe zur Tür. Tränen schießen mir in die Augen. Es ist vorbei.

Ich atme tief durch, dann mache ich ‚Bad Romance' an.

„Das ist mein Song", kreischt Vanessa. Sie schnappt sich das Mikro.

„Rah rah uhlala… Roma, Romama…“

„Was hat sich Lady Gaga bei diesem Lied gedacht?“, sagt Maria und schüttelt den Kopf. „Habt ihr mal auf den Text geachtet?“, brüllt Vanessa. „Literarische Topleistung!“

Maria steht auf und tanzt mit ihr. Die beiden kichern. Ich stelle mich zu ihnen und wir lassen alle drei unsere Hüften kreisen. Die Welt verschwimmt, Farben fließen ineinander, wir machen absonderliche Geräusche ins Mikrofon und meine Gedanken hängen an diesem Abend vor kaum einem Jahr, nachdem ich aus Marias Wohnung gerannt bin.

Georgia steht am Schnapsstand im Eingangsbereich vom Schwuz. Sie hat jemanden in ihre Federboa gewickelt und die beiden tanzen. Sie dreht den Kopf und schaut mich an.

„Du siehst nicht gut aus“, sagt sie.

Ich zucke mit den Schultern, greife einen Mexikaner vom Schnapstablett.

„You do you“, murmelt sie genervt.

„Mach ich auch!“

Auf dem großen Floor kommt Lady Gaga.

I want your loving and I want your revenge, you and me could write bad romance.

Es ist eine dieser Tage wo ich eine halbe Stunde tanze und mir schon wen angelacht habe. Sie weiß schon was sie will, wir tanzen sehr schnell eng und sie greift mir an den Arsch. Erregung und Unwohlsein bauen sich gleichzeitig auf.

Ich will dem Unwohlsein keinen Raum geben und schlinge die Arme um sie. Wir knutschen lange und sie schmeckt mir zu sehr nach Kaffee. Wir machen hart rum, fassen uns überall an, sie hat scheinbar tatsächlich keine Zeit zu verlieren und fragt mich ob ich mitkomme aufs Klo. Ich nicke.

Sie klappt die Klobrille runter und setzt sich drauf. Ich geb ihr einen langen Kuss, dann knie ich mich vor sie hin und lecke sie. Es macht mir Spaß. Sie schmeckt sehr eindrücklich, nicht grade gut, aber besonders und irgendwie gefällt es mir. Ich wette sie isst

Fleisch und anderen ekligen Kram. Ich fange langsam an, lecke und hauche überall. Nehme ihre Schamlippen in den Mund und sauge vorsichtig daran. Dann fokussiere ich mich immer mehr auf ihre Klitoris, stecke ihr einen Finger rein, lecke und fingerficke sie. Ich nehm mir Zeit bis sie kommt. Sie atmet schwer, lehnt sich zurück und fixiert meinen Kopf zwischen ihren Beinen. Dann hat sie genug. Das hat mir echt Spaß gemacht, und wenn wir uns jetzt zusammen hinsetzen und noch nen Drink teilen würden, und wenn sie dabei keinen Quatsch reden würde, wäre meine Stimmung eigentlich gerettet. Das Problem ist nur, sie hatte so viel Spaß, dass sie jetzt unbedingt will, dass ich auch noch komme.

„Ich werde hier nicht kommen!", sage ich.

Sie sagt, „Doch, darauf kannst du dich verlassen. Ich will, dass du kommst."

Ich will eigentlich, dass sie die Finger von meinen Genitalien lässt. Aber grade packe ichs nicht, sie so hart zurückzuweisen. Ich sitze also auf ihrem Schoß, halte mich halb am Türknauf fest um nicht zu schwer für sie zu sein, während sie in meine Baggy Pants greift, an mir rumfummelt und meine Erregung proportional zu ihrem Dirty Talk wahnsinnig schnell unter null gesunken ist.

Sie sagt am laufenden Band Sachen wie: „Du bist so ein schönes Mädchen!", oder: „Deine Pussy ist so geil."

Scheiße einfach, die ich beim Sex nicht hören will. Siehst du nicht, dass ich ne Butch bin, denke ich, warum denkst du, wenn ich von irgendwem hören will, dass ich ein schönes Mädchen bin, schneid ich mir die Haare auf drei Zentimeter und lauf nur in Baggy Klamotten rum? Woher weißt du, dass mich deine Meinung zu meinen Genitalien interessiert und warum bildest du dir ein zu wissen, wie du sie nennen darfst?

Sie sagt: „Ich weiß wie schwer es ist zu kommen!", ich sage, „ich werde jetzt gehen!", sie sagt: „Nein komm schon, noch ein bisschen, ich weiß es ist schwer, aber du bist so schön und du hast es mir so geil besorgt, ich will dass du kommst."

Also bleibe ich sitzen, noch ganze fünf Minuten oder so, wäh-

rend sie immer verzweifelter an meiner Vulva rumfuhrwerkt. Ich schließe die Augen und dann denke ich an Maria, wie sie mich anfasst, streichelt, wie sie es mir besorgt und ich ihr und wie gut es war und mir wird schlecht. Lass mich los, sag ich zu der Unbekannten, ich geh jetzt pinkeln, alleine, in der anderen Kabine. Ohne auf sie zu achten stolpere ich nach draußen, bin in der nächsten Kabine, in der ein zugeknotetes Kondom auf dem Boden liegt, wische die Klobrille ab, setze mich drauf und weine. Sie steht davor und entschuldigt sich endlos.

„Verpiss dich und lass mich in Ruhe scheißen!", brülle ich. Endlich geht sie, und ich bleibe sitzen, geschüttelt von stummem Weinen, Maria, ich will nicht ohne dich sein.

Als ich die Kabine verlasse, hab ich meine Trauer verstaut, und eisige Wut ist zurück geblieben, auf diese Frau die mich anfasst und mit mir spricht, als hätte sie ein Anrecht auf meinen Orgasmus.

Rara, romama, lala uhlalaha, caught in a bad romance.

Ich laufe raus aus dem Schwuz. „Ra, ra, romama-a!", schreie ich in den Himmel. Zwei der Türsteher kommen auf mich zu gerannt und reden auf mich ein.

Ich soll leise sein, den Mund halten, die Anwohner, etc. etc …

„Warum so vorwurfsvoll?" pöbele ich, „ich hab euch nichts getan!"

„Geh einfach", sagen sie.

Ich laufe ziellos durch Neukölln. Ich hab keinen Ort an den ich will. Ich will nirgendwo sein. Ich komme den neumodischen Spielplatz in der Boddinstraße und lasse mich in den Sand fallen.

Ich liege auf dem Rücken und schaue in den wolkenlosen, aber stadtlichtergelben Himmel. Ich drehe mich auf den Bauch und schreibe Worte in den Sand. Ich murmele vor mich hin, Wörter, Sätze, Reime:

Scherben auf dem Boden

Splitter überall

kaputt zerstört verbogen

ich im freien Fall

Scherben auf dem Boden

Flecken an der Wand

dreckig und verlogen

Hast du mich genannt

Das letzte wiederhole ich: Dreckig und verlogen. Hast du mich genannt.

Das letzte in der Liste ist ‚Wrecking Ball'. Ich schnappe mir das Mikro. Mein Blick wandert von Maria zu Vanessa, ich schau mal der einen, mal der anderen in die Augen und singe.

„*Don't you ever say*

I just walked away

I will always want you."

Ich schließe die Augen und denke an Riker.

„*I can't live a lie*

running for my life

I will always want you."

Vanessa greift sich das zweite Mikro und Maria singt in meins, wir schreien uns die Seele aus dem Leib.

„*I came in like a wrecking ball! I never hit so hard in love! All I wanted was to break your walls, all you ever did was – wreck me.*"

Ich wollte nur zu euch ran, denke ich, nur zu euch vordringen. Ich kam in euer Leben, nackt wie Miley Cyrus auf einer Abrissbirne und hab alles in Stücke geschlagen.

Als wir rausgehen, regnet es in Strömen. Gut, dass es regnet, denke ich. Der soll alles wegwaschen, alles von mir, alte Geschichten, Übelkeit, ich will Regenwasser trinken und im Gulli zerfließen und neu beginnen.

Lieber Puma

In der Bahn nach Hause lege ich meinen Kopf auf Marias Schulter. Ich bin so müde. Vielleicht check ich meine Mails noch mal, denk ich, vielleicht hat mir jemand geantwortet auf die WG-Anfragen … Ich kann die Augen kaum noch aufhalten, aber als ich es lese, bin ich hellwach.

„Ich bin die nächsten anderthalb Monate auf Usedom", schreibt Puma, „ihr könnt gerne in meine Wohnung. Unter der Fußmatte liegt der Zweitschlüssel. Fühlt euch wie zu Hause, Kühlschrank ist leer, im Schrank ist noch Saft. Trinkt genug Wasser. Liebe Grüße, Puma"

Ich fühle, wie etwas Warmes, Weiches mich umschließt. Wo bist du gewesen, denke ich, wo bist du nur gewesen.

„Maria", sage ich, „Maria, wir können in Pumas Wohnung!"

Ich spüre meinen Körper kaum, als ich im Zug sitze, nur dann und wann glaube ich, eine zarte Bewegung zu spüren, die mich wach hält, die mich ins Jetzt zurück bringt.

Wir gehen die Hauptstraße entlang und schauen in die Schaufenster. Blumen, Brautkleider und ein Laden, der nur Pokale und Medaillen verkauft. Ich bin lange nicht hier gewesen, in Friedenau. Ein paar Straßen von hier bin ich aufgewachsen, bevor meine Mutter mit mir nach Bremen zog. Puma ist hier geblieben, meine Heimat, mein Anker, aber immer zu weit weg, nie wirklich da.

Noch ein paar Schritte. Wir klingeln uns ins Treppenhaus und laufen nach oben. Wir heben die Fußmatte hoch, da liegt der Schlüssel. Wir drehen den Schlüssel im Schloss.

„So bourgeois!", sagt Maria und kichert. „Ja ach, ich hab zufällig eine Wohnung frei, zieht doch ein."

„Beschwerst du dich?", frage ich müde. Maria grinst nur. „Es erklärt einfach nur dein Sicherheitsempfinden", sagt sie. „Die ganze Zeit hast du mir erklärt, ich solle mir keine Sorgen machen, und hattest dabei sowas hier im Hinterkopf."

Wir liegen auf den dunklen Teppichen, ich streiche mit den Fingern darüber. Es ist kalt und ich würde gerne kuscheln, aber zwischen uns liegen Armbreiten, Ebenen, Welten.

Ich spüre den Raum um mich herum, seine Gegenwart. All diese Bücherregale, diese Arbeit, investiert für was? Pfeifenrauch, so tief eingezogen in die Polstermöbel, ich vermisse seine dürre, hagere Gestalt, seine dichten Haare, die langsam weiß werden, seinen trockenen Humor. Seine Gestalt, wie in meinen ersten Erinnerungen, ähnlich der einer Raubkatze, die durch die Räume schleicht, auf der Jagd, aber unsicher, auf was.

Ich hole Riker aus dem Krankenhaus ab.

„Mein Vater war mich besuchen", sagt er, als ich neben seinem Bett stehe. Riker packt noch seine Sachen zusammen. Heute haben sie ihm die Drainagen gezogen. Gleich können wir gehen. Er wird entlassen und schläft für ein paar Tage bei uns.

„Hier? Im Krankenhaus?", frag ich.

„Ja."

Ich streiche vorsichtig über seinen Arm und schaue ihm in die Augen. Er schaut zurück und mein Herz macht einen Sprung.

„Wie wars?“, frage ich.

„Rauf und runter“, sagt Riker, „schrecklich und schön.“

„Ihr habt euch lange nicht gesehen?“, frage ich.

„Drei Jahre“, sagt Riker.

Ich schaue ihn an und warte, ob er weiter spricht. Um die Augen hat er winzige Fältchen, fällt mir auf.

„Er wusste nicht, dass ich trans bin“, sagt er. „Und als ich ihn angerufen hab, und von der OP erzählt hab, ist er gleich zu mir gefahren. Und … er hat mir selbstgekochtes Essen vorbeigebracht … und er hat mir seine Fotos gezeigt …“

„Er ist Fotograf oder?“

„Ja. Und ich dachte immer, gleich muss ich heulen und ich hab mich so zu Hause gefühlt … Aber ich hab auch gesehen, dass er es schwer hat … er wird alt und er hat depressive Schübe, so wie ich … ich mach mir Sorgen um ihn.“

Ich denke an Puma in seinem verqualmten Wohnzimmer und nicke.

„Und dann, ihr seht euch zum ersten Mal wieder und du bist hier im Krankenhaus und dann so …?“

„Es war too much in dem Moment einfach, weißte?“, sagt er. „Vorher am Telefon haben wir nie über sowas gesprochen. Über Geschlecht oder so. Und naja, schon alleine meine Stimme klingt ja etwas anders als er sie in Erinnerung hat. Und plötzlich hör ich seine Stimme und ich denke nur: sag es, sag es, sag es! … und krieg aber keinen Ton raus.“

„Kann ich mir vorstellen“, murmele ich, aber ich weiß gar nicht genau, ob ich mir das wirklich vorstellen kann. Ich weiß nicht, ob meine Scham mit dem, was er gefühlt hat, vergleichbar ist.

„Und ich habs gesagt“, erzählt Riker, „und danach war er ganz wortkarg und hat kaum noch mit mir gesprochen. Das war schlimm, ich dachte nur noch, jetzt ist es raus, er hasst mich … ich wusste nicht, was er hatte. Aber als er dann hier war, hat er mit mir geredet. ‚Riker‘, hat er gesagt, ‚warum Riker?‘ Ich wusste nicht, was er meinte, bis klar war: er meint meinen Namen! ‚Du willst ein Mann sein‘, hat er gesagt, ‚okay. Aber warum willst du ein weißer Mann sein?‘ ‚Was‘, hab ich gesagt,

‚ich will kein weißer …‘ ‚… Der Name‘, hat er gesagt. ‚Weiße vergessen nicht einfach, dass du Schwarz bist, wenn du es bloß nie erwähnst und einen möglichst weißen Namen trägst.‘ ‚So ist das nicht‘, hab ich gestammelt, ‚Riker klingt wie mein alter …‘ ‚… Wie dein alter Name‘, sagt er, ‚Friederike, Rike, Riker, schon klar‘, und in seiner Stimme liegt Wut. Ich zucke zusammen, als er meinen toten Namen ausspuckt. ‚Von einem urdeutschen Namen‘, sagt er, ‚die weibliche Form von Kaiser Friedrich, zu Commander Riker, einem langweiligen weißen Space Cowboy wie tausend andere auch.‘ Riker ist nicht, wollte ich sagen, nicht wie jeder andere auch … und ich wollte den Namen rechtfertigen, den meine Mutter mir gegeben hat, obwohl ich ihn hasse. ‚Es tut mir leid‘, hat er gesagt, ‚ich bin vielleicht nur wütend auf mich selbst. Dass ich so viel deiner Mutter überlassen habe. Dass ich nicht mehr um dich gekämpft hab.‘“

„Wow“, sage ich. „Also lehnt er deinen Namen ab, weil Commander Riker weiß ist? Ist das nicht …“

„Was?“, sagt Riker spöttisch, „Umgekehrter Rassismus gegen Weiße?“ Er wirft mir einen verächtlichen Blick zu. Ich verziehe das Gesicht und sehe zu Boden.

„Ha ha“, sage ich. „Ich wollte sagen: ist das nicht irgendwie bevormundend?“

Riker zuckt mit den Schultern.

„Das verstehste nicht“, sagt er, „wenn man seinen Vater so vermisst hat …“ Ich nicke. Vielleicht ist es dann gar nicht schlecht ein bisschen bevormundet zu werden, denke ich.

„Erzählst du weiter?“, frage ich Riker.

„Ich hätte fast geheult“, fährt Riker fort. „Alle möglichen inneren Zweifel kamen plötzlich hoch … was soll das denn heißen, weiße Namen, wollte ich ihm sagen, es ist ja jetzt nicht so, als hätte ich mich Julius Immanuel Johannes genannt und überhaupt, mein Name ist ja wohl nicht weiß, wenn ich ihn trage, und gleichzeitig kommt alles in mir hoch, was sich vorher gegen diesen Namen gesperrt hat. Und er schaut mich an und sagt: ‚Ich versteh, dass du Star Trek liebst, aber warum Riker? Warum nicht, warum nicht zum Beispiel Sisko? Der würd eh viel besser zu dir passen.‘ Und ich beiß mir auf die Lippen, mein Herz klopft wie verrückt. ‚Ich bin nicht‘, hab ich gesagt, ‚ich kann nicht …‘, der ist zu cool für mich, hab ich gedacht. ‚Was kannst du nicht?‘, fragt er. Ich bin ihm ausgewichen, ‚Welcher Sisko?‘, hab ich gefragt. ‚Der Captain, oder Jake, oder der Großvater, haha …‘ ‚Du musst dich nicht entscheiden‘, sagt er. ‚Du bist ja schon Autor wie Jake, und ein großartiger Koch wie der Großvater, und ich wette, du wärst auch ein guter Captain.‘ Ich hab die Tränen zurückgehalten und genickt. Dann bin ich aufgestanden und wir sind unten im Garten spazieren gegangen und wir haben ausprobiert, wie der Name sich anhört. Dann hat er mich angeschaut und gesagt, ‚Sisko, mein Sohn‘.“

„Wow“, sage ich. „Also …?“

Er streckt mir seine Hand entgegen.

„Sisko“, sagt er.

„Angenehm“, sage ich mit einem Lächeln. Ich werfe seine Tasche über den Rücken, nehme seine Hand in meine und wir verlassen das Krankenhaus.

Wir richten uns ein in der Wohnung. Sisko hat seinen Kram um die Sofaecke herum verteilt: Kuscheltiere, Klamotten, mehrere Packungen Schmerzmittel, leere Testogel-Spender und Unmengen beschriebene Seiten in seiner krakeligen Schrift. Maria hat das Schlafzimmer für sich beansprucht und verbringt dort die meiste Zeit. Ich habe mir eine Isomatte ins Arbeitszimmer gelegt und meinen Roboterkram. Manchmal setze ich mich hin, um ein bisschen zu basteln, aber kann mich kaum fokussieren.

„Er ist überall hier!“, sage ich zu Maria.

„Es ist ja auch seine Wohnung.“

„Wie ein Geist!“

„Du bist besessen“, sagt sie.

„Kann sein, aber … Diese Bücher! Kannst du dir vorstellen, hier so als kleines Kind rumzukrabbeln und immer zu diesen Büchern aufzusehen?“

„Äh, nein?“, sagt Maria trocken. „Das kann ich mir nicht vorstellen.“

Ich sitze im großen Sessel und lasse die Beine baumeln. Ich nehme eine Yuen-Münze und versuche, sie so in der Hand zu drehen, wie Puma es tut.

Sisko liegt auf der Couch. Sein dünner Arm hängt von der Lehne und erinnert mich an den Ast eines vertrocknenden Baumes. Ich stehe auf, um ihm Wasser zu bringen. Meine Füße kleben auf dem Linoliumboden im Flur. Der Wasserhahn in der Küche tropft, und die Fruchtfliegen haben sich verzwanzigfacht. Ich beeile mich wieder ins Wohnzimmer zu kommen und reiche Sisko das Wasserglas. Er nimmt es. Er trinkt kleine Schlucke. Erschöpft sieht er jetzt aus, vor allem erschöpft. „Soll ich dir noch was zu Essen machen?“, frage ich.

„Nudeln mit Kotze fänd ich gut“, sagt er leise und ohne eine Miene zu verziehen, „so wie gestern.“ „Du bist gemein“, sage ich und muss lachen. Gestern hab ich Quark in die Tomatensoße gerührt, weil ich wollte, dass sie etwas nahrhafter wird. Maria und Sisko haben sich geweigert, die flockende, breiige Masse, in der weiße Quarkfetzen und Gemüseklumpen schwammen, überhaupt zu probieren. Sisko meinte nur trocken, er esse kein Erbrochenes, Maria behauptete höflich, sie sei eh vegan und dass der Quark containert wäre, sei auch egal.

„Hat aber geschmeckt“, grummele ich.

„Ich bin mir sicher, es war ganz erlesen“, murmelt Sisko. „Sehr delikat.“ Er spreizt den kleinen Finger ab, während er an seinem klobigen Wasserglas nippt.

„Ich präsentiere eine ex-qui-site deutsche Delikatesse“, sagt er mit Oberkellnerstimme, „Nudeln mit Kotze.“

Ich kichere, bis es mir peinlich ist, immer noch zu lachen, muss pupsen und werde rot. Sisko wirft mir einen spöttischen Blick zu. Vom Lachen würde seine Brust weh tun und er schafft es, sich zusammenzureißen. Ich beiße in meine Wange. Irgendwie gelingt es mir, eine ernste Miene aufzusetzen.

„Du musst etwas essen, Sisko.“

„Was gibts denn?“, sagt er schwach.

„Kartoffeln mit Spargel“, biete ich an. „Gnocci? Tiefkühlgemüse?“

„Was für Almanvorschläge …“, flüstert Sisko. „So trist wie diese Tapete, an die ich den ganzen Tag starren muss.“

„Bestell dir halt Sushi!“, gifte ich und werfe ihm die Karte ins Gesicht.

„Cultural Appropriation als Ausweg aus der eigenen Kulturlosigkeit!“, stichelt er unter der Karte hervor. Ich reiße sie wieder weg.

„Dann bestell ich halt nur für mich!“, garste ich und verlasse das Zimmer.

„Für mich eine Misosuppe!“, ruft er mir hinterher.

„Und Inari Nigiri und Avocado Maki?“

Er nickt und lässt seinen Kopf zurück aufs Sofa sinken.

„Wir sollten einen Ventilator kaufen“, murmelt Sisko. Ich gehe in die Küche, um ihm ein neues Coolpack für seine Brust zu bringen. Er legt das alte beiseite, nimmt das neue aus meiner Hand und schiebt es vorsichtig unter sein halboffenes Hemd.

„Wie sieht es aus?“, frage ich.

„Gut!“, sagt Sisko. „Hier ist noch ein großer Bluterguss. Mal schauen, ob der weggeht oder ob da noch was gemacht werden muss.“

„Ok“, sag ich und leg ihm die Hand auf die Schulter. Wird schon. Es sieht tatsächlich ziemlich gut aus. Die Brust ist flach, aber nicht eingefallen, die Nippel sind mit großen Pflastern abgeklebt und die Schnitte mit jeweils einem länglichen Pflaster. Ein bisschen beneide ich Sisko um diese schöne, flache Brust, mit der er nächsten Sommer sicher schon oberkörperfrei an den Strand gehen kann.

„Ob es eine zweite OP geben muss, sehen wir dann noch“, meint Sisko beiläufig.

„Was, noch eine?“

Er zuckt mit den Schultern und nickt.

„Und wann weiß man das?“

„In ein, zwei Monaten dann“, sagt Sisko. „Und man weiß halt noch nicht, wie es sich dann entwickelt … Wie viel Gefühl ich in der Brust haben werde. Wie es klappt, mit der Blutzufuhr zu den Nippeln …“

„Und das sagst du jetzt so lässig? Ist dir das egal?“

Sisko hebt seinen Arm, greift mir ums Handgelenk und vergräbt seine Nägel in meiner Haut. Seine Augen fixieren mich.

„Halt die Klappe jetzt!“, sagt er. „Denk nicht drüber nach.“

Ich schlucke. Beiße mir auf die Wange. Sein Griff lockert sich.

„Willst du noch ein Glas Wasser?“, frage ich. Er nickt. Auf dem Weg zur Küche gehe ich ins Arbeitszimmer und schließe die Tür. Ich knie mich auf den Boden und boxe in mein Kissen, immer wieder. Schweiß läuft meinen Rücken herunter und ich beiße die Zähne fest zusammen, um nicht laut zu schreien. Als ich mit dem Glas Wasser wiederkomme, ist Maria da und hat Sisko eine Hand auf die Stirn gelegt. Die beiden sehen mich an. Ich gehe zu ihnen und wir alle tauschen Berührungen, sanft und vorsichtig.

„Guck mal Steph“, sagt Maria, während ich auf dem Sofa liege und eine Roboterhülle bemale. Sie zeigt mir ein Bild von einem Pferd und einem Wal auf ihrem Laptop.

„Du hast dich doch immer gefragt, was das soll mit den Einhörnern. Das Horn des Einhorns ist lang, grade und sieht aus, als wären zwei Stangen ineinander verdreht. Es ist schmal und läuft nach vorne hin spitz zu. Das kommt, weil im Mittelalter Zähne von Narwalen als Hörner eines Einhorns ausgegeben und verkauft wurden. Das Horn, das Horn des Narwals also, ist in den Einhorndarstellungen vom Mittelalter eine total makabere Konstante.“

„Hm“, sage ich, „und das Tier ändert sich immer?“

„Ja, das Tier selbst ändert sich: mal ist es eine Art Ziegenbock, mal sieht es aus wie eine Art Hund oder Lama, mal wie ein ganz normales Pferd oder Pony, bis auf dieses Horn, das einem unglückseligen Meeressäuger geklaut wurde.“

„Hmm …“, mache ich. „Und erklärt das irgendwie, was Einhörner mit queer zu tun haben?“

„Ach, keine Ahnung“, sagt Maria. „Wenn du mich fragst, sind Einhörner tot. Out. Durch. Ein für alle mal. Neulich hab ich im Supermarkt Einhornschnaps gesehen, den du trinkst und dann scheißt du Glitzer.“

Dann ist sie schon wieder im Schlafzimmer und macht die Tür hinter sich zu. Wir reden nicht über die Zukunft, Maria und ich. Ich will ihr etwas Zeit geben. Zeit, alles sacken zu lassen, die Trennung von Jannis und alles. Zur Ruhe kommen. Ich will sie nicht schon wieder drängen, unter Druck setzen, nötigen. Ich schweige und sie auch. Was sie sich wohl denkt? Worüber sie nachdenkt? Grübelt sie, jeden Tag, oder verdrängt sie? Sie schreibt, ich weiß nicht, was. Manchmal sieht sie zu mir rüber und tippt weiter. Ich höre sie Egoshooter spielen, oder Querflöte. Ich weiß nicht, was mit ihr los ist, aber das ist okay, sage ich mir. Ich weiß ja nicht mal, was mit mir selbst los ist. Also warten wir, als würde eine Erkenntnis vom Himmel fallen, wir warten, wie auf ein Wunder. Es fühlt sich an, als könnte es für immer so bleiben, so lange wir nur die Wohnung nicht verlassen, und nicht darüber sprechen. Es ist, als würde die Zeit stillstehen, während dem Gummibärchen in meinem Bauch vermutlich grade rasend schnell ein Gehirn-Prototyp wächst.

❋ ❋ ❋

„Ich wüsste gerne“, sagt Sisko, und schaut mich neugierig an, „was mit dir los ist.“

„Was meinst du?“, frage ich.

„Was dein Ding ist, was dein Problem ist.“

„Was, vorhin?“

„Nee, so generell. Im Leben. Wie du wirklich tickst.“

„Hm“, sage ich. „Meinst du ich verdräng zu viel?“

„Vielleicht hast du das nicht so gelernt“, sagt Sisko, „über Gefühle nachzudenken.“

„Wie machst du das denn?“, frag ich.

„Ich weiß nicht“, sagt Sisko. „Ich hab immer eher zu viele Gefühle. Zu viel, was raus will und nicht kann. Aber … ich weiß nicht obs zu viel ist. Dieser innere Druck ist ja auch das, was macht, dass ich schreibe. Manchmal denk ich, ich wünsch niemandem, in meinem Kopf zu stecken. Aber ich würd auch mit niemandem tauschen wollen."

„Maria sagt, ich soll mehr auf meine Gefühle hören", sage ich.

„Kann nicht schaden", sagt Sisko.

„Du nicht auch noch … Meine Gefühle … Ich komm da nicht so leicht ran. Das ist wie ein Klumpen in meinem Magen, da geht der ganze schlechte Kram hin, und bleibt da und verknotet sich noch weiter und weiter. Wie soll ich das entwirren? Zusammen mit dem, was sich die ganzen Jahre da angesammelt hat?"

Ich liege auf dem Teppich und Sisko zeichnet mich. Ich schau ihm dabei zu, hoch zu ihm.

„Du bist schön", sag ich.

„Du auch."

„Sag das nicht."

„Was? Warum nicht?"

„Sag, ich bin stark, oder sowas."

„Tschuldigung! Witzig, du bist so ein Ei."

„Ein was?"

„Ein Ei. Ein ungeschlüpfter trans Mensch."

„Was? So'n quatsch! Wieso sagst du sowas?"

„Ach schon gut …"

„Nee! Sag!"

„Du grenzt dich so übelst von allem ab, was irgendwie mit Femininität zu tun hast. Warum machst du das, wenn du angekommen bist?"

„Wo angekommen?"

„Da, wo du hin willst. In deiner Maskulinität."

„Ich bin ne Butch. Das ist alles."

„Ok."

„Mach keine Annahmen über mich!“

„Mach ich …“

„Doch machst du! Du machst ne Hierarchie auf zwischen uns, du bist weiter, weil du ein trans Typ bist, der keine Angst hat, sich feminin zu geben. Und ich bin nur die Butch, die es nicht checkt. Ich will keine Hormone. Ich werd immer als Frau gesehen, deshalb kann ich Weiblichkeit nicht so toll subversiv aufqueeren wie du.“

„Aha. Interessante Erklärung.“

„Was willst du denn jetzt …“, schäume ich.

„Hey. Mach was du für richtig hältst!“

„Mach ich. Ich bin nicht schön. Ich bin gutaussehend, Sisko.“

„Okay, okay.“ Er rollt mit den Augen. „Du bist sehr gutaussehend, Steph.“

„Lieber Puma,

in ein paar Monaten werde ich Vater.

Ich bin eine Butch. Das ist ein Wort für einen männlichen Haarschnitt und eine männliche Lesbe.

Ich bin schwanger.“

…Ich knülle den Brief zusammen und werfe ihn in die Ecke.

„Lieber Puma,

ich habe Angst, wer von uns als nächstes geht. Wer stirbt an Drogen und wer durch Suizid, weil wir die Welt nicht mehr ertragen? Du fühlst es sehr nah und du fühlst dich sehr allein.“

… Ratsch, macht das Papier, als ich es zusammenknülle.

„Lieber Puma,

Wenn ich durch die Straßen gehe, spüre ich eine Unruhe am ganzen Körper, etwas, das mich durchdringt und mich erfasst. In meinem Bauch sind so viele Gefühle, ein Chaos, das ich kaum richtig fassen kann. Ich komm klar, weißt du. Das bedeutet Butch sein. Ich komme klar. Ich verzweifele nicht an dieser Welt, einfach weil ich es mir nicht leisten kann. Ich verzweifele nicht an der Gewalt, die ich erfahre. Wenn du nicht verzweifeln willst, als Butch, kannst du hart werden. Dann verbitterst du, und etwas in dir stirbt. Dafür kannst du stark sein, ein Fels in der Brandung. Jemand schlägt dir ins Gesicht, du steckst die Hände in die Taschen und machst weiter. Diesen Weg bin ich bisher gegangen, aber ich bin am Ende. Ich muss einen neuen Weg finden, einen weichen Weg, aber ich kann …"

„Steph! Was ist das für ein Papierhaufen???"

„Rühr ihn nicht an, Sisko!", brülle ich. „Nicht gucken!"

„Wie kommt es", frage ich Sisko, „dass wir beide so auf unsere Väter fixiert sind?"

Sisko grinst und geht auf die Knie.

„Vater unser im Himmel", beginnt er zu beten und mir fällt wieder mal auf, wie tief seine Stimme geworden ist. Die ersten Worte triefen noch vor Ironie, dann …

Hör auf, will ich schreien, lass den Scheiß, ist ja gruselig, stattdessen folge ich dem Impuls, der so tief liegt, falte die Hände und stimme ein.

„Geheiligt werde dein Name.

Dein Reich komme."

Ich habe Gänsehaut.

„Dein Wille geschehe.

Wie im Himmel so auf Erden. Unser tägliches Brot gib uns heute

Und vergib uns unsere Schuld"

– Wie ich das als Kind gebetet habe, hoffend, man möge mir meine Sünden vergeben, die plötzlich unermesslich groß erschienen –

„Wie auch wir vergeben unseren Schuldigern."

– Egal was sie tun, egal was sie uns antun, vergeben, vergeben –

„Und führe uns nicht in Versuchung

Sondern erlöse uns von dem Bösen

Denn dein ist das Reich

Und die Kraft

Und die Herrlichkeit in Ewigkeit.

Amen.“ Sisko schreit das Wort. Ich stimme ein. Ein lautes, kehliges Gebrüll, als müssten wir das Gebet auslöschen, die häufigsten Worte, die wir in unserer Jugend gesprochen haben, gebetet in jeder freien Minute, bei jeder Unsicherheit, wenn wir nachts nicht schlafen konnten, Vater unser, Vater unser, Vater unser, erlöse uns von dem Bösen, dein ist die Kraft, wenn ich stark bin, kommt es von Dir, wenn ich schwach bin, von mir, wir schreien, bis es aus uns weicht, bis alles Gefühl von Beklemmung, von Fremdbestimmung, von uns gewichen ist, wir lassen uns auf den Boden fallen und sind wieder wir selbst geworden.

„Warum wir so auf unsere Väter fixiert sind“, sagt Sisko, „weil wir im fucking Patriarchat leben!“

„Daran können auch die armen Schweine, die zufällig unsere Väter sind, nichts ändern, auch wenn sie gerne würden“, sage ich.

„Mein Vater ist kein armes Schwein!“

„Ich weiß“, sage ich. „Klar.“

Donna macht mir die Tür auf in der alten WG, ich betrete die Wohnung.

„Na“, sage ich, „wurdest du verdonnat, mich zu bewachen.“

„Haha“, sagt sie und guckt böse.

„Ich werd nicht in eure Zimmer pinkeln“, sag ich, „du kannst dich entspannen.“

Sie kratzt sich nervös am Rücken.

„Ich hab nen Einkaufswagen unten“, erklär ich ihr, „um den Kram zu transportieren.“

„Ich helf dir runtertragen“, bietet Donna an.

„Hm“, sag ich. „Okay. Danke.“

Schweigend tragen wir die Kisten. Ich hab immer noch zu viele Bücher, fällt mir auf. Das macht alles komplizierter. Unten im Hof machen wir eine Verschnaufpause.

„Es tut mir leid“, sagt Donna, „was ich über Maria gesagt hab. Es tut mir leid, wie das gelaufen ist alles.“

„Hm“, brumme ich. Dir tuts leid, denk ich, mir tuts auch leid, dass es so transfeindliche Arschgeigen gibt wie euch beide.

Ich will aufstehen und wieder hoch gehen, um die letzten Kisten zu holen.

„Steph“, sagt sie. „Ich bin trans.“

Oha, denk ich.

„Ich bin nicht einfach nur Butch“, sagt Donna. „Ich bin ein trans Butch. Ich bin ein er. Ich will den trans Weg gehen.“

„Oh“, sage ich.

„Sarah akzeptiert das nicht. Als Maria dann da war, kam das alles hoch. Da hab ich das angesprochen und sie wollte nichts davon hören. Das ist ein Mann, hat sie gesagt, und du bist eine Frau. Ja, hab ich gesagt, du hast Recht, aber. … Eigentlich wusste ich. Sie hat unrecht.“

„Und was machst du jetzt?“

„Ich will mit Testo anfangen. Sie hat gesagt, wenn ich das tue, verlässt sie mich. Aber noch ist sie da. Vielleicht hofft sie, dass ichs doch nicht mache.“

„Und du hoffst, dass sie doch nicht geht.“

„Sie denkt, dass alles so laufen wird, wie sie es sich vorstellt.“

„Und du, du erträgst das. Wie immer.“

„Ich liebe sie.“

„Auch wenn du dich selbst dafür hassen musst?“

Schweigend tragen wir die letzten Kisten nach unten.

„Steph?“, sagt er verlegen. „Kannst du mir einen Arzt empfehlen?“

„Für Testo?“

Er nickt. „Einen, der schnell was verschreibt.“

„Es gibt so ne Liste“, sag ich. „Die such ich raus und schick sie dir“

„Danke.“

* * *

Ich schiebe den Einkaufswagen voller Kisten. Das war eine schlechte Idee, denke ich. Wie bin ich drauf gekommen, das alleine zu machen? Warum bin ich denn so schlapp? Mein Bauch fühlt sich ganz komisch an und ich hab schon wieder Hunger. Ich rufe Chris an und bitte ihn um Hilfe. Dann setze ich mich an den Straßenrand und warte.

Wie versaut mein Körper ist von dieser Stadt, denke ich. Jede dreckige Clubtoilette irgendwo eingeschrieben auf meiner Haut. Hätte ich Tattoos, hätte ich sicher eins für jede dieser Begegnungen, jeder unangenehme Fick mit einer Fremden würde irgendwo aufgelistet sein, vielleicht als Möwe auf meiner Schulter, weil sie mir einen kurzen Moment das Gefühl gab, zu fliegen, oder als Anker auf dem Armgelenk, weil ich dachte, ihren Dildo würde ich nie wieder aus ihrem Arsch raus kriegen. Sexparties, mein Gott, und wie viel Platz würde erst die unangenehme Stille einnehmen, die sich zwischen zwei Fremde legt, wenn sie merken, dass sie lieber doch nicht miteinander gefickt hätten.

All die Verletzungen, spürbar irgendwo, in meiner Distanz zur Außenwelt, in meinem Rückzug, bevor eine Berührung zustande kommt. Jedes Kompliment, das ungewollt dafür sorgt, dass ich mich in meinem Körper wie ein Fremder fühle. Jedes Pretty-Girl-Kompliment, was mich aus meiner Haut prügelt, wo ich doch so klar bin, was ich bin: Butch, Butch, Butch.

Butch, wenn ich mich anziehe. Butch, wenn ich in den Spiegel schaue. Butch in der Bahn, wenn der Typ zu seinen Kumpels sagt, die hat ja mehr Beinhaare als du. Butch, wenn ich mich geschämt hab, erregt zu sein, wegen dir, Vanessa, Butch, Butch, Butch, für alle meine Leute, Butch für mein Kind.

Die Tage vergehen in der Hitze. Wir sind wie weggeträumt, in unserer eigenen Welt. Am Abend liegen wir nebeneinander auf dem Sofa, Maria, Sisko und ich.

„Was ist eure erste Erinnerung?“, fragt Maria.

„Geborgenheit“, sag ich. „Der Gegensatz von Geborgenheit und Gruseln vielleicht. So eine wohlige Neugierde auf die Welt.“

„Das erste, woran ich mich erinnern kann…“ Sisko beißt sich auf die Lippe und sieht sich im Raum um. „Angst. Ein Gefühl von Bedrohung. Meine Mutter, die sagt, dass mein Vater nicht mehr zurück kommt. Ich werde ins Badezimmer gesperrt, wenn ich Wutanfälle krieg. Alles ist weiß gekachelt und ich kann nichts tun. Ich denke, ich bin selber Schuld.“

„Ich habe die Hand meiner Mutter gehalten“, sagt Maria. „Ich hab ihre Hand genommen und bin mit ihr nach draußen gegangen, weil sie Angst hatte, das Haus zu verlassen. Als wir wieder rein kamen, war da mein Vater und war böse. Hat sie getriezt und gesagt, dass sie hässlich ist, wenn sie weint.“

„Meine Eltern haben sich getrennt, ohne Streit“, überlege ich. „Hab davon nie was mitbekommen, als ich klein war. Wahrscheinlich hatte ich schon irgendwie ne glückliche Kindheit.“

Maria grinst. „Sag bloß.“

„Dann später, sie und ihr Freund haben sich schrecklich gestritten“, sag ich. „Und das Gymnasium dann, da fing es an, schlimm zu werden.“

Sisko beißt sich auf die Lippe. „Ich hatte ein Kuscheltier, Molly. Eine kleine graue Robbe.“

Maria sagt: „Ich hatte einen Playmobilmann. Ich hab mich nicht getraut, nach ner Kuschelpuppe oder so zu fragen. Ich hab ihn überall mit hingenommen in meiner Tasche und abends hat er unter meinem Kopfkissen geschlafen.“

„Ich hatte echt viele Kuscheltiere“, erinnere ich mich. „Ich konnte mich nie entscheiden, welches ich am liebsten mochte. Irgendwann, als ich zehn war oder so, hab ich alle in eine Kiste gepackt und zu meiner Mama gesagt, ich will die nicht mehr haben. Ich bin jetzt erwachsen. Später hab ich sie dann vermisst.“

„Als ich acht war“, sagt Sisko, „hat meine Mutter Molly den Schwanz abgeschnitten.“

„Sie hat was?!?“

„Ich hab sie angeschrien, wegen irgendwas. Dann hat sie Molly genommen und sie so in der Mitte durchgeschnitten. Ich bin in mein Zimmer, bin unter die Decke, hab mich nicht mehr bewegt. Am Abend hats ihr leid getan und sie hat sie wieder zusammengenäht."

„Scheiße … wie schlimm!"

„Klar", sagt Sisko.

Wir schweigen.

Maria sagt in die Stille hinein: „Einmal hab ich den Playmobilmann in meinen Arsch gesteckt. Wir mussten dann zum Arzt, weil er von selbst nicht mehr raus ging. Sie wollten wissen, was passiert ist. Ich hab gesagt, ich hätte mich aus Versehen drauf gesetzt"

„Ouch!"

„Hast du die Robbe danach noch behalten?", fragt Maria.

„Ich hab sie in ein Tuch gewickelt und in eine Schachtel gelegt in de Schrank. Manchmal hab ich den Deckel aufgemacht und das Tuch gestreichelt."

Wir schweigen.

„Ich wollte meinen Vater", sagt Sisko. „Ich wollte ihn so sehr und er war nicht da. Dieses Gefühl, ich will meinen Vater und kann nicht zu ihm und kann ihn nicht sehen und nicht mit ihm sprechen und da ist nur meine Mutter, die mich nicht versteht und sagt, ich sei wie er. Als wär das eine Beleidigung."

„Meine Mutter hatte Schmerzen bei ganz vielen Bewegungen und hat Hilfe gebraucht" sagt Maria. „Ich hab das für sie gemacht. Mein Vater hat sich immer lustig gemacht über sie. Und mir gesagt, ich bin doch wie ein Mädchen und dass ich mich schämen soll. Ich hab ihn seit einem Jahr nicht mehr gesehen. Meine Mutter will, dass ich auch mit ihm rede am Telefon, aber ich kann einfach nicht."

Sisko liest Schernikau, sagt: „So schön."

„Hm?"

„Hoffnungsvoll. In den Achtzigern. Auf Demos und so, und mit Hoffnung in ihre politische Arbeit. Als wärs eine bessere Zeit gewesen."

„Und wir, wir sind hoffnungslos“, sag ich, „voller Existenzängste, Probleme, mit denen wir uns gegenseitig vollheulen twentyfourseven.“

„Meine Ma, sie ist politisch nicht besonders stabil, das Ding ist, sie wählt die Grünen und macht sonst nichts mehr“, sagt Sisko nachdenklich, „Sie kann sich nicht vorstellen, wie es ist, so aus meiner Position. Sie kann sich nicht reinversetzen. Liegt viel dran, dass sie weiß ist, aber sicher auch an ihrem Bewegungskram von früher, wenn man mal friedensbewegt rumgehüpft ist eine Weile, und dann denkt, alles wird besser. Und dann kann man sich nicht vorstellen, will sich nicht vorstellen, dass es eben nicht besser geworden ist. Dass es nicht besser wird.“

Ich nehm das Buch von Schernikau in die Hand und blättere es durch.

„Hmm …“, sag ich, „die Achtziger sind ja keine bessere Zeit gewesen.“

„Nein“, sagt Sisko, „aber Schernikau kann das so darstellen. So leicht zu schreiben. Eine Utopie zu schreiben, die in der Gegenwart spielt? Woher nimmt er das?“

Ich picke eine Staubfluse vom Sofa und puste sie in die Luft.

„So schön …“, murmele ich.

Vanessa und ich sitzen im Park. Ich bin ganz hibbelig. Schließlich nimmt sie die Drohne aus meiner Hand, nimmt die Steuerung und fängt an, damit herumzuspielen. Meine Kleine erhebt sich über unsere Köpfe und schwirrt herum, eine Fliege, die irgendetwas sucht, ziellos würde sie jedes sinnlose Ziel erfüllen, ihrer Programmierung entsprechend.

Vanessa ist in Gedanken noch bei der Arbeit.

„Wir haben einen neuen Auftrag bekommen“, sagt sie, „jetzt muss alles gleichzeitig laufen.“

„Was sind das denn so für Aufträge?“

„Aaalso … wir machen halt Software für … Fahrzeuge.“

„Fahrzeuge?“

„Flugzeuge zum Beispiel.“

„Achso.“

„Oder Panzer.“

„Panzer?!“

„Also grade haben wir ein neues Projekt reingekriegt, von KMW. Da geht es um Panzer.“

„KMW.“

„Ja.“

„Krauss-Maffei Wegmann, Vanessa?“

„Ja, genau. Die kennt man ja.“

„Ehm, ja, die kennt man, dafür, dass die Panzer zur Aufstandsbekämpfung entwickeln und die zum Beispiel nach Saudi-Arabien exportieren.“

„Na, unter anderem!“, sagt Vanessa. „So vereinfacht kann man das ja jetzt auch nicht sagen.“

„Und du machst die Software? Für diese Panzer?“

„Sozusagen.“

„Fuck, Vanessa“, sage ich, „was denkst du dir dabei?“

„Was denkst du dir denn, Steph?“, fragt sie ganz unschuldig, „Womit willst du denn mal dein Geld verdienen? Wie hast du dir denn dein Leben vorgestellt? Denkst du, irgendwer schafft den Kapitalismus ab, bevor du anfangen musst zu arbeiten? Du hast eben noch ein bisschen mehr Reserve von deinem Vater und glaubst deswegen, dass du was Besseres bist?“

Nein, Vanessa, denke ich, du arbeitest für einen fucking Waffenproduzenten und wagst es solche billigen Standardargumente auszupacken? Ich will das alles nicht hören aus deinem Mund, nicht das ‚wenn wir es nicht tun, tut es jemand anders‘ und schon gar nicht das ‚Standort Deutschland‘. Ich lasse sie auf der Wiese sitzen und gehe.

Die Drohne fliegt an mich heran. Vanessa hat die Stimme verstellt.

„Komm zurück, Steph!“, quäkt sie über den Rasen hinweg. „Komm zurück, ich liebe dich doch!“ Die Drohne stößt gegen meine Schulter, wie ein Welpe, der Aufmerksamkeit will von einer Fremden. Wie eine Fliege, die immer wieder gegen eine Scheibe …

Fuck, denke ich, sie hat kein bisschen geschnallt, was das für mich bedeutet. Und dann werfe ich einen Blick zurück, sehe sie im Gras sitzen, ihre bunten Haare leuchten, ich liebe sie und ich kann ihr nichts übel nehmen, nicht mal das.

Ich reiße meinen Blick los und gehe weiter.

Sisko, Chris und Maria sitzen auf Pumas alten Polstermöbeln und spielen Räuberrommé, als ich reinkomme.

Sie haben sich schick gemacht, alle drei tragen Kleider und einen abgefahrenen blauen Lippenstift.

Ich spüre einen leichten Stich in der Brust. So schön, so fucking schön.

Ich gehe zu Sisko und küsse ihn auf die Stirn.

„Drag-Party?", frage ich. Sie nicken.

„Drag-Räuberrommé", sagt Chris.

Nur Maria sieht aus wie immer, bis auf den blauen Lippenstift.

„Ich muss euch kurz was erzählen", sage ich. „Ich bin mit Vanessa im Park gewesen, wir haben zusammen an dieser Drohne rumgespielt und dann …"

„Ist die Drohe ausgeflippt und hat irgendwen erschossen?", fragt Maria und lacht. „Ich verstehe dieses Hobby von euch nicht, das ist doch krank."

„Selber ‚krank'", sagt Sisko, „check mal deine Wortwahl."

„Check du doch deine Klassenpriv …" giftet Maria –

„Leute", sage ich, „ich versuche euch was zu erzählen" –

„Check mal deine Redezeit", sagt Chris,

„Vanessa arbeitet für KMW!!", schreie ich ihn an.

Für einen kurzen Moment befürchte ich, sie würden es nicht checken, irgendwelche Bullshit-Abkürzungen erfinden, aber alle starren mich an und sind endlich still.

„Krauss-Maffei Wegmann?", fragt Sisko.

„Die Waffenproduzenten?", fragt Chris.

„Die diese Leopard-Panzer nach Saudi-Arabien …?“, fragt Maria.

„Meine beste Freundin aus der Schule arbeitet für Krauss-Maffei Wegmann!“, sage ich. Ich kann es immer noch nicht fassen. „Ihr Unternehmen macht Software für die!“

„Was hast du gemacht?“, fragt Sisko.

„Bin gegangen“, stöhne ich, „was soll ich machen …“

Die drei nicken. Wir alle schweigen einen Moment.

„Beim Karaoke hat sie mir schon erzählt, dass sie manchmal so Sachen für Rüstungsunternehmen machen“, sagt Maria. „KMW ist vielleicht neu. Aber ich glaub nicht, dass sie jetzt zum ersten Mal was mit Panzern macht.“

„Das hat sie dir beim Karaoke erzählt?“, frage ich.

„Ja. Ich dachte du wüsstest das irgendwie.“

„Vielleicht wollte ich auch nicht so genau wissen, was sie macht“, sage ich. „Oh Scheiße.“

„Was hast du jetzt vor?“, fragt Sisko.

„Nichts“, sage ich und zucke mit den Schultern.

„Vielleicht sollten wir uns nochmal mit ihr treffen?“, sagt Chris zu Maria.

„Für ein klärendes Gespräch …“

„Was“, sage ich, „was soll das denn bringen.“

„Vielleicht braucht sie jemanden, der ihr erklärt, was bei dir los ist. Warum du damit absolut nicht kannst. Was daran nicht geht – und das solltest vielleicht nicht du sein.“

„Von mir aus“, sage ich. „Mir ist grade alles egal.“

Desolation Row

Maria lässt mir keine Ruhe.

Sie haftet an mir, wie der klebrige Reis an meinen Fingern bei unserem zweiten Date. Lassen wir alles draußen, was zwischen uns steht, haben wir gesagt und ihre Wange streifte meine, als wir uns begrüßten. Einen Moment lang, in der Kneipe, hatte ich ihre Schwäche aufblitzen sehen und jetzt schien sie durch, in allem, was Maria tat. Ich wollte mehr davon sehen. Wir griffen mit den Fingern in den Reis, der eigentlich noch zu heiß war, und formten Bällchen aus der klebrigen Pampe. Dann berührten sich unsere Finger, nicht zufällig, aber vorsichtig und leicht. Sie strich mir kaum spürbar über den Arm, der sich anfühlte, wie eine Felslandschaft, die unter ihrer Berührung wegbrach. Ich zog sie an mich und ihre Finger rissen das Loch in meine Brust, das ich seitdem versucht habe zu füllen. Wir passen nicht zusammen, also haben wir beide getan was wir konnten und uns getrennt. Jeden Tag fühle ich noch die Spuren, die ihre Finger auf meiner Haut hinterlassen haben. Morgens, gleich bevor ich aufwache, träume ich, ich stehe vor ihrer Zimmertür und höre sie drinnen die Herr-der-Ringe-Melodie auf der Querflöte spielen. In Pumas Bad hab ich ein Bild von Marla Singer aufgehängt. Wenn ich es anschaue, tastet meine Zunge nach einer wunden

Stelle in meinem Mund – Maria - und wenn ich versuche, mit mir selbst allein zu sein, ist da kein Krafttier, und in meinem Inneren hängt noch ein Rest von ihrem billigen Aftershave in der Luft.

Maria und ich liegen im Bett und schauen nostalgische Filme aus unserer Teenie-Zeit. Wir haben ‚Die Träumer' geguckt und jetzt ist ‚Matrix' dran.

„Wusstest du, dass Neo eine trans Frau ist?", meint Maria, „Achte mal drauf. Morpheus ist ihr Therapeut und Agent Smith der gesellschaftliche Hass. Ihr Selbsthass, der sie fast tötet."

„Und Trinity?"

„Trinity ist eine andere trans Frau. Sie ist schon ne Weile vor Neo transitioniert. Sie hilft ihr mit allem und erklärt ihr, wie es funktioniert."

„Witzige Theorie", sage ich.

„Das ist keine Theorie, das ist offensichtlich", sagt Maria, „wenn man erstmal drüber nachdenkt."

„Die haben ja auch voll die queere Support Group", meine ich. „Wie die sich so gegenseitig unterstützen und so. Und naja gut, die eine Regisseurin ist ja schließlich auch trans."

Ich strecke die Hand aus und Marias Finger berühren meine. Manchmal ist es so schön, wenn die Grenzen verschwimmen und es sich fast ein wenig anfühlt, als wären wir noch zusammen. Ein Glück, denke ich, dass wir uns nicht verloren haben. Dass wir uns wiedergefunden haben. Nach unserer Trennung hatten wir ein paar Wochen keinen Kontakt, dann fragte Maria mich im Chat, ob ich mit ihr nach Frankfurt fahren würde, zur EZB-Eröffnung.

„Warum ich?", frage ich.

„Ich kenn nicht so viele Leute!", schreibt sie.

„Ich hab dich auch vermisst", schreib ich zurück.

„Echt?"

„Ja. Aber meinst du nicht, dass es ne dumme Idee wäre, jetzt zusammen nach Frankfurt zu fahren?"

„Und wenns eine wäre?"

„Stimmt“, schreib ich. „Wir haben sonst auch nie drauf geachtet, was jetzt vernünftig wäre.“

Wir trafen uns spät abends vor der O2-Arena, um den Demobus zu nehmen. Wir winkten uns zu und sahen verlegen zu Boden. Und dann lag ihr Kopf auf meiner Schulter, die ganze Nacht, und früh am nächsten Morgen waren wir Parolen schreiend auf der Straße. Als einzige aus unserem Bus trauten wir uns, durch die Bullenkette zu laufen und schon waren wir allein in Frankfurt.

*Die Straßen riechen nach Feuerwerk und Tränengas, in der Luft schwirrten Hubschrauber. Wir biegen um die Ecke und Bullenwagen brennen. Wir laufen mit einer Gruppe von hundert italienischen Anarchist*innen durch die Straßen, die wahllos alles kaputt machen, bis ich nicht mehr kann. Wir machen eine Verschnaufpause beim Linkspartei-Stand. „Oh man, war das geil“, sage ich, noch völlig außer Atem, „so was hab ich ja noch nie gesehen“. Wir schlafen nebeneinander auf der Straße ein, in der Nachmittagssonne.*

Es ist Nacht geworden, als wir mit dem Bus aus Frankfurt wieder in Berlin ankamen. Ein surrealer Tag, aber geil. Klar, ob man der Tram wirklich die Scheiben einschmeißen musste, darüber kann man hinterher streiten, aber immerhin ist endlich mal was passiert.

„Bringst du mich noch nach Hause?“, fragt Maria.

Wir haben einen Tag zusammen verbracht, stundenlang im Bus nebeneinander geschlafen, und wir können uns nicht voneinander losreißen. Das ist uns beiden peinlich, aber wir nehmen es hin. Ich nicke.

Wir öffnen die Tür zu Marias Wohnung. Jannis liegt im Bett und schläft. Maria öffnet die Tür, streicht ihm übers Haar und küsst ihn auf die Wange, dann steigen wir aufs Dach. Es ist eine wolkenlose Nacht, wir sehen schwach die Sterne. Wir breiten eine Decke aus, Maria legt sich auf den Rücken und schaut in den Himmel, ich lege mich auf den Bauch, schaue in den Hinterhof und auf die gegenüberliegende Hauswand, nackt, rau, gespenstisch in der Nacht.

Zwischen mir und Maria war ein Band geknüpft, eine Verbindung. Etwas, das uns beiden wehtat, wenn wir versuchten, es zu lösen. Seit wir uns getrennt hatten, hatte es seine Form verändert. Es war jetzt schwerer zu greifen, es war fließend und voller Chaos.

Wir liegen nur wenige Zentimeter voneinander entfernt, sodass ich die Wärme ihrer Haut fast spüren kann, und mein Körper sehnt sich nach ihrem, immer noch. In diesem Moment scheint das Band zwischen uns wieder ruhig zu sein, leicht und fest. In der Stille vibriert es ein wenig. Ich bin froh über ihre Nähe und gleichzeitig habe ich Angst.

„Ich liebe Jannis so sehr", sagt Maria.

Autsch, denk ich. Ich bin nicht eifersüchtig, ich bin nicht eifersüchtig auf Jannis, er tut ihr gut, es tut weh, es tut weh.

Ich kann mich schon gar nicht mehr richtig auf den Film konzentrieren. Ich spüre ihre Finger, ich sehe Neos Körper, der aus dem Maschinentank gezogen wird und in der echten Welt komplett neu aufgebaut werden muss. Transition. Jetzt kämpfen Morpheus und Neo. Aber ich kann mich kaum konzentrieren. Ich spüre Marias Finger, die meine ganz vorsichtig streicheln und jederzeit wieder loslassen könnten.

They're selling postcards of the hanging
They're painting the passports brown
The beauty parlors filled with sailors
The circus is in town
And the riot squad, they're restless,
they need somewhere to go
As lady and I look out tonight from Desolation Row.

Rummel in der Hasenheide. Maria und ich schlendern durch die Gasse. Wir sind hier hergezogen worden von den bunten Lichtern, wie alle anderen auch. Wir treten die kleinen Steinchen des Kiesbodens hin und her, Jungs rennen durch die Gasse, hübsche Frauen, die lange Mäntel und Kopftuch tragen, schlecken Zuckerwatte, blonde Pärchen stehen rum und schauen den sich drehenden Geräten zu.

Ich interessiere mich für die Maschinen. Wie die Attraktionen halten, wo die Motoren verbaut sind, welche Statik so eine Krake haben muss, um nicht umzufallen.

„Du bist so ein Nerd", sagt Maria.

Unsere Schritte sind langsam, leicht und weich, der Boden aufgeschüttet aus Sand und Kieselsteinen, Marias Hand ist warm und schmiegt sich ganz vorsichtig an meine. Wir sind in Gedanken, wir träumen nebeneinander her und kreuzen uns nur manchmal, wenn eine von uns den Mund öffnet. Es ist schön hier und wir sind zu schwermütig für diesen Ort.

„Die Leute chillen hier so", sagt Maria, „und anderswo brennen die Asylheime."

„Du solltest mal was chillen", sage ich. „Weil woanders die Lager brennen, sollen die Neuköllner Jugendlichen keinen Spaß haben? Das sind nämlich die letzten, deren Pflicht es wäre, an der Lage was zu ändern."

„Wer weiß, wie die sich sonst ihre Zeit vertreiben würden?", sagt Maria, „Vielleicht sich wehren gegen die ganze rassistische Scheiße, die so passiert. Wer hat sich das so gedacht, hier mal ein paar Attraktionen hinstellen als Ruhigstellungsmaßnahme?!"

„Klar", sage ich ironisch, „jede Bude ein Stück Reaktion. Jeder Spielstand ein Tritt in den Schritt der Bewegung."

„Ach egal man", sagt Maria.

„Ist ja nicht so, als könnten die meisten Neuköllner Jugendlichen an irgendeine linke Bewegung groß Anschluss finden", sage ich, „sobald sie das tun würden, würden die Antideutschen gleich herkommen und sie rauswerfen, weil sie was Antizionistisches sagen."

„Ich bin nicht mit dir zum Rummel gegangen, um über Israel zu reden. Außerdem, warum sollen Neuköllner Jugendliche automatisch antisemitisch sein? Was ist denn das für ne rassistische Annahme", sagt Maria. „Klappe jetze."

„Selber Klappe", sage ich und drücke ihre Hand.

„Aber generell", sagt Maria, „so ein Rummel. So eine Scheinwelt."

„Ist doch schick", sage ich. „Fake-Herausforderungen, Fake-Todesangst, Fake-Essen, Fake-Liebe."

Ich finde es schön, mit dir hier rumzulaufen, als wären wir die Einzigen, die was verstehen würden auf der Welt, denk ich. Die anderen wären in ihrer Scheinwelt gefangen, aber wir hätten es voll gecheckt. Dabei wollen alle hier nur mal kurz ne Pause machen.

„Das ist ja das Problem", sage ich, „ist nicht schwer zu checken, dass das System scheiße ist, es ist nur schwer zu sehen, wies besser laufen soll. Das ist halt nicht wie in der Matrix oder so."

„Meinste", sagt Maria. Unsere Gedanken treiben schon wieder auseinander.

„Warum die wohl bei allen Ständen so viel Kram stehen haben?", murmelt sie. „Ob dann die Leute eher denken, dass sie was gewinnen?"

„Schau! Ein Hund!", sage ich und mache eine Geste zum Schießstand.

„Hä?", sagt Maria. „Klar sind da Stoffhunde …"

„Nee! Ein echter!" Unter den ganzen Plüschtieren schaut eine dicke Dogge hervor.

Wir sind beim Ausgang angelangt, bei der letzten Attraktion. Ein Clownsgesicht. Darunter drehen sich die kleinen Gondeln.

„Die Gasse der Trostlosigkeit", sagt Maria.

„Hä?"

„Desolation Row", sagt Maria. „Ein Song von Bob Dylan. Sie verkaufen Postkarten vom Lynchmord. Sie streichen die Pässe braun."

Puma hat viel Bob Dylan gehört früher. Ich kenne den Text.

„Die Schönheitssalons sind voller Segler", murmele ich. „Der Zirkus ist in der Stadt."

„Und der Randaletrupp wird unruhig", flüstert Maria. „sie müssen irgendwo hin."

„Während Lady und ich Ausschau halten", sage ich und drücke Marias Hand fester, „aus der Gasse der Trostlosigkeit."

„Komm, lass uns damit fahren", sag ich und deute auf die Krake mit Clownskopf.

„Was", sagt Maria, „Nein!"

„Warum nicht?", frage ich.

„Die ist antisemitisch!", sagt Maria.

„Erzähl keinen Scheiß!", sag ich, komm mit.

„Setz mich nicht unter Druck! Dafür geb ich doch keine vier Euro aus."

„Ich lad dich ein!", sage ich.

„Du willst mich doch nur schreien hören!", sagt sie.

Ich nicke. „Damit ich mich stark fühlen kann."

„Sorry …", sagt Maria, „ich hab Angst, es kostet Geld, ich mag das nicht – wirklich." Sie bleibt am Rand stehen. Ich hole mir ein Ticket, die Sonne scheint und die Maschine spielt einen grässlichen Schlager. Die Plattform dreht sich, kurz denke ich noch an die Konstruktion, die Räder und wie alles zusammenhängt, dann öffnet sich mein Mund wie von selbst und ich kreische so laut, dass ich mich schäme.

The riot squat, they're restless.

Wir kommen nach Hause und lesen es in den Nachrichten, Nazis haben wieder ein Lager angezündet. Und wir schauen, ohne zu sprechen, geblendet von den bunten Farben, wir schauen nur, aus der Gasse der Trostlosigkeit.

Es war nicht einfach für mich, diese Freundschaft wieder aufzunehmen, trotz meiner Eifersucht. Die Klarheit, dass wir getrennt waren, half ein bisschen, aber trotzdem war es schwer für mich, ihre Beziehung mit Jannis ständig mitzukriegen.

Wir sitzen in der Ringbahn und fahren zur Burger-Küfa in Friedrichshain.

„Wie gehts dir?“, frage ich Maria. „Okay“, sagt sie. „Hab Bauchschmerzen, fügt sie hinzu. Zu hart gefickt.“

„Ouch“, sage ich. Ich spüre einen Stich von Eifersucht in meiner Brust, beinahe körperlich. Als wir zusammen waren, durfte ich sie nie in den Arsch ficken, und dieser dahergelaufene Boyfriend …

„Ich schäm mich …“, sagt Maria. „Ich wollte das ja und jetzt fühlt es sich scheiße an“, fügt sie hinzu. Ich schiebe meinen Schmerz beiseite, es geht hier grade schließlich um sie, nicht um mich. „Körperlich?“, frage ich.

„Ja“, sagt Maria. „Psychisch war es richtig geil.“

Eine Person mit rotem Toupée sieht kurz zu uns herüber und senkt dann schnell ihren Blick. Ich frage Maria gut hörbar nach Einzelheiten aus und stelle mir vor, wie die Toupéeperson später dazu masturbieren wird.

„Es ist komisch“, sagt Maria, „so viel Sex zu haben. Eigentlich gefällt mir das nicht, aber ich will auch nicht aufhören. Ich hab das Gefühl, das beansprucht zu viel Konzentration.“

„Hmm …“ Das war bei uns so ähnlich, denke ich. Irgendwann hat sie mir verkündet wir dürften nur noch einmal die Woche Sex haben, alles andere würde ihre Arbeit behindern. Das dauere ihr alles zu lange.

Vielleicht wird es besser, hab ich gedacht, wenn ich Jannis mehr kennen lerne. Ich schlug vor, wir sollten uns mehr zu dritt treffen. Ich versuchte, mich nicht mehr zu fragen, was sie mit diesem aufgesetzt politisch korrekten Typen wollte. Mit einem, der nie unüberlegte Sprüche raushaut. Der alles richtig machen will und gestelzt spricht, wie ein dressierter Papagei. Und dann auch noch ein cis Typ. Ich versuchte, den netten, lieben Jannis zu sehen und zu wertschätzen, ihn kennen zu lernen, ohne gleich aggressiv zu werden.

Wir gehen durch die Hasenheide, Maria, Jannis und ich. Maria sieht unzufrieden aus und Jannis sehr verliebt.

„Es juckt mich unter der Haut", sagt Maria, „am ganzen Körper."

*„Wahrscheinlich ist es etwas psychosomatisches", meint Jannis und legt fürsorglich den Arm um sie. „Du solltest mal mit einer Expert*in sprechen."*

Ich verdrehe die Augen. „Oder die Krätze", sage ich, grinse und nehme ihre Hand.

Sie macht sich von uns beiden los und läuft ein paar Schritte vor uns.

„Unangenehm", sagt sie. „Nur ganz leicht, als ob irgendwas in der Luft liegt." Sie blickt sich suchend um, als wäre die Ursache für ihr Unwohlsein in der näheren Umgebung zu finden.

„Als ob irgendwas falsch ist", rätselt sie. „Verschoben. Manchmal wache ich auf und mir ist übel, und ich mag nichts essen."

Jannis fasst sie um die Hüfte, zieht sie zu sich und küsst ihren Nacken.

„Vielleicht bist du schwanger", kichert Jannis und kitzelt sie unterm Kinn.

„Mach keine Witze darüber!", protestiert Maria und sieht geknickt aus. Die beiden laufen nebeneinander her und schauen synchron träumerisch-melancholisch in die Leere.

„Unfair, dass wir keine Kinder kriegen können, obwohl wir doch ein heterosexuelles Paar sind", sagt Jannis. „Also", korrigiert er sich schnell, „nicht, dass es nicht auch unfair wäre, wenn nicht-heterosexuellen Paare oder andere Beziehungskonstellationen keine Kinder kriegen können, natürlich!"

„Natürlich", sage ich, amüsiert. „Ihr könnt euch ja wen anders suchen, um ein Kind zu kriegen. Für euch."

„Wen denn", fragt Maria. „Macht doch keiner."

„Also … ich würde das machen!", behaupte ich. „Für die richtigen Leute."

„Wirklich?", fragt Jannis, „Du würdest ein Kind gebären und es dann selbst nicht aufziehen?"

Ich nicke. „Aber ich hätte dann schon gerne Kontakt und so …“

„Aber die Hauptverantwortung würdest du abgeben?“

„Ja“, überlege ich, „vielleicht?“

„Bist du dir sicher? Was würde dich dazu motivieren?“

„Wäre doch sicher spannend“, spekuliere ich, „schwanger sein. Und wenn sich dann noch jemand anders drum kümmert, Leute, denen ich vertrauen kann …“

„Steph vertraut nicht vielen Leuten“, wirft Maria ein. „Glaube die Liste der Leute, denen du vertraust, ist kürzer als Jannis' polizeiliches Führungszeugnis.“

Ich werfe ihr einen vielsagenden Blick zu. „Du stehst drauf“, sag ich.

Neo und Agent Smith im U-Bahn-Schacht. „*Do you hear that, Mister Anderson?*“, fragt Agent Smith. „Siehst du, wie er Neo deadnamed, die ganze Zeit?“, wirft Maria ein. Ich nicke gedankenverloren. „*The sound of inevitability.*“

„*My name – is – Neo!*“, schreit Neo.

„Ich weiß nicht, wie man diese Szene als cis Person überhaupt verstehen kann!“, sagt Maria. Sie drückt mich an sich. Inevitability, geht mir durch den Kopf. Unsere Wege sehen so aus, als würden sie sich zufällig kreuzen. Auseinanderlaufen und zusammen. Warum ich mir grade Maria als meine Familie wünsche, kommt mir so zufällig vor. Warum sie? Warum haben wir das gemacht? Uns entschieden, zufällig, eine Gelegenheit ergriffen, die vielleicht nicht wiederkommen würde. Und die sie jetzt schon bereut, vielleicht. Was sind wir, will ich sie fragen, wie so oft, aber ich schließe nur die Augen, spüre ihre Finger in meinem Nacken und höre Neos Stimme, wie sie den cis Menschen auf der ganzen Welt ankündigt, ihnen die Augen zu öffnen.

Marsch für das Leben

„Steph!“, sagt Maria drängend und rüttelt an mir. „Bist du fit?“

Ich öffne vorsichtig die Augen „Ja …“ grummele ich verschlafen. „Müssen wir schon los?“

„Komm schon!“, sagt Maria.

Maria, Sisko und ich ziehen uns an. Wir machen uns auf den Weg zur Gegendemo zum ‚Marsch für das Leben‘, einer Ansammlung von christlichen Fundamentalist*innen, die einen Trauermarsch für abgetriebene Embryonen veranstalten. Ich binde mir die Schuhe zu und versuche, einen klaren Kopf zu kriegen. Ich komme einfach nicht klar auf die gesamte politische Situation. Geflüchtete sind hier und werden von Nazis attackiert. Und die ganze deutsche Gesellschaft ist zutiefst von Rassismus durchzogen. Meine Freund*innen erfahren den, und ich kann meistens nur blöde zuschauen. Weil ich oft nicht eingreifen kann. Weil ich es oft selbst nicht checke. Dabei profitieren wir von den Grenzen, die dazu führen, dass wir unseren Lebensstandard hier halten und unsere heile Welt absichern können, die auf Ausbeutung und Krieg anderswo basiert. Wie kann ich in diese Welt auch noch Kinder setzen? Wie kann ich leben? Ich will aber leben und ich will Kinder kriegen.

Ich enthalte, ich bin eine Maschine zur Selbstreproduktion – das ist zu aufregend und cool, um es nicht auszuprobieren, aus irgendwelchen theoretischen Überlegungen heraus. Meine Eltern haben ja auch schon mich in diese Situation gebracht. Sie werfen mich hier rein und haben sich selbst schon in der Welt eingerichtet und sich mit ihr abgefunden. Ich bin schon relativ alt und hab mich noch nicht eingerichtet. Ich hab nichtmal eine eigene Wohnung.

Und während ich noch überlege, was ich mit dem Embryo in mir drin anfangen soll, marschieren fundamentale Christ*innen durch die Stadt, wollen Leuten in meiner Situation sagen, ob sie jetzt abtreiben dürfen oder nicht! Laufen mitten durch Berlin, geschützt von der Polizei und ich erinner mich noch zu gut an die Mösenschmerzen von den letzten Tritten der Bullen.

So viel Autorität überall. Ob das daher kommt, dass ich auch im Bett auf Schläge stehe? Wie sehr ich mich dafür schäme. Wie gerne ich es lassen würde. Wie gerne würde ich mich nicht dafür schämen, Bullshit-Erklärungsversuche sein lassen und einfach frei und geil meine Sexualität feiern. Das alles ist leider nicht so einfach. Ich schüttele den Kopf, als würde ich Gedanken wegschütteln wollen wie ein nasser Hund das Wasser, greife meine Jacke und wir verlassen die Wohnung.

Siskos Brust-OP ist erst zwei Wochen her.

„Es ist kein Problem“, sagt er, als wir los gehen. „Ich fühle mich gut, heute.“

Wir schauen ihn skeptisch an.

„Ich hebe ja nichts“, sagt er. „Schwer heben, das soll man nicht, oder krassen Sport machen. Wir machen ja keinen Sport, wir gehen ein bisschen spazieren.“

„Hast du keine Schmerzen mehr?“, frag ich.

„Doch schon“, sagt er. „Aber ich komm schon klar.“

Morgen ist eine Demo gegen die Asylrechtsverschärfung. Ich bin jetzt schon wütend, dass dort kaum jemand hingehen wird von den Leuten, die heute gegen den Marsch auf der Straße sind. Ich hab die Flyer ausgedruckt, mit Aktionskarten für den Marsch, mit Werbung für die Asylrechtsdemo auf der Rückseite.

„Damit niemand sagen kann, sie hätten nix gewusst!“, sage ich und mache meinen Friends ein schlechtes Gewissen, damit sie die Flyer für mich austeilen. Bei der Vorkundgebung verteilen wir sie. Ich habe vergessen, ViSdP draufzumachen, und Maria wird von den Bullen deshalb in die Mangel genommen. Sie muss rumgehen und alle Flyer, die sie verteilt hat, wieder einsammeln, ansonsten gibts ne Anzeige. Sie kommt zurück und ist sauer.

„Sorry“, murmele ich. „Hab ich vergessen!“

Wir machen uns auf den Weg zum Kanzlerinnenamt.

„Ich falle ihnen auf!“, sagt Maria, „Und kannst du garantieren, dass uns dann nichts passiert?“

„Du siehst toll aus!“, sage ich, als täte das irgendetwas zur Sache. Sie verzieht das Gesicht.

Der Himmel ist grau und verhangen. Langsam, mit einem flauen Gefühl im Magen, gehen Maria, Sisko und ich auf den Platz vor dem Kanzleramt zu. Wir sind unauffällig gekleidet, um uns unter die Menge mischen zu können. Wir hatten Streit darüber, vorher.

„Ich werde ihnen auffallen“, hat Maria gesagt, „und du kannst Gift drauf nehmen, dass ich nicht als Typ hingehen werde!“

„Quatsch“, meinte ich, „geh wie du bist! Du hast doch Passing!“ Sie hat nur mit den Augen gerollt und gefragt, was ich drauf wetten würde.

„Ich hab keine Lust, mit einem Holzkreuz verprügelt zu werden“, hat sie gesagt.

Mitgekommen ist sie dann doch. Und sie sieht toll aus, obwohl sie so, frisch rasiert, in casual femininer Kleidung schon fast als BWL-Studentin durchgehen könnte.

„Lass uns vorsichtig sein“, sagt Sisko. In seinem blauen Kapuzenpulli und seinen sauberen Jeans sieht er aus, wie ein 17-jähriges Mitglied einer frisch gecasteten Boyband. Er geht grade und es scheint ihm tatsächlich gut zu gehen.

Sisko und Maria halten Händchen, Maria und ich auch. Grade haben die Cops unsere Rucksäcke durchsucht und uns unsere Limoflaschen weggenommen. Maria und ich haben Säckchen voller Glitzer und Konfetti in unserer Unterwäsche.

Der Platz vor dem Kanzlerinnenamt ist voller Menschen, die die heterosexuelle Kernfamilie schützen wollen, vor Leuten wie uns. Alt sehen sie aus, sehr bieder und sehr weiß. Manche haben ihre eigenen, scheinbar vor ein paar Jahren geborenen Kinder mitgebracht, die mit Schildern ihren Eltern danken müssen, dass diese sie damals nicht abgetrieben haben. Auf der Bühne Martin Lohmann, der Sprecher des Bündnisses. Er sieht aus, wie mein konservativer Onkel. Das ist befremdlich, aber nicht weiter verwunderlich. Er ist grade dabei, die Leute, die den Marsch blockieren wollen, als Nazis zu bezeichnen.

„Was sind Christen für ein seltsamer Haufen. Die unbefleckte Empfängnis", murmele ich, „was für eine krasse Idee. Schwangerschaft ohne Sex. Fast schon queer."

„Das können die hier nicht haben", sagt Maria, „deswegen fordern sie Sex ohne Spaß, nur zur Fortpflanzung." Sisko kichert.

„Und ich sage es noch einmal", wiederholt Martin Lohmann auf der Bühne, „gegen jeden Extremismus! Wir sagen nein, zu braun lackierten Roten und zu rot lackierten Braunen!" Es ist, im Prinzip, die gleiche Rede wie letztes Jahr. Phrase folgt auf Phrase.

Der Platz davor ist voller Bullen. Ich schaue zu Maria rüber. Sie sieht angespannt aus und ich frage mich für einen Moment, welche Spuren die jahrelang erlebte Polizeigewalt bei ihr hinterlassen hat.

„Wie süß!", sagt Maria, wie um sich Mut zuzusprechen und grinst. Ich schiebe den Gedanken beiseite. Es geht ihr gut. Wir sind okay.

Wir reihen uns ein und bleiben am Rand. Letztes Jahr war der Marsch durchsetzt von Queers in bunten Klamotten. Wir haben uns denen gestellt, waren laut, während sie schweigen wollten … Jetzt ist die Stimmung angespannt und wir haben Angst. Keine Gegendemonstrant*innen weit und breit. Sie sehen aus wie ein Marsch von innerlich Toten. Sie trauern um Zellklumpen wie den, den ich in mir drin hab.

„Wir sagen: Nein zu Hass, Nein zu Gewalt, Nein zu Verfolgung und Diskriminierung!“, ruft Martin Lohmann der klatschenden Menge zu.

„Das hier ist gruselig!“, sagt Sisko. „Ich will hier weg. Wir können hier nix machen.“ Ich nicke. Es ist nicht mehr das Gleiche. Letztes Jahr haben wir vor den Christ*innen geknutscht, Seifenblasen gemacht in deren Gesichter …“

„Ja weg hier“, sagt Maria. „Hier ist nichts zu holen“, sage ich. Wir hauen ab, verschwinden in einer Seitenstraße. Was nun?

Vielleicht können wir zu einer der Blockaden kommen.

Kurz vor der Friedrichstraße haben wir einen Blockadepunkt erreicht. Wir strahlen uns an. Endlich wieder unsere Leute, Energie, Lebendigkeit. Wir sind am richtige Ort.

Die Sonne bricht aus den Wolken und wärmt das Pflaster. Menschen sammeln sich auf der Straße, vielleicht fünfzig Leute. Maria rennt in die Mitte.

„Hinsetzen!“, schreit sie und wir lassen uns auf den Asphalt fallen. „Gehts?“, frage ich Sisko. Er nickt.

Die Bullen gehen um uns rum und beäugen uns, aber machen noch nichts. Warten vielleicht auf Verstärkung, oder es ist noch unklar, ob die Route umgeleitet wird.

„Wieso stinkts hier so“, fragt Maria.

„Na, überall liegt Scheiße rum, von den Touri-Pferdekutschen“, erklärt Sisko und zeigt auf die Straße.

„Ich glaub eher, das kommt von den Christen rübergeweht“, sagt Maria. „Der Muff von tausend Jahren oder so.“

„Vielleicht auch Bullenpferde …“, sage ich gedankenverloren.

Es tut gut, zu sitzen und von der Sonne beschienen zu werden. Es soll Sommer bleiben, denke ich. Ich greif in meinen Rucksack und verteile Bananen an alle. Wir verzehren sie auf unanständige Arten und kichern. Die Bullen halten sich immer noch zurück, langsam wird die Verstärkung rangekarrt. Grade sind nochmal fünf Wannen angekommen.

„Gehts euch gut?“, fragt Maria. Ich nicke. Sisko verzieht etwas das Gesicht.

„Ich merk, ich packs nicht mehr lange“, sagt er.

„Okay“, sag ich, „Dann essen wir noch auf und dann gehen wir.“

Als wir die Kreuzung verlassen wollen, stellt sich uns ein Bulle in den Weg.

„Hier gehts nicht lang“, sagt er abfällig.

„Was soll das?“, pöbele ich zurück, „Wir wollen nur nach Hause. Lasst uns durch!“

„Komm, weg hier“, sagt Maria.

„Nein“, rufe ich, „das ist so unfair! Lasst uns durch!“

„Hey“, sagt einer der Bullen und sieht Sisko an. „Was machst du denn hier?“

„Demonstrieren“, sagt Sisko.

„Ist klar“, sagt der Bulle von oben herab. „Ausweis bitte. Umdrehen, Hände ans Auto!“

Er presst Siskos Kopf gegen die Scheibe. Sisko beißt sich auf die Lippen. Wir anderen werden kaum angefasst.

„Lasst ihn los!“, schreie ich.

Sie ignorieren mich. Sisko schaut mich an und schüttelt den Kopf. Shit. Ich muss die Klappe halten.

Der Bulle tastet Sisko ab. Sisko beißt sich in die Wange und ballt die Fäuste, als der Typ seine Brust abtastet. Der Bulle greift ihm zwischen die Beine, und dann schaut er ihn komisch an.

„Was zum Geier“, fragt er, „was bist du?“

Die anderen Bullen lachen.

„Wie du zweifellos vermutest … Bin ich … Morpheus. Du fühlst dich im Moment sicher wie Alice im Wunderland, während sie in den Kaninchenbau stürzt, hm?“, sagt Sisko.

Der Bulle guckt verdattert, dann lässt er Sisko los.

„Jetzt verzieht euch!“, ruft er, „da lang!“

Ich muss lachen. „Geil, Sisko, du bist der Beste!“

Sisko wirft mir einen eisigen Blick zu. Wir haben den Cops schon den Rücken zugedreht und gehen an den anderen Demonstran*innen vorbei.

„Tr*nsen sind das", sagt ein Bulle halblaut zum anderen und zeigt auf Maria.

Wir bleiben stehen. Sisko zittert vor Wut.

Mein Blick wandert auf einen Haufen Pferdeäpfel auf dem Boden, dann bewege ich mich, bevor ich denken kann. Der Bulle macht ein unfassbar dummes Gesicht, als ihn ein Haufen Pferdemist an der Brust trifft und dann zu Boden fällt, auf seine Füße. Kurz ist es, als bliebe die Zeit stehen… Dann fangen sie an zu rennen, die Bullen, sprinten auf mich zu. Ein Schauer schießt mir über den Rücken. Nichts ist so furchteinflößend wie rennende Bullen in Kampfmontur.

Um mich herum sind plötzlich einige Demonstrant*innen und ziehen mich nach hinten. Bevor ich blinzeln kann, ist Maria vor mich gesprungen. Ein Faustschlag trifft sie ins Gesicht, sie fliegt zur Seite. Zwei Menschen werden noch umgeschubst, der eine landet unglücklich auf den Boden. Jetzt haben sie mich.

Ich hab etwas gemacht, was mein Leben dauerhaft beeinflussen wird, weiß ich sofort, als sie mich zu Boden drücken, mir Handschellen anlegen und mich Richtung Wanne führen. Einige Demonstrant*innen stellen sich noch zaghaft in den Weg, werden aber umgeschubst. Das wars dann wohl. Man nennt es auch einen ‚Fehler'. Was richtig Dummes, was ich nicht mehr rückgängig machen kann. Oh fuck, fuck, fuck.

Während sie mich wegführen, versuche ich, Maria zu erkennen. Sie liegt auf dem Boden, Leute beugen sich über sie, dann schaut sie mich an. Blut läuft aus ihrem Mund.

„War es das wert", fragt mich der Bulle noch im Gehen. „Du hättest einfach verschwinden können."

Im Gefangenentransporter packen sie mich von Einzelzelle zu Einzelzelle. Zellen, so klein, dass ein Mensch grade darin sitzen kann. Die Möglichkeiten sind: Sitzen, aufstehen, umdrehen, den Po gegen ein Polster lehnen, wieder umdrehen, wieder hinsetzen, den Kopf gegen besagtes Polster lehnen. Manchmal hat die Zelle ein Fester, dann kann man raussehen, nicht auf die Straße, aber ins Innere der Bullenwanne, und Blicke tauschen mit einer anderen Person in der Zelle gegenüber. Kurze Erleichterung von der Isolation. Dann wieder aussteigen. Sie nehmen mir die Fesseln ab, lassen mich ein nummeriertes Pappschild halten und wieder rein in ein anderes Auto. Mit den Fingern befühle ich die Polsterung der Zelle. Wie eine grauglänzende Raufasertapete aus Gummi oder was weiß ich für einem verfluchten Material. Meine Fresse, denke ich, wenn ich hier rauskomme, ich werde mir so gönnen. Ich werd nichts mehr auf mich kommen lassen, ich werd mich einfach so richtig um mich kümmern. Und ich werd nie wieder andere in so eine Situation bringen.

Der Bulle, den ich mit Pferdeäpfeln beworfen habe, kommt zu mir, und sagt mir, wenn ich eine DNA-Probe abgebe, darf ich sofort raus.

„Ich überleg es mir“, sag ich. Ich würde so gerne einfach gehen. „Nein, mach ich nicht!“, sag ich dann schnell.

„Na gut!“, bellt er. „Dann fahren wir jetzt in die GeSa.“

Sie schließen mich in einer größeren Zelle ein, im Auto, mit zwei gegenüberliegenden Bänken. Für einen Moment hoffe ich inständig, dass sie noch jemanden zu mir reinsperren werden, aber natürlich werde ich enttäuscht. Ist vielleicht auch besser so. Wer weiß, wie viele sie heute noch kassieren.

Wir fahren vielleicht eine halbe Stunde bis zur GeSa. Sie nehmen mir alles weg. In der Untersuchungszelle lese ich Botschaften, in die Holzwände geritzt. I will be deported. Murat. 17.3.2014, steht da und viele andere Namen.

Ich hab Angst vor der Untersuchung, aber es ist nicht so schlimm, wie ich erwartet hab. Ich darf sogar meine Unterhose anbehalten. Dann komme ich wieder in eine Zelle und nach etwa einer Viertelstunde wird mir klar, dass sie mich hier nicht bald wieder rausholen werden.

Ich weine. Heule. Schreie. Ich habe Angst, verrückt zu werden. All die Gefühle, die ich nicht zugelassen habe, sind plötzlich da und ich kann ihnen nicht entkommen. Fühle mich hilflos. Fühle mich klein. Fühle mich ungeliebt, eifersüchtig.

Dann der Gedanke, was passiert jetzt mit mir? Werd ich in U-Haft bleiben? Wie lange?

Meine Zelle enthält eine Pritsche aus Holz und daran einen winzigen Tisch. Der Raum – vielleicht sechs Quadratmeter groß. Wie lange kann man hier drin bleiben, ohne Wasser, ohne Essen? Scheiße, denke ich, ich hätte ihnen sagen müssen, dass ich schwanger bin! Meinen Mutterpass zeigen … Jetzt hab ich keine Möglichkeit mehr, mit irgendwem Kontakt aufzunehmen. Ich kann an die Tür der Zelle klopfen, ohne Ergebnis. Hätte ich nicht einen Anruf bekommen sollen? Nicht mal meine Hände konnte ich waschen. Die stinken immer noch nach Pferdescheiße.

Zeit vergeht, ohne dass ich weiß, wie ich sie zählen soll. Wie ein Tier im Käfig tigere ich hin und her in der Zelle, befühle alle Stellen in der Wand. Immer wieder heule ich. Ich fasse alles an, jede Linie auf dem Holz der Pritsche, jeden Fleck an der Wand, an der Tür. Ich boxe eine Weile in die Luft und dann laufe ich wieder vom einem Ende der Zelle zum anderen, immer wieder, während meine Finger die Wand berühren …

Wie lange halte ich hier aus? Ich schließe die Augen und sehe sofort Marias Bild, ihre aufgeplatzte Wange, ihr Blick … Fuck, Maria, ich wollte das nicht, und jetzt bin ich hier und kann nur bereuen, aber es bringt nichts.

Ich liege auf der Pritsche und starre an die Decke. Sisko hat mir nicht in die Augen gesehen, als wir uns verabschiedet haben. Warum hab ich überhaupt Stress mit den Bullen angefangen. Maria, denke ich Maria, Maria, Maria, wo bist du, bist du okay. Und dann formt sich, nicht in meiner Kehle, sondern tiefer, ein Schrei, ein Schrei, der alles bestimmt. Ich schreie so laut ich kann, in meiner ganzen Verzweiflung über die Welt. Ich denke an ihr Gesicht, schmerzverzerrt, Blut, das aus ihrem Mund läuft, an alles, was sie jetzt mit mir machen können, ich denke an unsere Hilflosigkeit, die sich weiter durch unsere Existenz ziehen wird.

Ich denke an das Leben, das sich in mir formt, das ich nur das Gummibärchen nennen kann, den Zellhaufen, das Würmchen, für alles andere fehlt mir die Sprache, für das, was ich längst schon in mir habe, da ich mir nicht gönne, es Liebe zu nennen.

Es ist ein Schrei, voller Verzweiflung darüber, wie schnell dein Leben aus der Bahn gleiten kann, wie schnell alles, worauf du vertraut hast, über den Haufen geworfen wird, die Einsamkeit und die Vereinzelung in der Stadt. Dann ist es wieder still. Ob mich jemand gehört hat? Es wird langsam dunkel, nur die Lichtstreifen aus dem Hof unten wandern alle paar Minuten durch die Zelle. Wenn ich hier raus komme, was wird Maria sagen? Soll sie mir vormachen, dass alles gut ist, soll sie mich beruhigen und mir über den Rücken streichen und lügen? Wird sie mir sagen, wie ich nur so dumm sein konnte und, dass sie nichts mehr mit mir zu tun haben will? Ich kann nicht, denke ich. Ich kann nicht ohne sie, in dieser kalten Welt.

Nach Stunden, ich weiß nicht, wie vielen, holen sie mich aus der Zelle. Sie machen Fotos von mir und nehmen meine Fingerabdrücke von der ganzen Hand. Der Bulle macht einen jovialen Spruch, deshalb trau ich mich zu fragen, wie spät es ist und ob ich aufs Klo gehen darf. Es ist gegen zehn und ich darf aufs Klo gehen.

Ich werde rausgebracht. Da sind Leute von der Roten Hilfe, mit Essen. Und da ist Chris. Ich umarme ihn. Da hinten steht Leela, sehe ich. Sie nickt mir zu.

„Bist du ok?“ fragt Chris, während ich mich auf das Essen der Roten Hilfe stürze wie ein ausgehungertes Tier.

„Blöde Frage“, murmele ich. Er bringt mich zur Bahn.

„Wissen Sisko und Maria wo ich war? Wie gehts ihnen?“

„Sie haben mir Bescheid gesagt. Sie haben gesagt, sie können sich jetzt nicht um dich kümmern, dich abholen oder so, aber sie warten zu Hause auf dich. Sie haben gesagt …“

„Sind sie schlimm verletzt?“

„Siskos Brust ist in Ordnung. Und Maria sieht ganz schön krass aus, aber sie wirds überleben.“

„Sind sie sauer?“

„Klar.“

„Chris … Ich hab Angst. Ich hab Angst vor den nächsten Tagen. Kannst du … Kannst du mit zu mir kommen? Ich will nicht alleine schlafen, aber ich will auch nicht, dass Maria und Sisko mich trösten müssen …“

„Ich kann nicht“, sagt er entschuldigend. „Sorry. Ich hab noch so viel zu tun zu Hause“

„Ist okay“, sag ich. „Ich komm schon klar.“ Ich weiß nur noch nicht, wie.

Es ist dunkel. Als ich nach Hause komme, liegen Maria und Sisko auf dem Sofa und reden leise. Als sie mich sehen, sind sie still. Marias Gesicht sieht schrecklich aus. Keine*r von beiden sagt etwas. Sie weichen meinem Blick aus. Ich gehe zu ihnen.

„Es tut mir leid“, sage ich vorsichtig. „Euch ist beiden so viel Scheiße passiert. Weil ich leichtsinnig war. Weil ich nicht einfach gehen wollte.“

Maria sagt nichts. Dann schreibt sie auf ein Blatt Papier:

„Warum hast du das gemacht?“

„Es tut mir leid.“

„Bist du okay?“, fragt Sisko.

Ich schüttele den Kopf. „Nein ich bin nicht okay. Ich weiß nicht, ob ich wieder okay komme.“

Sie sagen nix. „Meint ihr, ich komm ins Gefängnis?“

„Mach dich nicht lächerlich“, sagt Sisko. „Ich meine … ist unwahrscheinlich, oder?“

„Verzeiht ihr mir?“, frag ich. Sisko streckt die Hand nach mir aus, wortlos, ich nehme sie.

„Vielleicht später“, schreibt Maria.

Ich brauche Hilfe, denke ich. Ich kann nicht alleine schlafen. Aber von keinem der beiden will ich grade Hilfe einfordern.

„Wollt ihr, dass ich rüber gehe?“

„Bleib hier“, schreibt Maria.

„Wir zeigen das jetzt nicht so“, sagt Sisko, „aber wir sind froh, dass du wieder da bist. Ich zumindest. Das ist richtig mies gelaufen, aber

Schuld an dem allen sind letztendlich immer noch die Cops und nicht du. Komm her."

Ich krieche zu ihnen aufs Sofa. Ich weine, und spüre ihre Hände an meinen Wangen, spüre ihre Körper …

„Es tut mir leid", sage ich noch mal.

„War es schlimm in der GeSa?"

Ich nicke. „Es war schrecklich"

„Haben sie dir wehgetan?"

„Nein … Aber ich war so … alleine …"

„Warst du die ganze Zeit in ner Einzelzelle?"

Ich nicke.

„Hast du schon was gegessen? Getrunken?"

„Bisschen …"

„Du musst noch mehr essen", sagt Sisko. „Komm mit in die Küche."

Er schmiert mir Brote und ich esse sie schweigend, während mir dicke Tränen über die Wangen laufen. Die Anspannung weicht nicht aus meinem Körper.

Ich liege auf meiner Isomatte und starre die Decke an. Das Gefühl der Anspannung verschwindet nicht. Ich bin allein, das bedeutet, ich bin in Gefahr. Ich wälze mich herum und denke an die Zelle. Wie lange ihr Bild wohl in meinem Kopf bleiben wird?

Ich stelle mir vor, wie ich aussehe. Eingefallene Wangen, dunkle Ränder um die Augen. Ich werde in den Spiegel schauen und der Tod wird mich anblicken. Es gruselt mich. Ich mache das Licht an und gehe pinkeln.

Aus dem Spiegel blickt mir ein junges Gesicht entgegen, runde Wangen. Ich sehe aus, wie eine lebendige Person, nur von innen fühlt es sich tot an. Ich schleppe mich zurück ins Bett. Welche Beruhigungsmittel kann ich schlucken, die dem Embryo nicht schaden?

Maria sitzt auf ihrem Bett und spielt Magic mit sich selbst.

Als ich den Raum betrete, greift sie eine der Karten und wirft sie in meine Richtung, reflexartig hebe ich die Hand und fange sie auf. Ich sehe sie an: Der Bringer des Blauen Morgens.

„Hey“, sage ich. Maria hebt die Hand und winkt. Ihre Wange ist geschwollen. Ihre Lippen sind dick und blutig. Sie verzieht das Gesicht ein wenig zu einem schiefen Grinsen. Dann tippt sie irgendwas in ihr Smartphone.

„Hallo“, sagt eine Computerstimme. „Wie. War? Dein Tag?“

„Geht so“, sage ich. „Bin viel draußen rumgelaufen. Hab versucht, irgendwie Sachen klarzukriegen. Aber das ist schwer. Und deiner?“

„Ich. habe? Schmerzen“, sagt Marias Handy.

„Deswegen sprichst du nicht?“

Sie wirft mir einen eiskalten Blick zu, der sagt, dass sie sich für gar nichts rechtfertigen muss.

Ich schaue auf die Magickarte in meiner Hand – ein Wesen aus Eiskristallen mit Krokodilsgrinsen, das auf mich zu rennt und seine Krallen nach mir ausstreckt. Wenn man alle fünf Elemente zusammen hat, kriegt man ihn billiger. Wenn man ihn ausgespielt hat, zieht man am Anfang von jedem Zug zwei Karten.

Ich schaue Maria fragend an.

„Möglichkeiten“, tippt sie in ihr Handy.

„Kann ich mitspielen?“, frage ich.

„Ja. Welche Seite willst du? Sein?“

Ich nehme das blaue Geisterdeck gegen ihr Vampir-Deck. Sie gewinnt immer.

„Du. Steph? Ich. Lie-be? Dich.“

Ich schaue sie lange an.

„Sisko ist kaum noch in der Wohnung“, sage ich. „Ist er noch sauer?“

„Ich? Glau-be er braucht etwas Ab-stand von uns. Das war … sehr viel alles für ihn.“

„Versteh ich“, nicke ich.

❃ ❃ ❃

Sonnenlicht scheint durch die Blätter und es riecht nach Herbst.

Maria ist neben mir, knöpft ihren grauen Mantel auf und streicht sich eine Strähne aus dem Gesicht. Der blaue Fleck in ihrem Gesicht ist immer noch groß und dunkel. Ich atme die kühle Luft ein. Erinnerungen strömen in meinen Körper, von den ersten Herbsttagen der letzten Jahre. Drohnenfliegen im Park. Demos. Ohrfeigen beim Marsch für das Leben letztes Jahr.

Wir gehen durch den Botanischen Garten. Ich schaue auf meine Füße. Den Boden unter den Füßen behalten, denk ich, immer wieder. Flexibel bleiben, um alles, was das Leben für dich hat, annehmen zu können.

„Kannst du mir noch vertrauen?“, frage ich Maria. Ihr Gesicht zeigt, dass ich einen Punkt getroffen habe. Sie tippt in ihr Handy.

„Ich will so was nie … wieder erleben. Aber es ist ja schon so. Dass ich selbst es darauf angelegt habe.“

„Was meinst du?“

„Du hast die Situation eskaliert“, sagt die Stimme aus Marias Handy. Maria tippt weiter in ihr Handy. „Aber ich wollte das auch. Ich wollte die Konfrontation. Ein Teil von mir wollte den Aufprall. Gegen Grenzen stoßen.“

Ich nicke. Ich auch.

„Weil? ein Teil – von mir – verzweifelt? ist.“

„Ein Teil von mir auch“, sage ich. „Ein ziemlich großer Teil von mir“.

Wir biegen in einen Pfad ein, der einen kleinen Hügel hinabführt. Bei einer breit ausladenden Kiefer halten wir an. Ich berühre die Rinde mit den Fingern.

„Was? das für? ein Baum.“

„Naja, irgendeine Art Kiefer oder so“, sage ich. Bin ich als Kind immer drauf geklettert. Ich lege meinen Arm um den Ast und ziehe meinen Körper daran hoch.

„Willst du auch?“, frage ich Maria. Sie schüttelt den Kopf.

„Ich will? mir nicht auch noch? den. Hals. bre-chen!“

Auf dem Ast baumele ich mit den Beinen.

Von hier kann man den Hügel runterschauen. Auf den See mit Enten und einem Reiher.

„Ich habe Puma Briefe geschrieben“, sage ich, halb laut, halb zu mir selbst. „So viele Entwürfe. Ich habe sie nicht abgeschickt. Er weiß nicht, dass ich schwanger bin.“

„Ruf ihn? an“, sagt Marias Handy.

„Ich weiß nicht …“, sag ich.

„Gehen wir baden?“, frage ich Maria.

Maria nickt. Ich lasse ein Schaumbad ein. Währenddessen dreht sich Maria auf dem Sofa auf den Rücken.

„Das ist, damit es uns wieder besser geht“, sage ich.

Wir stehen im Bad und ziehen uns aus. Seit Monaten waren wir nicht mehr nackt miteinander. Unsere Körper versinken im Wasser, gleiten aneinander. Verlieren die Form.

Maria lehnt den Kopf nach hinten und streicht sich über ihre Arme.

„Meine Haut ist schon ganz weich geworden!“, nuschelt sie. „Fühl mal!“

Innerlich freu ich mich riesig, dass sie wieder spricht. Ich versuch es nicht zu zeigen. Ich streichele ihren Arm.

„Das kommt von den Hormonen?“, frage ich.

„Ja!“

„Nur die Brüste lassen sich Zeit …“ Sie schaut nachdenklich. „Sag mal, merkst du viel von deiner Hormonumstellung? Wegen der Schwangerschaft?“, fragt sie. „Ich denk so viel über meinen Körper nach die ganze Zeit, aber du …?“

„Keine Ahnung!“, sage ich, „da ist diese Übelkeit, und ich fühl mich komisch in meiner Haut, aber sonst… Ich fürchte, das meiste verdräng ich.“

„War bei mir früher auch so", erzählt Maria. „Ich wollte nicht über meinen Körper nachdenken … Und jetzt fühlt sich alles so gut an. Jetzt bemerk ich jedes Haar, was sich dünner anfühlt … Und gleichzeitig ist alles so schwer … Warum muss das alles zusammen kommen? Alles gleichzeitig passieren?"

„Gehts dir noch scheiße wegen …" Wegen mir? Denke ich. „Wegen den Cops?", sage ich.

Sie spricht leise, aber ich verstehe jedes Wort.

„Ich bin ein Mensch", sagt sie, „nur ein Mensch. Es gibt nur so viel, was ich ertragen kann."

„Ja", sage ich.

„Wenn ich geschlagen werde", sagt sie, „dann will ich zurückschlagen. Wenn ich angegriffen werde, will ich mich wehren. Das immer zu unterdrücken, jedes einzelne Mal, wenn sie uns fertig machen – irgendwann geht es nicht mehr."

„Es muss auch nicht gehen, vielleicht", sage ich. „Wir können besser auf uns aufpassen. Verantwortlicher sein. Dass wir eben nicht mehr verprügelt werden und so."

„Vielleicht", sagt sie. „Aber das kann man nicht kontrollieren. Und ich hab Angst. Dass ich mich nächstes Mal wehren will … In der Schule hat mir mal ein Junge immer den Arm umgedreht. Ich habe es immer mitgemacht. Das war schlimm. Aber richtig schlimm wars erst, als ich mich einmal gewehrt hab. Es hat nichts gebracht, und das war das Demütigende, verstehst du? Da hab ich geheult, und das hat auch nichts gebracht."

Wir trocknen uns ab, im dampfgefüllten Bad. Ich fühle mich gut, irgendwie gut, zum ersten Mal seit Tagen. Alles wird sich richten, denke ich, auch wenn es grade scheiße ist. Wir haben ja uns.

„Steph."

„Ja?"

„Wir sind uns sehr nah gekommen in den letzten Tagen wieder."

„Ja".

„Ich will dich unterstützen, und ich will für dich da sein."

„Ich auch für dich Maria. Auch wenn ichs vielleicht nicht immer richtig hinkriege."

Sie lacht zynisch.

„Aber Steph. Wenn du das wirklich machen willst, mit dem Kind …"

„Ja. Will ich."

„Ich denke … vielleicht ist es Quatsch, aber du machst diesen Eindruck und … ich denke, vielleicht willst du das Kind, weil du denkst, dann kommen wir irgendwie wieder zusammen."

„Ach Quatsch."

„Steph. Ich liebe dich, du liebst mich."

Ich schaue sie nur an.

„Aber wir kommen nie, nie wieder zusammen. Das ist dir klar, oder?"

Ich beiße mir auf die Lippe.

„Steph. Sag, dass du das weißt."

„Wir kommen nie …" Ich spreche nicht weiter. Tränen laufen mir die Wangen runter.

„Es tut mir leid", sag ich. Ich vermiss dich so, Maria, denk ich, ich will dich und ich denk ich werd dich immer wollen.

Eine unbefleckte Empfängnis

Durch den Nebel im Bad schaue ich auf ihren Körper, den ich so sehr will und alles fühlt sich so falsch an. Warum? Warum haben wir das gemacht? Was hab ich mir gedacht? Während ich mir die Haare trocken rubbele und mich umdrehe, um Maria nicht weiter anzustarren, denke an diesen Abend vor zweieinhalb Monaten.

Das Licht ist rot und warm. Jede der Spiegelscherben in Marias Zimmer wirft gleißendes Licht auf die Wände. Ich habe eine tiefe Verbindung zu diesem Zimmer. Hier finde ich Trost, hier finde ich Geborgenheit, die Welt ist erträglich, so lange ich hier sein darf. Natürlich liebe ich Maria. Komm her, sag ich, und gieße Traubensaft in Marmeladengläser. Wir stoßen an. Auf dich, sage ich. Auf mich, sagt Maria, wir kichern.

Wir feiern, dass Maria anfangen kann mit Hormonen. Sie hat die Tabletten verschrieben bekommen, endlich. Wir spielen Magic: The Gathering und zocken Street Fighter 3 auf ihrem GameCube, dann ist es kurz vor zwei. Ich will, dass der Moment für immer dauert. Es liegt in der Luft, so deutlich, dass es klar ist, nach all den Monaten seit wir uns getrennt haben: Wir lieben uns. Wir sitzen auf dem Boden vor dem Fernseher. Die Street Fighter Musik läuft.

„Lass uns noch ein bisschen aufs Dach gehen", sagt Maria.

„Nein", sage ich, „warte."

Sie sieht mich an.

„Weißt du", sage ich, „lass es uns tun. Hören wir auf zu überlegen, zu bereuen, lass es uns einfach machen."

Maria sieht mich an.

„Wovor haben wir Angst", sage ich. „Du und Jannis, ihr wollt ein Kind, ich will euch helfen. Wir haben alle Angst vor den Umständen, wir haben Angst, dass uns alles entgleitet, wir haben Angst vor der Zukunft, Angst uns festzulegen. Lass uns das durchziehen, so lange wir können, und nichts bereuen."

Ihr Gesicht ist so nah an meinem, ich kann sie riechen.

„Du bist doch bescheuert", sagt sie.

Ich überwinde mich. „Ich meins ernst", sag ich.

Sie legt mir die Finger ans Kinn, wir sehen uns an. Ich öffne die Lippen. Wir küssen uns. Ihre Zunge ist in meinem Mund und Fuck, ich glaube schmelze, ich vergesse die Zeit, ihre Lippen sind so weich, sie reißt sich los.

„Ich hatte mir das alles anders vorgestellt", sagt sie. „Das ist doch … Nach allem was zwischen uns passiert ist, und jetzt ist Jannis da und du willst das?"

„Ich will mein Leben mit dir verbringen, Maria", sag ich, „auch wenn du nen neuen Freund hast. Ich will deine beste Freundin sein, ich will immer für dich da sein. Und wenn du das willst, will ich deine Kinder kriegen."

„Ich liebe dich", sagt sie.

Ich schüttele kurz den Kopf. „Du hast so schöne Augen", sage ich.

Sie saugt an meinen Lippen. „Ficken?"

Ich fühle, wie ich geschmolzen bin, wie ich alles tun würde für ihre Berührung. Wenn du wüsstest, denke ich, wie sehr ich dich begehre, jede Bewegung von dir an meine Wange pressen will, jedes Lächeln von deinen Lippen saugen. Und ich fühle, wie die Hilflosigkeit in mir aufsteigt, mich lähmt, mich stumm und bewegungsunfähig macht. Ich schüttele den Kopf.

„Ich kann nicht", sage ich.

„Wie hast du dir das vorgestellt?"

Ich nehme noch mal meinen Mut zusammen. „Du musst in ne Tasse wichsen."

Sie sieht mich an, mit diesem ironischen, überlegenen Ausdruck den ich so an ihr liebe. Wie sie die Augenbrauen hochzieht! Diese elende Narzisstin. Dann steht sie auf.

„Warte", sage ich. „Darf ich zuschauen?"

Ihr Grinsen wird breit, breit und schief. Sie lacht, so wie sie früher gelacht hat, wenn sie mir den Arsch versohlt hat. „Warum nicht?", sagt sie und lacht.

Was vor uns liegt

Ich lieg auf dem Sofa neben Chris und schau ihm über die Schulter. Er liest Nachrichten auf seinem Handy. Jetzt, kaum zwei Monate nach Heidenau, wird Merkel für ihre Asylpolitik kritisiert, von einer Gesellschaft, die ihren Rechtsruck erst anfängt. Dabei ist alles, was sie getan hat, nach außen hin nett zu Geflüchteten zu sein. Ein paar Selfies hat sie gemacht. „Wir schaffen das", hat sie gesagt. Nach innen hin beschließt sie menschenunwürdige Gesetze, nach außen sichert sie die deutschen Grenzen. Natürlich schafft sie das. Aber selbst das ist wohl zu radikal.

Ich sollte Merkel unterstützen, denkt der rechtsrückende Mainstream wohl. Ich sollte Merkel lieben. Ha! Sie macht doch meine Politik. Was hat sie gemacht? Ich will in diesem Drecksland nicht leben. Ich will in diesem Drecksland kein Kind aufziehen. Dieses verfickte Land, in dem seit diesem Sommer jeden Tag ein Lager angezündet wird. Feuer und Flamme den Abschiebebehörden? Das können die Nazis besser, als die Linken sich je geträumt hätten. Wo wart ihr in Rostock? Wo werden wir beim nächsten Rostock-Lichtenhagen sein? Wo waren wir in Freital? Wo werden wir bald sein, wenn es brennt? Wir werden zu Hause sein, im Bett mit unseren besten Freund*innen kuscheln, wir werden im Schwuz sein und die Nächte unseres Lebens verbringen. Wir werden unser Leben leben mit schlechtem Gewissen. Wir werden ausgebrannt sein und uns zurückziehen. Wir werden uns selbst hassen, und wir werden einander hassen. Aber der Punkt ist nicht, dass wir aufgegeben haben. Der Punkt ist, dass wir keinen Weg gesehen haben, wirklich etwas zu verändern. Wie soll es weitergehen?

Chris massiert mir die Schultern. Maria sitzt daneben und schreibt an ihrem Buch. Mein Handy vibriert – eine SMS.

„Von Vanessa", sage ich. „Hä?"

„Ich hätte nie erwartet, dass ihr euch so verhalten würdet" steht da. „Ihr denkt ihr könnt meine Privatsphäre mit Füßen treten! Du tust so normal, während du dieses Leben führst, aber alles was Leute wie ihr könnt, sind die Krümel von anderer Leute Leben naschen, denen nichts gönnen … Alles was ihr könnt, ist andere Leute schlecht machen, weil ihr ihnen ihren Erfolg nicht gönnt, weil ihr euch an ihnen hochziehen wollt … Politik des Neides ist das nur noch, Hass!"

Ich versteh nicht was los ist. „Häääää? Was hat das alles zu bedeuten Leute? ‚willst dein Blag kriegen und das großziehen von meinen Steuergeldern …' Was ist ihr Problem?"

„Scheiße" sagt Chris, „Scheiße, Scheiße."

Die beiden sehen blass aus und als sie sich einen Blick zuwerfen, denk ich drüber nach, dass sie das manchmal getan haben in letzter Zeit. Plötzlich wird mir etwas klar, diese verschwörerischen Blicke. die sie sich zuwerfen, dass das was anderes ist als Flirten oder so.

„Wir haben nen Vice-Artikel geschrieben", sagt Maria. „Also, eigentlich nur ich."

„Über Vanessa?"

„Wir haben uns doch nochmal mit Vanessa getroffen. Und über euch geredet, und wie sie sich fühlt, und wie sie das für sich rechtfertigt."

„Das war alles so surreal", sagt Maria, „und wir haben uns danach unterhalten wie absurd das ist. Dann hab ich nen Artikel drüber geschrieben und Vice wollte den haben."

Sie schiebt mir ihren Laptop hin. Sie hat natürlich ein Bob-Dylan-Zitat an den Anfang gestellt.

„*Come, you masters of war*
You that build the big guns
You that build the death planes
You that build all the bombs

You that hide behind walls
You that hide behind desks
I just want you to know
I can see through your masks"

Ich lese mir die ersten Sätze durch.

„Du hast sie gut getroffen. Straight Edge Gonzo", sage ich, „wie du immer wolltest."

Sie sieht zu Boden.

„Keine Ahnung, wie sie den gefunden hat", sagt Maria. „Es steht ja ihr Name nicht drin und nichts. Aber wenn man das so liest, versteh ich schon, dass sie sich jetzt beschissen fühlt."

Ich muss lachen. „Fuck", gluckse ich. „Fuck."

„Bist du sauer?"

Ich rolle mich auf dem Sofa herum, geschüttelt von Lachen.

„Oh man Maria! Was war denn das für ne Scheißaktion von dir?"

„Ich weiß", sagt sie und schaut zu Boden.

„Aber witzig."

„Wie deine Pferdeapfelaktion."

„Wir sind sowas von quitt, Maria."

Maria und ich sitzen am Rand im SO36. Unsere Oberarme berühren sich vorsichtig. Ich lehne mich vorsichtig an sie, sie weicht ein Stück zurück, ich ziehe mich zurück. Ein paar Sekunden vergehen, dann spüre ich ihren Arm wieder an meinem.

Der Raum wird dunkel, als Sisko die Bühne betritt. Ein Lichtkegel fällt auf ihn.

Sein Stimme ist hell und klar, und ich meine, all die Nächte, in denen er geschrieben hat, im Zittern seiner Hände zu sehen.

„I can feel the hivemind calling to me. I can see the dragon, lingering above the city. From far away, it looks like a huge shadow, his skin is rough and full of thorns, its dull grey eyes looking right at me. I look up at a furious sky and I can hardly muster up my courage, my energy, my faith every day – to keep on.

Ich will der Schwarmintelligenz nicht zuhören, nicht hören, was sie sagen. Eine Stimme spricht. Die Masse denkt.

Ich hab versucht ihr zuzuhören, sie mir zu eigen zu machen, in ihr zu sprechen. Aufzunehmen, was die Leute denken, to chime in to their chorus, ihren Refrain mitzusingen. Weil ich spürte, meine Stimme hat nur einen Wert, wenn ich sage, was sie hören wollen. Ich versuche, meine Sprache zu finden, aber während ich den Mund öffne, sind da Worte, die mich selbst beleidigen wollen, mich entmenschlichen und den Boden unter meinen Füßen wegziehen wollen. Und gleichzeitig, schon in dem Moment, ist da etwas in mir, das sagt: Ich bin mehr als das. Ich kann nicht in ihrem Lied mitsingen, ich kann nicht mit ihr streiten, ich kann mich auf nichts, was sie sagt, einlassen.

Ein Riss geht durch meine Brust. Ich schaue an mir herunter, sehe, folge der Spaltung mit den Fingern. Ich sehe, dass dieser Riss herunter geht, fühle ihn im Boden, spüre, wie die Erde unter mir aufreißt, bebt. Ich sehe, wie die Erde zittert, wie sich Grenzen einreißen, wie die Schwarmintelligenz mit sich selbst streitet und alle der Streitparteien wollen mich zerreißen.

Dann lege ich eine Hand auf meine Brust. Ich sage: „Ich bin wer ich bin.“

Sisko öffnet sein Hemd. Streift es ab. Lässt es zu Boden fallen. Seine Pflaster trägt er noch, und seine Brust ist so schön.

„Deine Meinung ist gespalten, beim Versuch, mich einzuordnen. Ich bin es nicht.Ich bin, wer ich bin. Ich bin, wer ich bin. Ich bin wer ich bin. Da bricht der Drache aus meiner Brust, ich sehe ihn hochsteigen in den Himmel, über den Wolken schweben. Inzwischen weiß ich, er wird das Schloss Bellevue verkohlen mit seinem Atem, das Polizeipräsidium in Dessau und den Grenzzaun von Melilla eines Tages. Aber während er hinaufsteigt, in den Himmel, bleibe ich nur verwirrt zurück“. Siskos Stimme verstummt.

Wir klatschen, wir kreischen und ich werfe einen Blick durch den Raum. Sisko hat nicht zu uns gesprochen, denke ich, aber ich bin dankbar, dass wir mithören durften.

Marias Hand streichelt mich im Nacken, ein Gefühl geht mir durch den Magen, ich bin voller Liebe für die beiden und voller Schmerz.

Sisko spricht weiter und es ist so viel Bitterkeit in seiner Stimme. Sein Hemd liegt immer noch auf dem Boden – Hart betont er jede Silbe:

„I find no solace

Ich finde keinen Trost.

Kein Trost in der Liebe

Die mich anzieht

Die mich auszieht

Die mich verändert und weich macht

Kein Trost

Kein Trost im Sex

Der mich anwidert

Mich zur Verzweiflung bringt

Durch und durch gebrochen

Nach dem nächsten Orgasmus lechzend

Kein Trost

Kein Trost in der Verletzung

Die mich aufreibt

Die Probleme um Probleme schafft, kein Trost

Kein Trost in den kleinen Dingen des Alltags

Frischer Wäsche

Einem Tee

Ein Bett für eine Nacht

Ich will nicht, ich kann nicht, kein Trost

Ich finde Trost im schreiben, in der Verbindung, in diesen Momenten, wo ich fühle: We are still here."

Meine Knie zittern als ich aufstehe. Die Leute um mich herum reden, aber sie sollen still sein! Ich will nur Siskos Stimme in meinem Kopf hören, sonst nichts, und Marias vorsichtige Berührung dabei neben mir spüren, aber sie reden über ihre Noten, ihre Affären, ihre Chefs – haben sie Sisko nicht zugehört? Warum sind sie nicht still einen Moment lang? Ich greife Marias Arm. „Lass uns nach draußen gehen", sage ich. Wir schieben uns durchs Getümmel. Menschenmassen, ungewollte Berührungen, Körper überall. Diese Menschen sind okay, sage ich mir, das sind meine Leute. Im Getümmel ein Gesicht, eine Stupsnase, ein kahlgeschorener Kopf. Ich gehe weiter. Link! Wir gehen aneinander vorbei, unsere Blicke streifen sich kurz, dann wendet x den Kopf ab, als hätte x mich nicht gesehen. Aber aus dem Augenwinkel sehe ich noch wie xes Blick runter geht zu meinem Bauch und dann nach hinten zu Maria. Ich ziehe sie weiter, bevor Links Blick an ihrem riesigen Veilchen hängen bleibt. Ich geh aufs Klo, sagt Maria.

Draußen sehe ich Ahmad. Mist, denke ich, Link kommt gleich raus – aber Ahmad hat mich schon gesehen, kommt langsam auf uns beide zu und bietet mir eine Zigarette an. Ich schüttele den Kopf.

„Hab aufgehört", sage ich.

„Dinge ändern sich", sagt er. „In der WG hast du jedes Mal mit mir geraucht."

„Dinge ändern sich", wiederhole ich. Ich weiß nicht, wie viel Link ihm über uns erzählt hat, aber wahrscheinlich nicht besonders viel.

„Schade, dass du nicht mehr bei uns vorbei kommst", sagt er.

Ich nicke.

„Wie gehts dir", frage ich.

„Scheiße", sagt er.

„Warum?"

„Ich hab jetzt den Brief bekommen. Ab-schie-be-anordnung."

Ich schaue ihn an.

„Fuck, Ahmad … Was?"

Er steht vor mir, wir können uns berühren Er ist hier bei mir und soll abgeschoben werden? Ich habe ihm nicht geholfen, hallt es wieder in meinem Kopf, nicht geholfen. Nicht geholfen.

„Schau mich nicht so an als ob ich schon weg bin", sagt er. „Ich … finde noch wen zum Heiraten. Ich werd nicht so einfach gehen. Es ist alles scheiße. Ich bin nur noch traurig, jeden Tag. Manchmal … will ich nur noch aufgeben, aber das werde ich nicht. Ich werde kämpfen."

Ich weiß nicht was ich sagen soll. „Wie kann ich dir helfen?", frage ich.

„Du kannst mir nicht helfen.", sagt er. In seiner Stimme ist Enttäuschung. „Ich muss mir jetzt selber helfen. Und du musst dir selber helfen. Verstehst du?"

„Ich kann noch Leute fragen", sag ich, und beiß mir auf die Lippe. „Wegen heiraten!"

Er erwidert meinen Blick nicht. Wir schweigen.

„Hey!", sagt Link. Oh nein, denke ich. „Hey", sage ich.

Link mustert mich, wirft einen Blick auf meinen Bauch.

„Plauze wie immer", sag ich und Link schaut verschämt zu Boden.

„Das ist scheiße gelaufen zwischen uns", sage ich.

„Kannste laut sagen.", sagt Link. „Und? Alles beim Alten mit deinen Plänen?"

„Nein", sage ich. „Alles ganz anders."

„Wie meinst du das?"

„Weiß ich selbst noch nicht", sag ich.

X guckt mich komisch an.

„Da ist Sisko", winde ich mich raus. „Ich geh mal zu ihm."

Sisko sieht erleichtert aus und erschöpft.

„Hey", sag ich leise. „Du warst toll."

„Danke. Du, Steph?"

„Ja?“

„Ich hab ne neue WG gefunden“, sagt er und lächelt.

„Oh“, sag ich. „Ich dachte du gehst zurück in dein Hausprojekt.“ Heimlich denke ich: Ich dachte du bleibst bei uns. Ich dachte, wir werden eine Familie oder so. Das sag ich aber nicht.

„Ich wollte nicht zurück“, sagt Sisko. „Ich wollte irgendwo hin, wo weniger los ist. Wo ich eine Ebene hab mit den Leuten. Wo ich neu anfangen kann.“ Ich drücke ihn.

„Bist du noch böse wegen dem Marsch?“

„Wieso?“

„Weil ich rumgestresst hab. Weil die Bullen dich deswegen angegriffen haben.“

„Ich war mega sauer. Aber … ich hoffe du hast was draus gelernt.“

Ich nicke. „Ich hoffe, ich kann das auch umsetzen diesmal“, sag ich. „Ich hab schon so oft irgendwie verkackt, weil ich so verbissen auf Stress aus war und andere Leute nicht auf dem Schirm hatte. Ich weiß das auch, aber dann passiert halt doch wieder so was.“

Sisko sagt nichts.

„Ich bin froh, dass du was gefunden hast“, sag ich.

„Ich auch“, sagt Sisko. „Nach der OP … und jetzt das … vielleicht ist es endlich so, dass mein Leben etwas einfacher wird. Dass es Lasten gibt, die ich zurücklasse, anstatt nur neue anzuhäufen.“

„Ich muss auch was finden zum Wohnen“, sag ich. „Ich kann ja nicht ewig in der Wohnung von meinem Vater rumhängen.“

„Mit Maria?“

„Ich weiß es nicht. Ich weiß immer noch nicht, was sie will.“

„Aber du bist sicher?“, fragt Sisko.

„Ich häng so an dieser Vorstellung.“, sag ich. „Ich weiß nicht warum. Ma… Elter zu werden.“

„Du kannst Ma-Pa sein“, sagt Sisko.

„Mappa“, wiederhole ich. „Das gefällt mir.“

„Du bist verdammt stark, Steph“, sagt Sisko. „Aber glaub nicht, dass du das alles alleine stemmen musst. Wenn du alleinerziehender Mappa bist, dann sind wir für dich da. Und wenn nicht, dann auch.“

Ich schlucke. „Ja“, sag ich. „Ich weiß.“

„Gut“, sagt Sisko. „Ich geh mal wieder rein, ok?“

„Klar“, sag ich.

Ich weiß nur nicht, wie ich das schaffen soll, denke ich, als ich vor dem SO auf und ab gehe.

Die Schwangerschaft. Die Anzeige. Eine Wohnung finden. Und wenn ich die Augen schließe, seh ich Gitterstäbe, wenn ich die Augen schließe, geh ich auf und ab in der Zelle, weiß nicht, wie lange noch, weiß nicht, was es mit mir macht, habe Angst. Angst um mich, Angst um das, was in meinem Körper vorgeht, Angst, keine Kontrolle zu haben, über nichts in meinem Leben, Angst, verrückt zu werden. Und mit niemandem, den ich kenne, will ich darüber sprechen.

Ich treffe Gözde und Leela auf dem RAW-Gelände. Es sah nach einem sonnigen Tag aus, jetzt beginnt es zu regnen.

„Lass uns doch in diesen Torbogen setzen“, sage ich. „Bestimmt geht gleich der Regen los.“

„Nicht lieber unter nen Baum?“, sagt Gözde.

„Bei Gewitter?“ fragt Leela.

Wir sitzen unter dem Torbogen. Die Wolken platzen auf. „Es tut mir leid“, sage ich. „Ich hab mich scheiße verhalten. Ich hab euch unter Druck gesetzt, als ihr Unterstützung gebraucht hättet.“

Die beiden nicken.

„Es tut mir leid“, wiederhole ich. „Mir ist klar, dass das zu lange her ist, um irgendwas zu verändern. Ich wollte das nur loswerden. Danke, dass ihr euch mit mir getroffen habt. Sorry, dass wir jetzt in diesem scheiß Torbogen sitzen. Ich geh jetzt, dann sitzt ihr nicht mit mir hier fest … Genau … Tschüss!!“

Ich winke unbeholfen, trete hinaus in den Regen und gehe.

„Steph“, höre ich sie hinter mir rufen. „Hey Steph!“ Wasser läuft mir überall runter. Langsam drehe ich mich um. Sie winken mich zurück. Scheiße.

Nicht weglaufen, sage ich mir. Du hast gesagt, du wirst stark sein. Du gehst zurück und hörst dir an, was sie zu sagen haben.

„Es tut gut, dass du dich entschuldigt hast“, sagt Gözde.

„Es ist gut zu hören, dass du nicht einfach denkst, dass wir verrückt sind oder so.“

„Aber eigentlich solltest du dich bei Ronny entschuldigen.“

„Ich hab keinen Kontakt zu ihm“, druckse ich herum. „Vielleicht könnt ihr es ausrichten?“

„Hmpf“, macht Gözde.

„Du hast dich wirklich scheiße verhalten und es hat weh getan“, sagt Leela.

„Es tut gut, dich zu sehen“, sagt Gözde. Leela nickt.

„Es tut auch gut, euch zu sehen.“

Als ich nach Hause komme, ist Sisko da. Ich ziehe meine nassen Klamotten aus und wir trinken zusammen Kakao aus großen Tassen auf dem Sofa. Sisko nimmt mich vorsichtig in den Arm und wir streicheln uns sanft über unsere Unterarme.

„Lass uns feiern, Sisko“, sag ich. „Lass uns ne Party machen hier. Dass du ausziehst, dass ich ein Kind kriege … Lass uns die Ungewissheit feiern und die Angst. Ich will Menschen um mich rum haben. Musik.“

„Wir könnten Soligeld sammeln“, sagt Sisko, „für deine Anzeige.“

„Stimmt“ sag ich. „Lass uns für dieses Wochenende Leute einladen. Ich will geile Getränke und Torte und …“

„Wir sollten alle Kleider anziehen!“, sagt Sisko.

„Außer ich“, sage ich. „Kleider-und-Steph-im-Anzug-Party.“

Unbeschwertheit und alles vergessen, denk ich. Menschen und Kuchen und nicht mehr alleine sein.

* * *

Wir wollen das Beste für unser Kind, denke ich, als ich mich an Sisko drücke. Alles, was unsere Eltern nicht geben konnten. Aber wir sind Menschen und werden das nicht können, alles zu geben … Und dann sehen wir eben, dass unsere Eltern auch nur Menschen sind. Mama zu lieben ist so viel schwieriger als Papa zu idealisieren. Die zu lieben, die immer da war? Die zu lieben, die immer Fehler gemacht hat? Stattdessen sagen wir, wir sind Papakinder. Um das zu vermissen, was hätte sein können. Das zu idealisieren, was wir nie hatten. Frauensolidarität ist schwer zu lernen, aber ich arbeite daran. Mama. Mama du fehlst mir. Papa. Papa ich vermisse dich. Deleuze schreit: Hör mit Mama-Papa auf! Frauensolidarität … das zu nehmen, was wir haben. Nicht zu denken: Frauen sind langweilig, weil Männer laut sind und sie zum Schweigen bringen. Frauen, die die Repro-Arbeit übernehmen. Langweilig. Überall bricht es plötzlich aus mir hervor, was vorher noch nicht so wichtig war – so viel Hass und Verachtung für die patriarchale Scheiße in unseren Köpfen.

Wir sitzen auf dem Teppich in Pumas Wohnung. Maria trägt ein Kleid, das Georgia ihr geschenkt hat, und hat vegane Zitronenrolle gemacht. Wir sitzen auf dem Boden und essen.

Viele aus der alten Gruppe sind gekommen. Als die Anderen in ein Gespräch vertieft sind, sehen wir uns an.

„Schneckenumarmung?“, fragt Chris. Ich schaue fragend in die Runde, die anderen nicken langsam. Wir nehmen uns an die Hände und drehen uns ineinander ein. Ich bin außen. Ich fühle Gözdes Herz schlagen. Wir drehen uns anders herum. Ich bin innen. Chris drückt seinen Bauch an meinen. Von allen Seiten Körper, Wärme.

„Ihr seid nicht alleine, ihr Trottel“, sagt Leela. „Wann begreift ihr das denn, dass so viele hinter euch stehen? Dass wir keinen von uns alleine lassen mit Scheiße von gemeinsamen Aktionen? Dass du dir Hilfe suchen musst?“

Ich schlucke. Ich weiß das, aber nicht emotional.

Georgia fährt mir mit den Fingern durch die Haare. „Das ist scheiße mit den Bullen, aber das kommt wieder in Ordnung“, sagt sie. „Es gibt genug Genoss*innen, die das Gleiche am Hals haben. Weißt du?“

„Ja.“

Sie lehnt sich zurück und kichert.

„Baby Butch“, sagt sie, „du bist großartig. Ich hätte das gerne gesehen, wie der Bulle plötzlich voller Pferdeäpfel ist und nicht weiß, wie ihm geschieht!“

Wir kichern zusammen und zum ersten Mal seit Tagen spüre ich etwas Leichtigkeit.

Ich stehe draußen auf dem Balkon mit Maria.

„Maria“, frage ich leise, „was sind wir?“

Sie sieht mich an. „Wir sind Freundinnen“, sagt sie, „und wenn du das echt durchziehst: Eltern eines gemeinsamen Kindes.“

„Reicht das?“, frage ich.

„Bist du dir nicht sicher?“, fragt sie.

„Ich bin mir sicher“, sage ich, „wenn du es auch bist“.

„Ein teuflischer Kreislauf“, sagt Maria. „Wir sind wohl wirklich verflucht.“

„Weißt du, was ich denk, Maria?“

„Hm?“

„Wir sind niemals bereit. Wir werden nie bereit sein, wir sind nie reif genug. Wir werden nur müde. Und du kannst mir glauben, dass ich müde bin.“

Unsere Hände finden sich, unsere Finger schieben sich ineinander und wir halten uns fest. Ich drücke sie. Sie drückt mich.

„Eine Elternschaft ist ein krasses Versprechen an ein Kind“, sage ich. „Es bedeutet, ich will die nächsten zwanzig Jahre mit dir verbringen. Das verspreche ich dir, muss ich sagen können, egal wer du sein wirst.“

Ich höre das Geräusch eines Schlüssels, der sich im Schlüsselloch dreht, und dann steht Puma in der Wohnung.

„Oh“, sagt er. „Hi. Ich äh, war grade in Berlin und dachte ich komme vorbei …“

Sisko, Maria und ich werfen uns entsetzte Blicke zu. „Es tut mir leid!“, sage ich, „Wir machen alles wieder sauber!“, ruft Maria, „Wir wollten auch gar nicht so lange machen …“, murmelt Sisko. Puma lacht.

„Ich hab doch gesagt fühlt euch wie zu Hause“, sagt er. Dann sieht er sich um. Er sieht verloren aus. Als denke er, er störe, in seiner eigenen Wohnung. „Ich hole nur die Post“, sagt er, „dann lasse ich euch weiter feiern.“

„Es ist eine Kleiderparty!“, sage ich schnell, wie um ihn aufzuhalten. „Alle tragen Kleider, außer … ich.“

„Oh“, sagt er.

„Bleib doch …“, sage ich.

„Hm …“ Er schaut sich neugierig und etwas verloren um und lächelt ein bisschen. „Darf ich dann auch ein Kleid anziehen?“

„Klar“, sag ich ungläubig, „wenn du willst?“

Ich renne zur Stange und drücke ihm verlegen ein Kleid nach dem anderen in die Hand.

„Oh“, sagt er. „Das hier gefällt mir.“

Während ich ihm zusehe, wie er seinen Körper ungeschickt durch die Löcher eines rosafarbenen textilen Ungetüms zwängt, wird mir wieder einmal klar, wie sehr ich ihn liebe und wie nah ich mich ihm fühle. Nicht, weil wir verwandt sind, sondern weil er so lieb ist, so unvoreingenommen, so schüchtern und so unverwüstlich. Weil uns Welten trennen, aber wir uns auch irgendwo begegnen können.

Puma kommt ins Zimmer zu den anderen, ohne eine Miene zu verziehen in dem schrillsten Kleid aus unserer Kleidersammlung. Er sieht unsicher aus in seiner eigenen Wohnung.

„Ach was!“, ruft er als er Georgia sieht und die beiden umarmen sich. Sie stehen beieinander und reden leise. Dann setzt er sich und fängt ein

Gespräch mit Chris an, darüber, ob denn Anarchosyndikalismus funktionieren könnte.

„Der Kapitalismus funktioniert doch erst recht nicht“, sagt Chris. Das sieht Puma natürlich anders.

Nach einer Weile kommt er zu mir.

„Und“, fragt er mich. „alles im Lot?“

„Ähm, naja …“, sage ich.

Ich nippe an meinem Orangensaft und rekapituliere meine Situation. Mein Name ist Steph und ich liebe Karottenkuchen und Bisquitrollen. Mein Name ist Steph und ich bin ne Butch und vielleicht sogar nichtbinär, mein Name ist Steph, und ehrlich gesagt hab ich keine Ahnung, wer ich bin und wie mein Leben jetzt verlaufen wird. Ich wollte schwanger werden für meine beste Freundin und dann ist alles schief gelaufen was schief laufen konnte. Mein Name ist Steph, und wenn ich Mappa werde, hab ich Angst, dass mein Kind ein Nazi wird, wenn es groß ist. Mein Name ist Steph und meine Möse tut nicht mehr weh. Mein Name ist Steph und wenn ich morgens aufgewacht bin, war mir nicht mehr übel die letzten Tage. Mein Name ist Steph. Die meisten Effekte der Schwangerschaft bisher hab ich wahrscheinlich kaum mitbekommen, weil ich alles, was mit meinem Körper zu tun hat, gerne verdränge. Mein Name ist Steph. Ich will so viel geben. Ich hab so viel Liebe in mir, für meine Freund*innen, für ein Kind, wenn ich es hätte, und sogar für mich selbst. Ich möchte in den Himmel schauen und die Welt umarmen und stattdessen sehe ich Gitterstäbe, wenn ich die Augen schließe. Mein Name ist Steph und meine Freund*innen schlafen jede Nacht an meiner Seite, obwohl ich dafür gesorgt hab, dass die Bullen sie mies fertig machen. Mein Name ist Steph und jede Nacht träum ich von der Zelle. Mein Name ist Steph. Meine Freund*innen schmeißen eine Party für mich in der Wohnung meines Vaters, haben Karottenkuchen und Bisquitrollen gemacht und sammeln Geld für mein Verfahren. Mein Name ist Steph und mein Vater ist zufällig rein gekommen. Er hat sich das schrillste Kleid der Stadt über seinen schwarzen Rollkragenpullover mit Ellenbogenschonern gezogen, zuerst nach dem Anarchosyndikalismus gefragt und jetzt wies mir geht. Mein Name ist Steph. Mir läuft nur Wasser aus den Augen.

„Nicht so gut?“, fragt Puma.

„Äh“, sage ich langsam. „Ich hab nen Polizisten mit Pferdeäpfeln beworfen und deshalb eine Anzeige wegen Körperverletzung.“

„Ähhhhhhh …“ Er reißt die Augen auf und läuft rot an.

„Bei der Abtreibungs-Demo.“

„Da, wo du geohrfeigt wurdest, letztes Jahr?“

„Genau.“

Puma holt tief Luft. „Und warum das alles? Ihr habt da wieder versucht, das zu blockieren, oder?“

„Ja.“

„Warum denn? Aus Spaß?“ Er spricht jetzt sehr schnell und fahrig. „Das ist doch klar, wie das endet. Das ist doch klar – ihr stört da einen demokratischen Prozess statt eben eine Gegendemo zu machen. Und die Polizei muss das dann auflösen, das ist doch klar! Was denkt ihr euch denn dabei? Denkt ihr überhaupt? Und dann bewerft ihr die noch mit Sachen, wie die letzten …“ Er steht auf, die Hände an seinem hochroten Kopf, rauft sich die Haare dreht im Kreis durchs Zimmer und setzt sich wieder.

„Hast du schon mit Doro geredet? Mit Mama?“

„Nee“, sag ich. „Wir haben schon länger nicht telefoniert.“

„Ich bezahl dir den Anwalt“, sagt er.

„Danke“, sage ich, „das wäre krass“.

„Ich hab einen Freund“, sagt er, „der gute Anwälte kennt. Wenn du da sagst, dass du den kennst, dann bekommst du sicher schneller einen Termin …“

„Ich habe schon ne Anwältin“, sage ich. Dann meint er, ich solle an den Bullen unbedingt einen Entschuldigungsbrief schreiben, das wäre sehr wichtig.

Ich schüttele den Kopf. „Du denkst, dass ist eine Verwechselung oder so. Eine Entschuldigung, um zu sagen: Hey Sorry, das ist bloß ein Missverständnis. Ich bin weiß, aus besseren Verhältnissen und privilegiert und ich habe mich daran erinnert und werde mich benehmen.“

„Willst du nicht, dass das fallen gelassen wird?“

„Ach, keine Ahnung. Das alles macht mich so wütend“, sage ich.

„Was macht dich wütend?“, fragt mein Vater.

„Die ganze Situation. Und wie unsere Realitäten auseinandergehen. Dass du nicht wütend bist.“

Er schaut mich fragend an.

„Also …“, versuche ich zu erklären, „dass die Umstände so sind, wie sie sind, und du nicht wütend bist.“

„Ich bin schon etwas wütend“, sagt er.

„Auf mich?“

„Ja.“

„Weil ich Mist gebaut hab und mich nicht mal entschuldigen will?“

„Ja.“

„Ich will mich entschuldigen“, rechtfertige ich mich, „wenn ich was verbockt hab oder wen verletzt hab. Aber dieser Bullenarsch gehört nicht dazu. Er hat uns beleidigt. Weil wir trans sind.“

„Weil ihr…?“, sagt er und schaut mich an.

„Vergiss es“, sage ich schnell.

Er ist jetzt ziemlich aufgebracht. „Und weil er dich beleidigt hat, willst du ihn in Selbstjustiz mit Pferdeäpfeln strafen?“

Ich stöhne. „Natürlich nicht! Und es tut mir auch leid! Mir tuts sehr leid – um mich! Aber ich weiß noch nicht, was ich sage, und bevor sie mir was vorwerfen, mach ich sicher keine Aussage.“

„Warum willst du es denn extra schwer haben?“

„Ich will es nicht extra schwer haben. Ich werde selbst entscheiden, im Prozess, was ich sage. Das entscheidest du nicht, und das entscheidet auch keine Rote Hilfe. Die wollen dass ich keinen Pieps sage. Ihr beide wollt es mitbestimmen, wenn ihr mich unterstützt. Als Gegenleistung. Und ich muss mich entscheiden, sonst krieg ich gar keine Kohle.“

„Quatsch“, sagt er. „Ich will nur, dass du nicht noch was Dummes machst.“

Ich nicke.

„Das ist nicht alles“, sag ich. „Ich bin schwanger.“

„Oh“, sagt er, als könnte ihn jetzt auch nichts mehr schocken. „Gutes Timing.“

„Ja“, sage ich.

„Von wem?“

„Äh.“ Ich schaue mich um. Maria steht ein paar Meter hinter mir. Ich will sie bei meinem Vater nicht als trans outen. Oder hab ich das aus Versehen schon gemacht, als ich von dem Polizisten geredet hab grade…? Sie dreht sich zu uns um.

„Von mir“, sagt sie.

„Oh“, sagt er und schweigt eine Minute. Er sieht so aus, als wolle er etwas fragen, aber dann lässt er es. „War das ein Unfall?“, fragt er dann.

„Sozusagen“, sage ich.

„Und was habt ihr vor?“

„Ich wills behalten“, sag ich.

„Ich auch“, sagt Maria, „aber … ich kann nicht. Nicht grade jetzt! Es geht einfach nicht.“

Irgendetwas zerreißt in mir drin. Ich hatte noch gehofft, irgendwie …

„Ich dachte …“, stammele ich. „Du hast doch gesagt …“

„Ich will dich unterstützen, wenn du es machst Steph“, sagt sie, „und das werd ich auch. Ich weiß nur nicht … ich glaube nicht, dass ichs kann. So wie ich sollte. Nicht als Mutter.“

„Mutter ist ja ein ganz schön aufgeladenes Wort“, sagt Puma. „Habt ihr Rotwein? Ich brauch nen Schluck.“

Puma und Maria haben sich im Schlafzimmer hingelegt. Georgia isst noch ein Stück Zitronenrolle und dann geht sie. „Kopf hoch, Baby Butch“, sagt sie zum Abschied. „Auch wenn der Hals schmutzig ist.“

Übrig geblieben sind Aza, ihr Freund und Sisko.

„War anstrengend mit deinem Vater, was?“ fragt Azas Freund.

Ich nicke.

„Aber guter Typ dein Dad“, sagt Aza. „Respekt.“

Ich lasse mich zu den dreien auf den Teppich plumpsen.

Aza und ihr Freund singen leise vor sich hin, Brot und Rosen: „*Wenn wir zusammen gehen, geht mit uns ein schöner Tag … Und jeder hört uns singen: Brot und Rosen.*“

„*… Wenn wir zusammen gehen, gehen unsere Toten mit*“, sagt Sisko bitter.

„Hast du wen verloren?“, fragt Aza. „Wenn du erzählen möchtest …“

„Aus meinem alten Haus“, sagt Sisko. „Vor nem Monat.“

„Scheiße“, sagt Aza. „Tut mir leid.“

„Ich ziehe jetzt aus. Viele tun das.“

Wir nicken.

„Kommt, wir machen es bisschen kuscheliger“, sage ich. Wir schieben die Matratzen zusammen und hängen die Decken über die Sessellehne.

„Wir haben eine Höhle gebaut, wie in ‚Die Träumer‘“, sag ich zu Aza. „Da will ich mich verkriechen. Und dann immer wieder ‚Fight Club‘, ‚Matrix‘ und ‚Die Träumer‘ anschauen, in Endlosschleife.“ Aza lacht. Wir kriechen in die Höhle, Sisko, Aza, Azas Freund und ich. Wir liegen auf dem Rücken und schauen das Muster der Decke an, als wären wir bekifft.

„Mein Kumpel hat seine Abschiebeanordnung gekriegt“, sag ich in die Stille hinein. „Er ist nicht gekommen heute. Ich weiß nicht, ob wir uns überhaupt noch mal sehen.“

„Scheiße“, sagt Aza, und mehr nicht. Was soll sie noch sagen?

„Er sagt, er wird noch jemand finden, zum Heiraten. Er sagt, es wird noch Möglichkeiten geben.“

Niemand sagt etwas. Ich denke daran, wie Ahmad vor Schmerzen gestöhnt hat als ich seinen Rücken massiert habe, wenn er von der Arbeit kam. Für diese widerliche Gesellschaft war er grade gut genug, um deutsche Häuser zu bauen, denke ich bitter, und jetzt …

Wir schauen die Decke an und singen Arbeiterlieder in halblauter Stimme vor uns hin. „*So flieg du flammende, du rote Fahne, voran dem Wege den wir ziehn … Wir sind der Zukunft getreue Kämpfer …*“

„Es kommt immer neue Scheiße“, stöhnt Aza.

„Ja“, sage ich, „aber ich will nicht mehr. Ich will nicht immer neuen Scheiß in mich rein fressen. Ich will heilen.“

„Na, da hast du dir nen guten Moment ausgesucht“, sagt Aza. „Jetzt musst du erstmal nen Prozess durchstehen.“

„Und ne Schwangerschaft.“

„Oh man“, sagt Aza. „Bist du sicher?“

Ich zucke mit den Schultern. „Nein, sag ich, ganz sicher weiß ich gar nichts mehr grade. Aber ich muss es bald entscheiden, wenn ich ne Abtreibung will. Viel Zeit ist nicht mehr.“

„Uff“, sagt Aza und nimmt meine Hand. „Du wirst das schon so machen, wie es gut für dich ist. Lass dir da bloß von niemandem reinreden, ja?“

Ich nicke.

„Manchmal denk ich nur, dass meine Gründe, das Kind zu wollen … ich weiß nicht … irgendwie regressiv sind? Dass ich ja alle Freiheiten hab und einfach abtreiben könnte!“

Aza streichelt meine Hand. „Du darfst dir ein Kind wünschen, Baby!“, sagt sie eindringlich. „Das ist okay! Das ist deine Entscheidung! Und wenn dir irgendwer dafür Scheiße gibt von wegen du wärst nicht emanzipiert genug, ist das ein Hundesohn, der auf die Fresse verdient hat!“

Ich kichere. „Danke.“

„Und du darfst das wollen. Auch wenn deine Umstände scheiße sind.“

Ich kuschele mich an sie. Gut, dass du da bist, denk ich.

„Es ist so unfair“, sagt Sisko. „Ich will mich nicht daran gewöhnen, dass es mir scheiße geht. Ich will mich nicht abfinden, ich will leben, wisst ihr, das gute Leben, für uns alle …“

Und plötzlich spüre ich wieder alles, alles was sich in meinem Magen aufgestaut hat, die ganze Zeit, ein Knäuel aus Hass, Verzweiflung,

Hoffnungslosigkeit bricht auf, meine Schutzschicht zerbricht auf der Matratze und meine Gefühle laufen überall hin. Azas Freund ist da, ich hab ihn heute zum ersten Mal gesehen, er hält meine Hand, er hält meinen Körper.

„Es ist okay“, sagt er.

Aza streichelt mich und Azas Freund lächelt mich an, auf eine Art, die mir sagt: Du bist echt okay, und wenn sie mit dir knutschen will, wär ich auch dabei. Verlangt nix. Fetischisiert mich nicht. Lässt mich einfach sein. Die beiden knutschen, ich kuschel mich an, sie nehmen mich in den Arm, ich bin geborgen. Wir knutschen zu dritt, Zungen, Lippen, wir sind drei Körper, fließen zusammen und wieder auseinander. Ich halte mir die Hand mit ausgestrecktem Daumen in den Schritt und Azas Freund bläst mir einen. Ausgiebig, und so als wärs echt ein Penis. Aza und ich knutschen, aber schielen die ganze Zeit runter, weil es so heiß aussieht. Sisko schaut uns mit etwas Abstand zu und masturbiert. Dann blas ich Azas Freund auch einen und er Aza. Azas Freund und ich tun so, als wären wir Roboter, während er mit seinen Fingernägeln über meinen Rücken fährt.

Halt sie fest und küss sie, bevor sie weiterdriften auf ihren Wegen, denke ich.

Ich will jetzt in dem Moment sein und alles spüren. An Orten sein, wo ich angenommen werde.

Ich liege zwischen den beiden und gleite in den Schlaf über.

Ich bin … Ein Körper in der Welt … Ich werde alles fühlen. All die Scheiße, all den Schmerz, ich werde so oft am Boden sein und ich werde überleben. Ich spreche mit dem Etwas in meinem Bauch: Niemand weiß, was wird. Ich weiß nichts über dich. Ich weiß nichts über dich.

Solange du da bist, gebe ich dir Raum, Zellhaufen. Weil ich es will.

Wenn du gehst, dann gehst du. Wenn du bleibst, kannst du bleiben. Ich werde dir Raum geben und dich nähren, wie man ein Feuerchen nährt oder eine Verliebtheit, dich in mir behalten, wie ein Gefühl, das ich nicht gehen lassen will.

Ich schlafe und träume von Monstern, die in der Wohnung herumgehen. Sie sind wie wir. Sie essen Zitronenrolle. Sie wälzen sich auf dem Boden und sie beten zur Göttin. Cyborg, Hexe und Prinzessin geben sich die Hand in meinem Traum, weil sie nicht miteinander wetteifern um den männlichen Blick. Ich bin auch ein Monster und lese aus einem der Bücher im Regal: Ich weiß nichts über dich. Ich weiß nichts über dich. Ich weiß nichts über dich.

Später in meinem Traum fahr ich mit dem Motorrad durch Sachsen. Ich bin über Nacht hergefahren und langsam wird es Tag. Die kurvige Straße führt weiter durch die Dörfer, vorbei an den Ortsschildern, die nach Heidenau weisen oder Freital, die ganze Horrorshow an Ortsnamen mit Progromen zieht an mir vorbei. Dann sind wir da. Wir halten vor dem Haus, in dem meine Eltern auf mich warten. „Meine Fresse, ist das riesig", flüstert Maria. Sie ist auf einmal auch auf dem Motorrad. Vorsichtig steigen wir aus. Die Morgensonne blendet mich. Hinter dem Haus fließt der Bach.

Den letzten Teil meines Traumes bin ich im Gefängnis, so wie jede Nacht seit der GeSa.

Ich wache auf, weil ich friere. Aza und ihr Boy haben sich die Decke geklaut und sehen verdammt süß aus so nebeneinander. Der Himmel ist wolkig und als ich aus dem Fester schaue, sehe ich Nebel in der Straße. Bald ist Winter. Diese Nacht hat mir gut getan. Ich weiß jetzt, was ich tun muss.

Ich gehe durch die Wohnung, alles fühlt sich zerbrechlich an.

Sisko hat die Decke von sich gestrampelt, liegt auf dem Rücken mit offenem Mund, die Gliedmaßen von sich gestreckt.

Drüben im Zimmer hör ich Puma und Maria leise reden und frage mich, ob Maria geschlafen hat.

Auf dem Boden liegt die Magickarte, ich hebe sie auf: der Bringer des Blauen Morgens.

Blaue Dämmerung. Viele Möglichkeiten und viel zu wenig Wärme. Blaue Dämmerung. Eisige Tage werden kommen und ich muss sie überstehen, irgendwie. Ich gehe mit meinem Laptop in die Küche und suche ein paar Nummern raus. Und ich habe Glück. Großes Glück. Jemand anders ist abgesprungen, deshalb gibt es gleich heute einen Termin.

❋ ❋ ❋

Vorsichtig öffne ich die Tür zu dem Zimmer, wo Puma und Maria sitzen und gehe zu ihnen.

„Hey“, sage ich. „Ich hab nachgedacht.“ Sie schauen mich fragend an.

„Ich schaffe das alles nicht. Nicht so. Nicht alleine. Ich hab grade rumtelefoniert und nen Termin gemacht im Krankenhaus.“

„Oh“, sagt Maria, „du willst –„

„Oh“, sagt Puma. Sie sehen erleichterter aus, als sie enttäuscht sind, denke ich bitter. Sie wollten wirklich nicht, dass ich ein Kind kriege. Sie haben es mir wirklich nicht zugetraut. Na gut.

„Ich hatte Glück“, sage ich, „und für heute schon einen Termin bekommen.“

„Oh“, sagt Maria. „Gut, dass du das Beratungsgespräch vorher gemacht hast.“

Ich gehe nicht weiter darauf ein.

„Chris holt mich nachher ab und bringt mich hin“, sag ich. „Aber wenn ihr wollt, könnt ihr auch mitkommen.“

Maria nickt. Jetzt hat sie Tränen in den Augen. Wie nett, denke ich.

„Ich hätte nicht gedacht …“, sagt sie, „und jetzt geht das alles so schnell …“

„Wir hatten genug Zeit, um uns Gedanken zu machen, Maria“, sage ich.

In der Bahn verschwimmt alles vor meinen Augen. Ich denk dran, was Sisko gestern gesagt hat: Ich will mich nicht abfinden, ich will leben, das gute Leben, für uns alle … Es ist nicht fair, denke ich.

Wir gehen auf das Krankenhausgebäude zu. Ich habe Angst, und beruhige mich selbst. Alles ist abgesprochen, alles ist geplant.

Maria nimmt meine Hand, wir hüpfen ein bisschen und summen das Detektiv Conan Intro.

„*Und was vor uns liegt*“, singe ich, „*sind nur unsere Fragen, was morgen geschieht kann doch heut niemand sagen.*“

Sie singt mit: „*Wir gehen weiter und du lässt mich nicht los. Dein Flüstern im Ohr, sagt mir die Richtung, wir tasten uns vor auf schwankenden Inseln … doch auch die längste Nacht geht vorbei!*“

„*Am Ende wirst du*“, sing ich und der Kloß im Hals wird stärker, „*… mein Geheimnis sehn.*“

Wir stoßen die Tür zum Krankenhaus auf. Ich gehe auf den Fahrstuhl zu.

„Hey, Steph“, sagt Maria, „da gehts lang.“

„Nein, nein,“, sage ich, „ich kenn den Weg.“ Ich drücke den Fahrstuhlknopf.

„Die Gynäkologie ist in die Richtung“, sagt sie.

Ich gehe nicht darauf ein. Wir steigen in den Fahrstuhl, ich schicke uns in die vierte Etage. Puma und Maria stehen nervös hinter mir, sie wissen nicht, was grade passiert. Sie verstehen noch nichts. Die Fahrstuhltüren öffnen sich und wir stehen vor der Abteilung, ihr Blick geht zu den Schildern auf denen steht: Psychiatrische Station.

Puma und Maria bleiben stehen.

„Aber …“, sagt Maria.

„Ich hab gesagt, ich schaffe das nicht alleine“, sag ich. „Ich brauche Hilfe. Ich will überleben. Ich will das durchstehen alles. Ich will …“ Ich atme die Krankenhausluft tief ein und schlucke. „Ich will heilen.“

„Hier?“, sagt Maria, „die können dir doch nicht …“

„Was?“

„Weißt du nicht, wie die mit Queers umspringen teilweise? Weißt du nicht, wie die gesellschaftliche Normen durchdrücken? Und willst du hier, willst du hier schwanger sein?“

„Ich bin nicht so naiv, wie du denkst, Maria“, sag ich. „Ich weiß auch nicht, ob die mir helfen können oder wollen. Aber ich hab mich entschieden. Und … Ich will nicht mehr so tun, als wäre ich stark. So tun, als wäre alles okay. So, als könnte ich alles alleine hinkriegen, wenn ich nur will.“

„Wie lange willst du hier bleiben?“, fragt Puma.

„Ich weiß es noch nicht“, sage ich. „Erstmal zwei Monate.“

Sie schauen mich schweigend an. „In Wirklichkeit“, sage ich, „habt ihr mich nicht ernst genommen. Ihr habt gedacht, Steph bockt jetzt und wird schon noch zur Vernunft kommen und abtreiben. Was hat das mit Selbstbestimmung zu tun, hm? Aber das alles, es liegt alles tiefer als das.“

„Na gut“, sagt Chris. „Kommt ihr mit?“

„Ich denke wir kommen alleine zurecht, von hier an.“, sage ich. „Bis bald, ihr besucht mich ja sicher mal.“

Ich drehe mich um, um ihre Gesichter nicht mehr zu sehen. Ich sehe den weiß gekachelten Weg vor mir. Ein paar Schritte. Hier wird alles fremdbestimmt sein. Ein Kloß in meiner Brust bildet sich, ich hab das Gefühl, kaum atmen zu können. Ich denke an die Zelle in der Gesa. Werd ich hier rumtigern, wie ein eingesperrtes Tier? Wird es gewaltvoll sein oder nur sehr einsam? Können sie mir überhaupt helfen oder werden sie mich weiter abrichten, um in der Gesellschaft zu funktionieren? Chris hat seine Hand auf meine Schulter gelegt und geht mit mir auf die Station zu, wir biegen um die Ecke und sind außer Sichtweite, während meine Ex und mein Vater es nicht fassen können. Er versteht meine Verzweiflung nicht und sie versteht sie zu gut. Ich werde plötzlich geschüttelt von etwas, das größer ist als ich und Tränen tropfen auf mein Hemd. Ich komm hier wieder raus, denke ich, ich komme raus und werde weiter kämpfen, für Brot und Rosen, für Selbstbestimmung, für ein gutes Leben für uns alle.

Wir sitzen im Warteraum, bis eine Stimme ruft: „Frau Waslowski?“

Ich beiße mir auf die Lippen, stehe auf und gehe der Person im Kittel entgegen, die mich gerufen hat.

„Butch“, sage ich und meine Stimme zittert.

Sie schaut mich fragend an.

„Korrekt muss es heißen: Butch Waslowski.“

Sie zuckt hilflos mit den Schultern, denn sie hat keine Ahnung, wovon ich spreche. Chris winkt mir nochmal zu, sehe ich aus dem Augenwinkel, als ich den Warteraum verlasse und ihr folge.